365

ΗΜΕΡΕΣ ΕΥΓΝΩΜΟΣΥΝΗΣ

ΗΜΕΡΟΛΟΓΙΟ

365

ΗΜΕΡΕΣ ΕΥΓΝΩΜΟΣΥΝΗΣ ΗΜΕΡΟΛΟΓΙΟ

Μάθε πώς να εξασκείς την ευγνωμοσύνη ως μέσο μακροπρόθεσμης αλλαγής

Mariëlle S. Smith

ΓΙΑ ΤΗΝ ΑΝΤΡΗ

Εισαγωγη

ΥΠΆΡΧΟΥΝ ΜΌΝΟ ΔΎΟ ΤΡΌΠΟΙ ΝΑ ΖΕΙS ΤΗ ΖΩΉ. Ο ΕΝΑS ΕΊΝΑΙ ΣΑΝ ΤΊΠΟΤΑ ΝΑ ΜΗΝ ΕΊΝΑΙ ΘΑΎΜΑ.
Ο ΆΛΛΟS ΕΊΝΑΙ ΣΑΝ ΌΛΑ ΝΑ ΕΊΝΑΙ ΕΝΑ ΘΑΎΜΑ.
ALBERT EINSTEIN

Καλώς ήρθατε στο Ημερολόγιο 365 Ημέρες Ευγνωμοσύνης, ένα ημερολόγιο για όσους θέλουν να καλλιεργήσουν μια συστηματική πρακτική ευγνωμοσύνης. Είμαι πολύ ευγνώμων που είστε εδώ.

Στο παρελθόν έχω δοκιμάσει διάφορους τρόπους να «κρατώ» ημερολόγιο ευγνωμοσύνης, επιλέγοντας αυτούς που εξυπηρετούσαν το σκοπό τους και αφήνοντας άλλους πίσω. Αυτό που έχετε μπροστά σας είναι το αποτέλεσμα όλης αυτή τη προσπάθειας.

Γιατί ευγνωμοσύνη;

Δεν είμαι εδώ για να σας πουλήσω την ιδέα της ευγνωμοσύνης. Υπάρχουν πολλά άρθρα και έρευνες που θα μπορούσα να παραθέσω για να σας πείσω ως προς το πόσο ευεργετική είναι η πρακτική της. Νομίζω όμως ότι αυτό το γνωρίζετε ήδη. Πιθανόν να έχετε διαβάσει κάποια από αυτά τα άρθρα και τις έρευνες ή απλά να είναι κάτι το οποίο γνωρίζετε κατα βάθος - ή όχι και τόσο βάθος.

Δεν είμαι «εθισμένη» στην ευγνωμοσύνη επειδή κάνει καλό στην πίεση και τον ύπνο μου πιο ξεκούραστο. Αν και, μάλλον το κάνει και αυτο.

Είμαι «εθισμένη» στην ιδέα και πρακτική της ευγνωμοσύνης επειδή μου δίνει ξανά την δυνατότητα να αντιλαμβάνομαι τα πάντα στη ζωή με μια δόση μαγείας. Είμαι «εθισμένη» επειδή από τότε που ξεκίνησα την πρακτική αυτή μεταμορφώθηκα σε άλλο άνθρωπο. Επειδή κάθε φορά που σταματώ την πρακτική αυτή - κάτι το οποίο συμβαίνει πιο συχνά από όσο θα ήθελα - καταλήγω να γίνομαι πάλι η αγχώδης, εξαντλημένη, διαπρεπής εργασιομανής Mariëlle.

Η ευγνωμοσύνη αποτελεί εφ’ όρου ζωής δέσμευση. Δημιούργησα το ημερολόγιο αυτό για να σας βοηθήσω να αφοσιωθείτε στην πρακτική της ευγνωμοσύνης και να την καλλιεργήσετε συστημικά.

Καλοτυχία + δομή = βιωσιμότητα

Καλοτυχία

Ξεκίνησα να εξασκώ την πρακτική της ευγνωμοσύνης πριν περίπου τρία χρόνια. Η δουλειά μου ήταν εξαντλητική, η σχέση μου με τον τότε σύντροφό μου δεν οδηγούσε πουθενά, και ακόμη και η ενασχόληση μου με την yoga δεν μου πρόσφερε πλέον την ίδια ικανοποίηση. Είχα ξεκινήσει να κρατώ ημερολόγιο μόλις λίγους μήνες πριν - με την ελπίδα ότι θα με βοηθούσε να βγω από το αδιέξοδο στο οποίο βρισκόμουν - και είχα αφοσιωθεί στον καθημερινό διαλογισμό.

Έπειτα από μία εβδομάδα καθημερινού διαλογισμού, συνάντησα τυχαία έναν παλιό φίλο συμφοιτητή από τις σπουδές μου στο Δουβλίνο. Με τα χρόνια, ο άλλοτε κυνικός μου φίλος είχε πλέον αναπτύξει μεγάλη αφοσίωση στον καθημερινό διαλογισμό και την πρακτική της ευγνωμοσύνης.

Είχα ασχοληθεί λίγο με το ημερολόγιο ευγνωμοσύνης στο παρελθόν, ποτέ όμως δεν κατάφερα να το φέρω εξ ολοκλήρου εις πέρας. Πίστευα ότι δεν ήταν για μένα. Από την άλλη, δεν μπορούσα να πιστέψω πόσο πολύ είχε αλλάξει ο φίλος μου από την τελευταία μας συνάντηση. Λίγο πριν χωρίσουν οι δρόμοι μας, και όταν προσφέρθηκε να μοιραστεί μαζί μου τις προτροπές της δικής του καθημερινής πρακτικής ευγνωμοσύνης, δεν δίστασα να δεχτώ τη προσφορά του.

Δομή

Όταν πρωτοξεκίνησα να γράφω το δικό μου ημερολόγιο ευγνωμοσύνης, προσπάθησα να καταγράψω ένα τουλάχιστον πράγμα για το οποίο ήμουν ευγνώμων κάθε μέρα. Για κάποιο λόγο, η μέθοδος αυτή δεν δούλεψε για μένα. Αυτό, όμως, που βοήθησε, ήταν οι προτροπές που μου είχε δώσει ο φίλος μου.

Έχοντας στα χέρια μου πλέον συγκεκριμένες προτροπές για να με κατευθύνουν, το να καταγράφω τα πράγματα για τα οποία ένιωθα ευγνωμοσύνη ήταν κάτι το αβίαστο. Δεν καθόμουν πλέον μπροστά από μια κόλλα χαρτί μη ξέροντας τι να γράψω για την εκάστοτε ημέρα. Ήταν πλέον πολύ πιο εύκολο να επιστρέψω στην ίδια πρακτική την επόμενη μέρα. Μου επέτρεψε επίσης την δυνατότητα να συγκρίνω τις απαντήσεις μου και να ελέγχω την πρόοδο μου, κάτι το οποίο με έκανε να θέλω να συνεχίσω να το κάνω καθημερινά.

Μόλις αντιλήφθηκα ποιές προτροπές δεν ήταν πλέον βοηθητικές για μένα, άρχισα να αφήνω μερικές πίσω, να αλλάζω άλλες και να προσθέτω άλλες, νέες ερωτήσεις προς απάντηση. Το αποτέλεσμα αυτής της διαδικασίας είναι αυτό που μοιράζομαι εδώ μαζί σας.

Βιωσιμότητα

Το να κρατώ ημερολόγιο ευγνωμοσύνης μου προσφέρει πολλά. Μου θυμίζει πόσο σημαντικό είναι να ελαττώνω ταχύτητα και να βαδίζω με πιο αργούς ρυθμούς. Μου υπενθυμίζει να παίρνω βαθιές ανάσες. Με αποτρέπει από το να πιέζω τον εαυτό μου τόσο συχνά. Μου δίνει χαρά, ευτυχία και την ικανότητα να εκτιμώ. Μου θυμίζει όλα τα καλά που μου συμβαίνουν, ανεξάρτητα από το πόσο καλή ή κακή μέρα μπορεί να έχω.

Ήταν το κλειδί που έψαχνα και το οποίο εμφανίστηκε στη ζωή μου όταν ήμουν έτοιμη για αυτό.

Ακόμη και τώρα όμως, μετά από τόσα χρόνια εξάσκησης, το να καταγράψω τις σκέψεις μου αποτελεί συνειδητή απόφαση. Το γεγονός ότι ήρθε στη ζωή μου την κατάλληλη στιγμή και με τη δομή που χρειαζόμουν δεν σημαίνει ότι δεν παρεκλείνω ποτέ της πορείας μου, ειδικά όταν προκύπτουν δυσκολίες στη ζωή.

Άλλοτε συνήθιζα να νευριάζω και να αγανακτώ με τον εαυτό μου κάθε φορά που γινόταν κάτι τέτοιο. Τώρα πλέον με καθησυχάζω (κοινώς, μου επιβάλλω ένα διάλειμμα) και έπειτα επιστρέφω στην πρακτική μου. Και επειδή ακριβώς είναι μια τόσο απλή και καλά δομημένη πρακτική, μερικές φορές ξεχνώ πόσο εύκολο είναι να επιστρέψεις σε αυτή και να συνεχίσεις από εκεί που την άφησες.

Φυσικά, κάποιες μέρες ή βδομάδες είναι πιο εύκολες από άλλες και αυτό είναι κάτι το οποίο αντιλήφθηκα με το ημερολόγιο ευγνωμοσύνης. Όσο καιρό κι αν κάνω να επιστρέψω στην πρακτική, πάντα νιώθω ευγνώμων που έχω κάτι στο οποίο μπορώ να επιστρέψω. Παρόλες τις μέρες που αγνοώ το ημερολόγιο μου, είμαι ευγνώμων για εκείνες τις φορές που γράφω σε αυτό και επιτρέπω το θαύμα που ονομάζεται ζωή να ξεδιπλωθεί μπροστά μου.

Αυτή η στάση, αυτή είναι που βρίσκω συνώνυμη με την πρακτική της ευγνωμοσύνης. Και δεν θα μπορούσα φυσικά να την εξελίξω χωρίς τις προτροπές που θα δείτε στο βιβλίο αυτό. Ελπίζω ότι θα βοηθήσουν και εσάς να αναπτύξετε την ίδια στάση και να επωφεληθείτε με τον ίδιο τρόπο.

Mariëlle

365 Ημέρες Ευγνωμοσύνης - Ημερολόγιο

Αυτό το αχρονολόγητο ημερολόγιο έχει τη μορφή ενός ημερολογίου, το οποίο επισκέπτεστε στο τέλος της ημέρας. Ωστόσο, αν προτιμάτε να ασχοληθείτε με την πρακτική της ευγνωμοσύνης το πρωί, χρησιμοποιήστε τις προτροπές με αναφορά την προηγούμενη ημέρα. (Το κάνω πολύ συχνά.)

- **Ημερήσιες προτροπές**

Τρία πράγματα για τα οποία νιώθω ευγνωμοσύνη

Εδώ γράφετε αυτά για τα οποία νιώθετε ευγνωμοσύνη, είτε αυτά είναι γενικά είτε αφορούν την συγκεκριμένη μέρα. Μπορείτε επίσης να κάνετε διάφορες παραλλαγές, όπως για παράδειγμα να γράψετε ένα γενικό πράγμα και δυο που συνέβησαν το τελευταίο εικοσιτετράωρο για το οποία είστε ευγνώμονες.

Η βαθμολογία μου για σήμερα

Βαθμολογώ την μέρα μου με κλίμακα από το 1 μέχρι το 10. Εσείς μπορεί να προτιμάτε να χρησιμοποιείτε αστέρια, βαθμολογόντας την ημέρα σας από το 1 μέχρι τα 5.

Κάτι που θέλω να θυμάμαι για σήμερα

Οτιδήποτε θέλετε να θυμάστε το οποίο συνέβει την ημέρα αυτή το γράφετε εδώ. Αυτό μπορεί να είναι οτιδήποτε, μικρό ή μεγάλο.

Κάτι για το οποίο θα μπορούσα να είχα νιώσει περισσότερη ευγνωμοσύνη σήμερα

Εδώ αναλογίζεστε για ποιο πράγμα θα μπορούσατε να είστε πιο ευγνώμονες για την ημέρα αυτή. Πιθανόν να έγινε κάτι το οποίο δεν μπορέσατε να εκτιμήσετε αρκετά την συγκεκριμένη στιγμή. Μπορεί να θεωρήσατε κάτι δεδομένο, το οποίο εύχεστε να μην είχατε κάνει.

Η πρόθεση μου για αύριο

Όπως κι αν εξελίχθηκε η μέρα σας, πάντοτε σας περιμένει η επόμενη. Εδώ μπορείτε να γράψετε την πρόθεση σας για την επόμενη μέρα. Με τι πνεύμα θέλετε να την αντιμετωπίσετε; Τι στάση θέλετε να κρατήσετε απέναντι στον εαυτό σας και τους άλλους;

- **Εβδομαδιαίες και μηνιαίες (4 εβδομάδες) προτροπές**

Οι προτροπές που αφορούν μία ή 4 εβδομάδες είναι ίδιες με τις ημερήσιες. Βέβαια, αντί να αναλογίζεστε για την εκάστοτε ημέρα, καλείστε να κάνετε αναδρομή στην προηγούμενη μία ή τέσσερις εβδομάδες.

Κάποιον για τον οποίο θα μπορούσα να είχα νιώσει περισσότερη ευγνωμοσύνη

Παρόμοια με την προτροπή «Κάτι για το οποίο θα μπορούσα να είχα νιώσει περισσότερη ευγνωμοσύνη σήμερα ...», η προτροπή αυτή σας καλεί να σκεφτείτε ένα ή περισσότερα άτομα για τα οποία θα μπορούσατε να είχατε νιώσει περισσότερη ευγνωμοσύνη. Είχατε κάποια συνάντηση ή συζήτηση με κάποιον την οποία θα μπορούσατε να είχατε εκτιμήσει παραπάνω;

Μπορεί να ακούσατε κάποιο «όχι» το οποίο στη συνέχεια κατέληξε να γίνει μικρό ή μεγάλο ευλόγημα. Ίσως να δυσκολευτήκατε να εκτιμήσετε την ευτυχία ή επιτυχία κάποιου άλλου. Ότι και να 'ταν αυτό, εδώ σας δίνεται η ευκαιρία να εκφράσετε την ευγνωμοσύνη σας γι' αυτό έστω και εκ των υστέρων.

- **Προτροπές τριών μηνών**

Οπως και οι υπόλοιπες προτροπές, έτσι και αυτές που αφορούν τους τρεις μήνες σας καλούν να ανατρέξετε λίγο πιο βαθιά στο χρόνο και να αναλογιστείτε λίγο περισσότερο.

Ανατρέχοντας πίσω στους τελευταίους τρεις μήνες, αυτο για το οποίο είμαι περισσότερο ευγνώμων

Εδώ, σας προσκαλώ να ανατρέξετε στα συμβάντα των περασμένων τριών μηνών. Τι παρατηρείτε στις προηγούμενες εισαγωγές σας και για ποιο πράγμα νιώθετε περισσότερο ευγνώμονες;

Το μεγαλύτερο μάθημα των τριών περασμένων μηνών

Ποια είναι ταμεγαλύτερα μαθήματα πουφανερώνουν οι προηγούμενες εισαγωγές; Πως θα τις συνοψίζατε καλύτερα;

Ανατρέχοντας πίσω στις βαθμολογίες προηγούμενων εβδομάδων, οι αριθμοί μού φανερώνουν ότι

Συγκρίνοντας τις βαθμολογίες των προηγούμενων εβδομάδων, τα πάτε καλύτερα, χειρότερα ή εξίσου καλά από αυτό που περιμένατε; Ήσασταν ειλικρινείς στις βαθμολογίες σας ή όχι; Οτιδήποτε προκύψει σημειώστε το.

Ποιο πράγμα/ποιο άτομο δεν κατάφερα να εκτιμήσω αρκετά τους περασμένους τρεις μήνες;

Παρά την πρακτική ευγνωμοσύνης του περασμένου τριμήνου, μπορεί ακόμη να υπάρχει κάτι ή κάποιος για τον οποίο δεν καταφέρατε να νιώσετε ευγνωμοσύνη.

Εδώ, σας προσκαλώ να επαναδιατυπώσετε τις σκέψεις σας με οποιοδήποτε τροπο, ακόμη και αν μην ξέρετε ακριβώς πως (ακόμη). Αν το γράψετε, ίσως αλλάξει η οπτική σας γωνία, έστω και λίγο. Δεν χρειάζεται να ξεκινήσετε με τη μεγαλύτερη σας δυσκολία. Ξεκινήστε με κάτι που νιώθετε πιο εφικτό.

Δεν θα βαρεθώ να λέω ότι η πρακτική της ευγνωμοσύνης είναι εφόρου ζωής δέσμευση. Ελπίζω ότι οι προτροπές που παρατίθενται εδώ θα σας βοηθήσουν να μετατρέψετε την πρακτική αυτή σε ένα συνήθειο στο οποίο θα ανυπομονείτε να επιστρέψετε.

Τα εμπόδια και οι δυσκολίες σταματούν εκεί που ξεκινάει η ευγνωμοσύνη.

Neale Donald Walsch

ΗΜΕΡΑ 1

ΗΜΕΡΑ   ΜΗΝΑΣ   ΕΤΟΣ

ΤΡΙΑ ΠΡΑΓΜΑΤΑ ΓΙΑ ΤΑ ΟΠΟΙΑ ΝΙΩΘΩ ΕΥΓΝΩΜΟΣΥΝΗ

Η ΒΑΘΜΟΛΟΓΙΑ ΜΟΥ ΓΙΑ ΣΗΜΕΡΑ

ΚΑΤΙ ΠΟΥ ΘΕΛΩ ΝΑ ΘΥΜΑΜΑΙ ΓΙΑ ΣΗΜΕΡΑ

ΚΑΤΙ ΓΙΑ ΤΟ ΟΠΟΙΟ ΘΑ ΜΠΟΡΟΥΣΑ ΝΑ ΕΙΧΑ ΝΙΩΣΕΙ ΠΕΡΙΣΣΟΤΕΡΗ ΕΥΓΝΩΜΟΣΥΝΗ ΣΗΜΕΡΑ

Η ΠΡΟΘΕΣΗ ΜΟΥ ΓΙΑ ΑΥΡΙΟ

ΗΜΕΡΑ 2

ΤΡΙΑ ΠΡΑΓΜΑΤΑ ΓΙΑ ΤΑ ΟΠΟΙΑ ΝΙΩΘΩ ΕΥΓΝΩΜΟΣΥΝΗ

ΚΑΤΙ ΠΟΥ ΘΕΛΩ ΝΑ ΘΥΜΑΜΑΙ ΓΙΑ ΣΗΜΕΡΑ

Η ΒΑΘΜΟΛΟΓΙΑ ΜΟΥ ΓΙΑ ΣΗΜΕΡΑ

Η ΠΡΟΘΕΣΗ ΜΟΥ ΓΙΑ ΑΥΡΙΟ

ΚΑΤΙ ΓΙΑ ΤΟ ΟΠΟΙΟ ΘΑ ΜΠΟΡΟΥΣΑ ΝΑ ΕΙΧΑ ΝΙΩΣΕΙ ΠΕΡΙΣΣΟΤΕΡΗ ΕΥΓΝΩΜΟΣΥΝΗ ΣΗΜΕΡΑ

ΗΜΕΡΑ 3

ΗΜΕΡΑ   ΜΗΝΑΣ   ΕΤΟΣ

ΤΡΙΑ ΠΡΑΓΜΑΤΑ ΓΙΑ ΤΑ ΟΠΟΙΑ ΝΙΩΘΩ ΕΥΓΝΩΜΟΣΥΝΗ

Η ΒΑΘΜΟΛΟΓΙΑ ΜΟΥ ΓΙΑ ΣΗΜΕΡΑ

ΚΑΤΙ ΠΟΥ ΘΕΛΩ ΝΑ ΘΥΜΑΜΑΙ ΓΙΑ ΣΗΜΕΡΑ

ΚΑΤΙ ΓΙΑ ΤΟ ΟΠΟΙΟ ΘΑ ΜΠΟΡΟΥΣΑ ΝΑ ΕΙΧΑ ΝΙΩΣΕΙ ΠΕΡΙΣΣΟΤΕΡΗ ΕΥΓΝΩΜΟΣΥΝΗ ΣΗΜΕΡΑ

Η ΠΡΟΘΕΣΗ ΜΟΥ ΓΙΑ ΑΥΡΙΟ

HMEPA   MHNAΣ   ETOΣ

ΤΡΙΑ ΠΡΑΓΜΑΤΑ ΓΙΑ ΤΑ ΟΠΟΙΑ ΝΙΩΘΩ ΕΥΓΝΩΜΟΣΥΝΗ

ΚΑΤΙ ΠΟΥ ΘΕΛΩ ΝΑ ΘΥΜΑΜΑΙ ΓΙΑ ΣΗΜΕΡΑ

Η ΒΑΘΜΟΛΟΓΙΑ ΜΟΥ ΓΙΑ ΣΗΜΕΡΑ

Η ΠΡΟΘΕΣΗ ΜΟΥ ΓΙΑ ΑΥΡΙΟ

ΚΑΤΙ ΓΙΑ ΤΟ ΟΠΟΙΟ ΘΑ ΜΠΟΡΟΥΣΑ ΝΑ ΕΙΧΑ ΝΙΩΣΕΙ ΠΕΡΙΣΣΟΤΕΡΗ ΕΥΓΝΩΜΟΣΥΝΗ ΣΗΜΕΡΑ

ΗΜΕΡΑ 5

ΗΜΕΡΑ   ΜΗΝΑΣ   ΕΤΟΣ

ΤΡΙΑ ΠΡΑΓΜΑΤΑ ΓΙΑ ΤΑ ΟΠΟΙΑ ΝΙΩΘΩ ΕΥΓΝΩΜΟΣΥΝΗ

Η ΒΑΘΜΟΛΟΓΙΑ ΜΟΥ ΓΙΑ ΣΗΜΕΡΑ

ΚΑΤΙ ΠΟΥ ΘΕΛΩ ΝΑ ΘΥΜΑΜΑΙ ΓΙΑ ΣΗΜΕΡΑ

ΚΑΤΙ ΓΙΑ ΤΟ ΟΠΟΙΟ ΘΑ ΜΠΟΡΟΥΣΑ ΝΑ ΕΙΧΑ ΝΙΩΣΕΙ ΠΕΡΙΣΣΟΤΕΡΗ ΕΥΓΝΩΜΟΣΥΝΗ ΣΗΜΕΡΑ

Η ΠΡΟΘΕΣΗ ΜΟΥ ΓΙΑ ΑΥΡΙΟ

 ΗΜΕΡΑ 6 

ΗΜΕΡΑ　　　ΜΗΝΑΣ　　　ΕΤΟΣ

ΤΡΙΑ ΠΡΑΓΜΑΤΑ ΓΙΑ ΤΑ ΟΠΟΙΑ ΝΙΩΘΩ ΕΥΓΝΩΜΟΣΥΝΗ

ΚΑΤΙ ΠΟΥ ΘΕΛΩ ΝΑ ΘΥΜΑΜΑΙ ΓΙΑ ΣΗΜΕΡΑ

Η ΒΑΘΜΟΛΟΓΙΑ ΜΟΥ ΓΙΑ ΣΗΜΕΡΑ

Η ΠΡΟΘΕΣΗ ΜΟΥ ΓΙΑ ΑΥΡΙΟ

ΚΑΤΙ ΓΙΑ ΤΟ ΟΠΟΙΟ ΘΑ ΜΠΟΡΟΥΣΑ ΝΑ ΕΙΧΑ ΝΙΩΣΕΙ ΠΕΡΙΣΣΟΤΕΡΗ ΕΥΓΝΩΜΟΣΥΝΗ ΣΗΜΕΡΑ

ΗΜΕΡΑ 7

ΗΜΕΡΑ   ΜΗΝΑΣ   ΕΤΟΣ

ΤΡΙΑ ΠΡΑΓΜΑΤΑ ΓΙΑ ΤΑ ΟΠΟΙΑ ΝΙΩΘΩ ΕΥΓΝΩΜΟΣΥΝΗ

Η ΒΑΘΜΟΛΟΓΙΑ ΜΟΥ ΓΙΑ ΣΗΜΕΡΑ

ΚΑΤΙ ΠΟΥ ΘΕΛΩ ΝΑ ΘΥΜΑΜΑΙ ΓΙΑ ΣΗΜΕΡΑ

ΚΑΤΙ ΓΙΑ ΤΟ ΟΠΟΙΟ ΘΑ ΜΠΟΡΟΥΣΑ ΝΑ ΕΙΧΑ ΝΙΩΣΕΙ ΠΕΡΙΣΣΟΤΕΡΗ ΕΥΓΝΩΜΟΣΥΝΗ ΣΗΜΕΡΑ

Η ΠΡΟΘΕΣΗ ΜΟΥ ΓΙΑ ΑΥΡΙΟ

ΕΊΜΑΣΤΕ ΤΌΣΟ ΑΠΑΣΧΟΛΗΜΕΝΟΙ ΚΥΝΗΓΏΝΤΑS ΤΟ ΚΆΤΙ ΑΠΊΘΑΝΟ, ΠΟΥ ΞΕΧΝΆΜΕ ΝΑ ΕΊΜΑΣΤΕ ΕΥΓΝΏΜΟΝΕS ΓΙΑ ΤΑ ΑΠΛΆ ΠΡΆΓΜΑΤΑ.

BRENÉ BROWN

KATI ΓΙΑ ΤΟ ΟΠΟΙΟ ΘΑ ΜΠΟΡΟΥΣΑ ΝΑ ΕΙΧΑ ΝΙΩΣΕΙ ΠΕΡΙΣΣΟΤΕΡΗ ΕΥΓΝΩΜΟΣΥΝΗ ΑΥΤΗ ΤΗ ΒΔΟΜΑΔΑ

Η ΒΑΘΜΟΛΟΓΙΑ ΜΟΥ ΓΙΑ ΑΥΤΗ ΤΗ ΒΔΟΜΑΔΑ

KATI ΤΟ ΟΠΟΙΟ ΘΕΛΩ ΝΑ ΘΥΜΑΜΑΙ ΓΙΑ ΑΥΤΗ ΤΗΝ ΕΒΔΟΜΑΔΑ

Η ΠΡΟΘΕΣΗ ΜΟΥ ΓΙΑ ΤΗΝ ΕΠΟΜΕΝΗ ΕΒΔΟΜΑΔΑ

ΚΑΠΟΙΟΝ ΓΙΑ ΤΟΝ ΟΠΟΙΟ ΘΑ ΜΠΟΡΟΥΣΑ ΝΑ ΕΙΧΑ ΝΙΩΣΕΙ ΠΕΡΙΣΣΟΤΕΡΗ ΕΥΓΝΩΜΟΣΥΝΗ ΑΥΤΗΝ ΤΗΝ ΕΒΔΟΜΑΔΑ

ΗΜΕΡΑ 8

ΗΜΕΡΑ   ΜΗΝΑΣ   ΕΤΟΣ

ΤΡΙΑ ΠΡΑΓΜΑΤΑ ΓΙΑ ΤΑ ΟΠΟΙΑ ΝΙΩΘΩ ΕΥΓΝΩΜΟΣΥΝΗ

Η ΒΑΘΜΟΛΟΓΙΑ ΜΟΥ ΓΙΑ ΣΗΜΕΡΑ

ΚΑΤΙ ΠΟΥ ΘΕΛΩ ΝΑ ΘΥΜΑΜΑΙ ΓΙΑ ΣΗΜΕΡΑ

ΚΑΤΙ ΓΙΑ ΤΟ ΟΠΟΙΟ ΘΑ ΜΠΟΡΟΥΣΑ ΝΑ ΕΙΧΑ ΝΙΩΣΕΙ ΠΕΡΙΣΣΟΤΕΡΗ ΕΥΓΝΩΜΟΣΥΝΗ ΣΗΜΕΡΑ

Η ΠΡΟΘΕΣΗ ΜΟΥ ΓΙΑ ΑΥΡΙΟ

ΗΜΕΡΑ 9

ΤΡΙΑ ΠΡΑΓΜΑΤΑ ΓΙΑ ΤΑ ΟΠΟΙΑ ΝΙΩΘΩ ΕΥΓΝΩΜΟΣΥΝΗ

ΚΑΤΙ ΠΟΥ ΘΕΛΩ ΝΑ ΘΥΜΑΜΑΙ ΓΙΑ ΣΗΜΕΡΑ

Η ΒΑΘΜΟΛΟΓΙΑ ΜΟΥ ΓΙΑ ΣΗΜΕΡΑ

Η ΠΡΟΘΕΣΗ ΜΟΥ ΓΙΑ ΑΥΡΙΟ

ΚΑΤΙ ΓΙΑ ΤΟ ΟΠΟΙΟ ΘΑ ΜΠΟΡΟΥΣΑ ΝΑ ΕΙΧΑ ΝΙΩΣΕΙ ΠΕΡΙΣΣΟΤΕΡΗ ΕΥΓΝΩΜΟΣΥΝΗ ΣΗΜΕΡΑ

ΗΜΕΡΑ 10

ΗΜΕΡΑ   ΜΗΝΑΣ   ΕΤΟΣ

ΤΡΙΑ ΠΡΑΓΜΑΤΑ ΓΙΑ ΤΑ ΟΠΟΙΑ ΝΙΩΘΩ ΕΥΓΝΩΜΟΣΥΝΗ

Η ΒΑΘΜΟΛΟΓΙΑ ΜΟΥ ΓΙΑ ΣΗΜΕΡΑ

ΚΑΤΙ ΠΟΥ ΘΕΛΩ ΝΑ ΘΥΜΑΜΑΙ ΓΙΑ ΣΗΜΕΡΑ

ΚΑΤΙ ΓΙΑ ΤΟ ΟΠΟΙΟ ΘΑ ΜΠΟΡΟΥΣΑ ΝΑ ΕΙΧΑ ΝΙΩΣΕΙ ΠΕΡΙΣΣΟΤΕΡΗ ΕΥΓΝΩΜΟΣΥΝΗ ΣΗΜΕΡΑ

Η ΠΡΟΘΕΣΗ ΜΟΥ ΓΙΑ ΑΥΡΙΟ

ΗΜΕΡΑ 11

ΗΜΕΡΑ   ΜΗΝΑΣ   ΕΤΟΣ

ΤΡΙΑ ΠΡΑΓΜΑΤΑ ΓΙΑ ΤΑ ΟΠΟΙΑ ΝΙΩΘΩ ΕΥΓΝΩΜΟΣΥΝΗ

ΚΑΤΙ ΠΟΥ ΘΕΛΩ ΝΑ ΘΥΜΑΜΑΙ ΓΙΑ ΣΗΜΕΡΑ

Η ΒΑΘΜΟΛΟΓΙΑ ΜΟΥ ΓΙΑ ΣΗΜΕΡΑ

Η ΠΡΟΘΕΣΗ ΜΟΥ ΓΙΑ ΑΥΡΙΟ

ΚΑΤΙ ΓΙΑ ΤΟ ΟΠΟΙΟ ΘΑ ΜΠΟΡΟΥΣΑ ΝΑ ΕΙΧΑ ΝΙΩΣΕΙ ΠΕΡΙΣΣΟΤΕΡΗ ΕΥΓΝΩΜΟΣΥΝΗ ΣΗΜΕΡΑ

ΗΜΕΡΑ 12

ΗΜΕΡΑ   ΜΗΝΑΣ   ΕΤΟΣ

ΤΡΙΑ ΠΡΑΓΜΑΤΑ ΓΙΑ ΤΑ ΟΠΟΙΑ ΝΙΩΘΩ ΕΥΓΝΩΜΟΣΥΝΗ

Η ΒΑΘΜΟΛΟΓΙΑ ΜΟΥ ΓΙΑ ΣΗΜΕΡΑ

ΚΑΤΙ ΠΟΥ ΘΕΛΩ ΝΑ ΘΥΜΑΜΑΙ ΓΙΑ ΣΗΜΕΡΑ

ΚΑΤΙ ΓΙΑ ΤΟ ΟΠΟΙΟ ΘΑ ΜΠΟΡΟΥΣΑ ΝΑ ΕΙΧΑ ΝΙΩΣΕΙ ΠΕΡΙΣΣΟΤΕΡΗ ΕΥΓΝΩΜΟΣΥΝΗ ΣΗΜΕΡΑ

Η ΠΡΟΘΕΣΗ ΜΟΥ ΓΙΑ ΑΥΡΙΟ

ΗΜΕΡΑ 13

ΗΜΕΡΑ   ΜΗΝΑΣ   ΕΤΟΣ

ΤΡΙΑ ΠΡΑΓΜΑΤΑ ΓΙΑ ΤΑ ΟΠΟΙΑ ΝΙΩΘΩ ΕΥΓΝΩΜΟΣΥΝΗ

ΚΑΤΙ ΠΟΥ ΘΕΛΩ ΝΑ ΘΥΜΑΜΑΙ ΓΙΑ ΣΗΜΕΡΑ

Η ΒΑΘΜΟΛΟΓΙΑ ΜΟΥ ΓΙΑ ΣΗΜΕΡΑ

Η ΠΡΟΘΕΣΗ ΜΟΥ ΓΙΑ ΑΥΡΙΟ

ΚΑΤΙ ΓΙΑ ΤΟ ΟΠΟΙΟ ΘΑ ΜΠΟΡΟΥΣΑ ΝΑ ΕΙΧΑ ΝΙΩΣΕΙ ΠΕΡΙΣΣΟΤΕΡΗ ΕΥΓΝΩΜΟΣΥΝΗ ΣΗΜΕΡΑ

ΗΜΕΡΑ 14

ΗΜΕΡΑ   ΜΗΝΑΣ   ΕΤΟΣ

ΤΡΙΑ ΠΡΑΓΜΑΤΑ ΓΙΑ ΤΑ ΟΠΟΙΑ ΝΙΩΘΩ ΕΥΓΝΩΜΟΣΥΝΗ

Η ΒΑΘΜΟΛΟΓΙΑ ΜΟΥ ΓΙΑ ΣΗΜΕΡΑ

ΚΑΤΙ ΠΟΥ ΘΕΛΩ ΝΑ ΘΥΜΑΜΑΙ ΓΙΑ ΣΗΜΕΡΑ

ΚΑΤΙ ΓΙΑ ΤΟ ΟΠΟΙΟ ΘΑ ΜΠΟΡΟΥΣΑ ΝΑ ΕΙΧΑ ΝΙΩΣΕΙ ΠΕΡΙΣΣΟΤΕΡΗ ΕΥΓΝΩΜΟΣΥΝΗ ΣΗΜΕΡΑ

Η ΠΡΟΘΕΣΗ ΜΟΥ ΓΙΑ ΑΥΡΙΟ

ΔΕΝ ΕΙΝΑΙ Η ΕΥΤΥΧΙΑ ΠΟΥ ΜΑΣ ΚΑΝΕΙ ΕΥΓΝΩΜΟΝΕΣ, ΑΛΛΑ Η ΕΥΓΝΩΜΟΣΥΝΗ ΠΟΥ ΜΑΣ ΚΑΝΕΙ ΕΥΤΥΧΙΣΜΕΝΟΥΣ.

David Steindl-Rast

ΚΑΤΙ ΓΙΑ ΤΟ ΟΠΟΙΟ ΘΑ ΜΠΟΡΟΥΣΑ ΝΑ ΕΙΧΑ ΝΙΩΣΕΙ ΠΕΡΙΣΣΟΤΕΡΗ ΕΥΓΝΩΜΟΣΥΝΗ ΑΥΤΗ ΤΗ ΒΔΟΜΑΔΑ

Η ΒΑΘΜΟΛΟΓΙΑ ΜΟΥ ΓΙΑ ΑΥΤΗ ΤΗ ΒΔΟΜΑΔΑ

ΚΑΤΙ ΤΟ ΟΠΟΙΟ ΘΕΛΩ ΝΑ ΘΥΜΑΜΑΙ ΓΙΑ ΑΥΤΗ ΤΗΝ ΕΒΔΟΜΑΔΑ

Η ΠΡΟΘΕΣΗ ΜΟΥ ΓΙΑ ΤΗΝ ΕΠΟΜΕΝΗ ΕΒΔΟΜΑΔΑ

ΚΑΠΟΙΟΝ ΓΙΑ ΤΟΝ ΟΠΟΙΟ ΘΑ ΜΠΟΡΟΥΣΑ ΝΑ ΕΙΧΑ ΝΙΩΣΕΙ ΠΕΡΙΣΣΟΤΕΡΗ ΕΥΓΝΩΜΟΣΥΝΗ ΑΥΤΗΝ ΤΗΝ ΕΒΔΟΜΑΔΑ

ΗΜΕΡΑ   ΜΗΝΑΣ   ΕΤΟΣ

ΤΡΙΑ ΠΡΑΓΜΑΤΑ ΓΙΑ ΤΑ ΟΠΟΙΑ ΝΙΩΘΩ ΕΥΓΝΩΜΟΣΥΝΗ

Η ΒΑΘΜΟΛΟΓΙΑ ΜΟΥ ΓΙΑ
ΣΗΜΕΡΑ

ΚΑΤΙ ΠΟΥ ΘΕΛΩ ΝΑ ΘΥΜΑΜΑΙ ΓΙΑ ΣΗΜΕΡΑ

ΚΑΤΙ ΓΙΑ ΤΟ ΟΠΟΙΟ ΘΑ ΜΠΟΡΟΥΣΑ ΝΑ ΕΙΧΑ ΝΙΩΣΕΙ ΠΕΡΙΣΣΟΤΕΡΗ
ΕΥΓΝΩΜΟΣΥΝΗ ΣΗΜΕΡΑ

Η ΠΡΟΘΕΣΗ ΜΟΥ ΓΙΑ ΑΥΡΙΟ

ΗΜΕΡΑ   ΜΗΝΑΣ   ΕΤΟΣ

ΤΡΙΑ ΠΡΑΓΜΑΤΑ ΓΙΑ ΤΑ ΟΠΟΙΑ ΝΙΩΘΩ ΕΥΓΝΩΜΟΣΥΝΗ

ΚΑΤΙ ΠΟΥ ΘΕΛΩ ΝΑ ΘΥΜΑΜΑΙ ΓΙΑ ΣΗΜΕΡΑ

Η ΒΑΘΜΟΛΟΓΙΑ ΜΟΥ ΓΙΑ ΣΗΜΕΡΑ

Η ΠΡΟΘΕΣΗ ΜΟΥ ΓΙΑ ΑΥΡΙΟ

ΚΑΤΙ ΓΙΑ ΤΟ ΟΠΟΙΟ ΘΑ ΜΠΟΡΟΥΣΑ ΝΑ ΕΙΧΑ ΝΙΩΣΕΙ ΠΕΡΙΣΣΟΤΕΡΗ ΕΥΓΝΩΜΟΣΥΝΗ ΣΗΜΕΡΑ

ΗΜΕΡΑ 17

ΗΜΕΡΑ   ΜΗΝΑΣ   ΕΤΟΣ

ΤΡΙΑ ΠΡΑΓΜΑΤΑ ΓΙΑ ΤΑ ΟΠΟΙΑ ΝΙΩΘΩ ΕΥΓΝΩΜΟΣΥΝΗ

Η ΒΑΘΜΟΛΟΓΙΑ ΜΟΥ ΓΙΑ ΣΗΜΕΡΑ

ΚΑΤΙ ΠΟΥ ΘΕΛΩ ΝΑ ΘΥΜΑΜΑΙ ΓΙΑ ΣΗΜΕΡΑ

ΚΑΤΙ ΓΙΑ ΤΟ ΟΠΟΙΟ ΘΑ ΜΠΟΡΟΥΣΑ ΝΑ ΕΙΧΑ ΝΙΩΣΕΙ ΠΕΡΙΣΣΟΤΕΡΗ ΕΥΓΝΩΜΟΣΥΝΗ ΣΗΜΕΡΑ

Η ΠΡΟΘΕΣΗ ΜΟΥ ΓΙΑ ΑΥΡΙΟ

ΗΜΕΡΑ	ΜΗΝΑΣ	ΕΤΟΣ

ΤΡΙΑ ΠΡΑΓΜΑΤΑ ΓΙΑ ΤΑ ΟΠΟΙΑ ΝΙΩΘΩ ΕΥΓΝΩΜΟΣΥΝΗ

ΚΑΤΙ ΠΟΥ ΘΕΛΩ ΝΑ ΘΥΜΑΜΑΙ ΓΙΑ ΣΗΜΕΡΑ

Η ΒΑΘΜΟΛΟΓΙΑ ΜΟΥ ΓΙΑ ΣΗΜΕΡΑ

Η ΠΡΟΘΕΣΗ ΜΟΥ ΓΙΑ ΑΥΡΙΟ

ΚΑΤΙ ΓΙΑ ΤΟ ΟΠΟΙΟ ΘΑ ΜΠΟΡΟΥΣΑ ΝΑ ΕΙΧΑ ΝΙΩΣΕΙ ΠΕΡΙΣΣΟΤΕΡΗ ΕΥΓΝΩΜΟΣΥΝΗ ΣΗΜΕΡΑ

ΗΜΕΡΑ   ΜΗΝΑΣ   ΕΤΟΣ

ΤΡΙΑ ΠΡΑΓΜΑΤΑ ΓΙΑ ΤΑ ΟΠΟΙΑ ΝΙΩΘΩ ΕΥΓΝΩΜΟΣΥΝΗ

Η ΒΑΘΜΟΛΟΓΙΑ ΜΟΥ ΓΙΑ ΣΗΜΕΡΑ

ΚΑΤΙ ΠΟΥ ΘΕΛΩ ΝΑ ΘΥΜΑΜΑΙ ΓΙΑ ΣΗΜΕΡΑ

ΚΑΤΙ ΓΙΑ ΤΟ ΟΠΟΙΟ ΘΑ ΜΠΟΡΟΥΣΑ ΝΑ ΕΙΧΑ ΝΙΩΣΕΙ ΠΕΡΙΣΣΟΤΕΡΗ ΕΥΓΝΩΜΟΣΥΝΗ ΣΗΜΕΡΑ

Η ΠΡΟΘΕΣΗ ΜΟΥ ΓΙΑ ΑΥΡΙΟ

ΗΜΕΡΑ 20

ΗΜΕΡΑ   ΜΗΝΑΣ   ΕΤΟΣ

ΤΡΙΑ ΠΡΑΓΜΑΤΑ ΓΙΑ ΤΑ ΟΠΟΙΑ ΝΙΩΘΩ ΕΥΓΝΩΜΟΣΥΝΗ

ΚΑΤΙ ΠΟΥ ΘΕΛΩ ΝΑ ΘΥΜΑΜΑΙ ΓΙΑ ΣΗΜΕΡΑ

Η ΒΑΘΜΟΛΟΓΙΑ ΜΟΥ ΓΙΑ ΣΗΜΕΡΑ

Η ΠΡΟΘΕΣΗ ΜΟΥ ΓΙΑ ΑΥΡΙΟ

ΚΑΤΙ ΓΙΑ ΤΟ ΟΠΟΙΟ ΘΑ ΜΠΟΡΟΥΣΑ ΝΑ ΕΙΧΑ ΝΙΩΣΕΙ ΠΕΡΙΣΣΟΤΕΡΗ ΕΥΓΝΩΜΟΣΥΝΗ ΣΗΜΕΡΑ

ΗΜΕΡΑ   ΜΗΝΑΣ   ΕΤΟΣ

ΤΡΙΑ ΠΡΑΓΜΑΤΑ ΓΙΑ ΤΑ ΟΠΟΙΑ ΝΙΩΘΩ ΕΥΓΝΩΜΟΣΥΝΗ

Η ΒΑΘΜΟΛΟΓΙΑ ΜΟΥ ΓΙΑ ΣΗΜΕΡΑ

ΚΑΤΙ ΠΟΥ ΘΕΛΩ ΝΑ ΘΥΜΑΜΑΙ ΓΙΑ ΣΗΜΕΡΑ

ΚΑΤΙ ΓΙΑ ΤΟ ΟΠΟΙΟ ΘΑ ΜΠΟΡΟΥΣΑ ΝΑ ΕΙΧΑ ΝΙΩΣΕΙ ΠΕΡΙΣΣΟΤΕΡΗ ΕΥΓΝΩΜΟΣΥΝΗ ΣΗΜΕΡΑ

Η ΠΡΟΘΕΣΗ ΜΟΥ ΓΙΑ ΑΥΡΙΟ

ΝΑ ΜΗΝ ΠΡΟΣΔΟΚΑΣ ΤΙΠΟΤΑ. ΝΑ ΕΚΤΙΜΑΣ ΤΑ ΠΑΝΤΑ.

ΑΝΩΝΥΜΟ

ΚΑΤΙ ΓΙΑ ΤΟ ΟΠΟΙΟ ΘΑ ΜΠΟΡΟΥΣΑ ΝΑ ΕΙΧΑ ΝΙΩΣΕΙ ΠΕΡΙΣΣΟΤΕΡΗ ΕΥΓΝΩΜΟΣΥΝΗ ΑΥΤΗ ΤΗ ΒΔΟΜΑΔΑ

Η ΒΑΘΜΟΛΟΓΙΑ ΜΟΥ ΓΙΑ ΑΥΤΗ ΤΗ ΒΔΟΜΑΔΑ

ΚΑΤΙ ΤΟ ΟΠΟΙΟ ΘΕΛΩ ΝΑ ΘΥΜΑΜΑΙ ΓΙΑ ΑΥΤΗ ΤΗΝ ΕΒΔΟΜΑΔΑ

Η ΠΡΟΘΕΣΗ ΜΟΥ ΓΙΑ ΤΗΝ ΕΠΟΜΕΝΗ ΕΒΔΟΜΑΔΑ

ΚΑΠΟΙΟΝ ΓΙΑ ΤΟΝ ΟΠΟΙΟ ΘΑ ΜΠΟΡΟΥΣΑ ΝΑ ΕΙΧΑ ΝΙΩΣΕΙ ΠΕΡΙΣΣΟΤΕΡΗ ΕΥΓΝΩΜΟΣΥΝΗ ΑΥΤΗΝ ΤΗΝ ΕΒΔΟΜΑΔΑ

ΗΜΕΡΑ 22

ΗΜΕΡΑ   ΜΗΝΑΣ   ΕΤΟΣ

ΤΡΙΑ ΠΡΑΓΜΑΤΑ ΓΙΑ ΤΑ ΟΠΟΙΑ ΝΙΩΘΩ ΕΥΓΝΩΜΟΣΥΝΗ

Η ΒΑΘΜΟΛΟΓΙΑ ΜΟΥ ΓΙΑ
ΣΗΜΕΡΑ

ΚΑΤΙ ΠΟΥ ΘΕΛΩ ΝΑ ΘΥΜΑΜΑΙ ΓΙΑ ΣΗΜΕΡΑ

ΚΑΤΙ ΓΙΑ ΤΟ ΟΠΟΙΟ ΘΑ ΜΠΟΡΟΥΣΑ ΝΑ ΕΙΧΑ ΝΙΩΣΕΙ ΠΕΡΙΣΣΟΤΕΡΗ
ΕΥΓΝΩΜΟΣΥΝΗ ΣΗΜΕΡΑ

Η ΠΡΟΘΕΣΗ ΜΟΥ ΓΙΑ ΑΥΡΙΟ

ΗΜΕΡΑ 23

ΤΡΙΑ ΠΡΑΓΜΑΤΑ ΓΙΑ ΤΑ ΟΠΟΙΑ ΝΙΩΘΩ ΕΥΓΝΩΜΟΣΥΝΗ

ΚΑΤΙ ΠΟΥ ΘΕΛΩ ΝΑ ΘΥΜΑΜΑΙ ΓΙΑ ΣΗΜΕΡΑ

Η ΒΑΘΜΟΛΟΓΙΑ ΜΟΥ ΓΙΑ ΣΗΜΕΡΑ

Η ΠΡΟΘΕΣΗ ΜΟΥ ΓΙΑ ΑΥΡΙΟ

ΚΑΤΙ ΓΙΑ ΤΟ ΟΠΟΙΟ ΘΑ ΜΠΟΡΟΥΣΑ ΝΑ ΕΙΧΑ ΝΙΩΣΕΙ ΠΕΡΙΣΣΟΤΕΡΗ ΕΥΓΝΩΜΟΣΥΝΗ ΣΗΜΕΡΑ

ΗΜΕΡΑ   ΜΗΝΑΣ   ΕΤΟΣ

ΤΡΙΑ ΠΡΑΓΜΑΤΑ ΓΙΑ ΤΑ ΟΠΟΙΑ ΝΙΩΘΩ ΕΥΓΝΩΜΟΣΥΝΗ

Η ΒΑΘΜΟΛΟΓΙΑ ΜΟΥ ΓΙΑ ΣΗΜΕΡΑ

ΚΑΤΙ ΠΟΥ ΘΕΛΩ ΝΑ ΘΥΜΑΜΑΙ ΓΙΑ ΣΗΜΕΡΑ

ΚΑΤΙ ΓΙΑ ΤΟ ΟΠΟΙΟ ΘΑ ΜΠΟΡΟΥΣΑ ΝΑ ΕΙΧΑ ΝΙΩΣΕΙ ΠΕΡΙΣΣΟΤΕΡΗ ΕΥΓΝΩΜΟΣΥΝΗ ΣΗΜΕΡΑ

Η ΠΡΟΘΕΣΗ ΜΟΥ ΓΙΑ ΑΥΡΙΟ

HMEPA 25

HMEPA   MHNAΣ   ETOΣ

ΤΡΙΑ ΠΡΑΓΜΑΤΑ ΓΙΑ ΤΑ ΟΠΟΙΑ ΝΙΩΘΩ ΕΥΓΝΩΜΟΣΥΝΗ

ΚΑΤΙ ΠΟΥ ΘΕΛΩ ΝΑ ΘΥΜΑΜΑΙ ΓΙΑ ΣΗΜΕΡΑ

Η ΒΑΘΜΟΛΟΓΙΑ ΜΟΥ ΓΙΑ ΣΗΜΕΡΑ

Η ΠΡΟΘΕΣΗ ΜΟΥ ΓΙΑ ΑΥΡΙΟ

ΚΑΤΙ ΓΙΑ ΤΟ ΟΠΟΙΟ ΘΑ ΜΠΟΡΟΥΣΑ ΝΑ ΕΙΧΑ ΝΙΩΣΕΙ ΠΕΡΙΣΣΟΤΕΡΗ ΕΥΓΝΩΜΟΣΥΝΗ ΣΗΜΕΡΑ

ΗΜΕΡΑ 26

ΗΜΕΡΑ   ΜΗΝΑΣ   ΕΤΟΣ

ΤΡΙΑ ΠΡΑΓΜΑΤΑ ΓΙΑ ΤΑ ΟΠΟΙΑ ΝΙΩΘΩ ΕΥΓΝΩΜΟΣΥΝΗ

Η ΒΑΘΜΟΛΟΓΙΑ ΜΟΥ ΓΙΑ ΣΗΜΕΡΑ

ΚΑΤΙ ΠΟΥ ΘΕΛΩ ΝΑ ΘΥΜΑΜΑΙ ΓΙΑ ΣΗΜΕΡΑ

ΚΑΤΙ ΓΙΑ ΤΟ ΟΠΟΙΟ ΘΑ ΜΠΟΡΟΥΣΑ ΝΑ ΕΙΧΑ ΝΙΩΣΕΙ ΠΕΡΙΣΣΟΤΕΡΗ ΕΥΓΝΩΜΟΣΥΝΗ ΣΗΜΕΡΑ

Η ΠΡΟΘΕΣΗ ΜΟΥ ΓΙΑ ΑΥΡΙΟ

ΗΜΕΡΑ 27

ΤΡΙΑ ΠΡΑΓΜΑΤΑ ΓΙΑ ΤΑ ΟΠΟΙΑ ΝΙΩΘΩ ΕΥΓΝΩΜΟΣΥΝΗ

Η ΒΑΘΜΟΛΟΓΙΑ ΜΟΥ ΓΙΑ ΣΗΜΕΡΑ

ΚΑΤΙ ΠΟΥ ΘΕΛΩ ΝΑ ΘΥΜΑΜΑΙ ΓΙΑ ΣΗΜΕΡΑ

ΚΑΤΙ ΓΙΑ ΤΟ ΟΠΟΙΟ ΘΑ ΜΠΟΡΟΥΣΑ ΝΑ ΕΙΧΑ ΝΙΩΣΕΙ ΠΕΡΙΣΣΟΤΕΡΗ ΕΥΓΝΩΜΟΣΥΝΗ ΣΗΜΕΡΑ

Η ΠΡΟΘΕΣΗ ΜΟΥ ΓΙΑ ΑΥΡΙΟ

ΗΜΕΡΑ 28

ΗΜΕΡΑ   ΜΗΝΑΣ   ΕΤΟΣ

ΤΡΙΑ ΠΡΑΓΜΑΤΑ ΓΙΑ ΤΑ ΟΠΟΙΑ ΝΙΩΘΩ ΕΥΓΝΩΜΟΣΥΝΗ

ΚΑΤΙ ΠΟΥ ΘΕΛΩ ΝΑ ΘΥΜΑΜΑΙ ΓΙΑ ΣΗΜΕΡΑ

Η ΒΑΘΜΟΛΟΓΙΑ ΜΟΥ ΓΙΑ ΣΗΜΕΡΑ

Η ΠΡΟΘΕΣΗ ΜΟΥ ΓΙΑ ΑΥΡΙΟ

ΚΑΤΙ ΓΙΑ ΤΟ ΟΠΟΙΟ ΘΑ ΜΠΟΡΟΥΣΑ ΝΑ ΕΙΧΑ ΝΙΩΣΕΙ ΠΕΡΙΣΣΟΤΕΡΗ ΕΥΓΝΩΜΟΣΥΝΗ ΣΗΜΕΡΑ

ΗΜΕΡΑ 28

Η ΕΥΓΝΩΜΟΣΥΝΗ ΞΕΚΛΕΙΔΩΝΕΙ ΤΗΝ ΠΛΗΡΟΤΗΤΑ ΤΗΣ ΖΩΗΣ. ΚΑΝΕΙ ΑΥΤΟ ΠΟΥ ΕΧΟΥΜΕ ΑΡΚΕΤΟ ΚΑΙ ΠΕΡΙΣΣΟΤΕΡΟ. ΜΕΤΑΤΡΕΠΕΙ ΤΗΝ ΑΡΝΗΣΗ ΣΕ ΑΠΟΔΟΧΗ, ΤΟ ΧΑΟΣ ΣΕ ΤΑΞΗ, ΤΗΝ ΣΥΓΧΥΣΗ ΣΕ ΚΑΘΑΡΟΤΗΤΑ. ΜΠΟΡΕΙ ΝΑ ΜΕΤΑΤΡΕΨΕΙ ΕΝΑ ΓΕΥΜΑ ΣΕ ΣΥΜΠΟΣΙΟ, ΜΙΑ ΚΑΤΟΙΚΙΑ ΣΕ ΣΠΙΤΙ, ΕΝΑΝ ΑΓΝΩΣΤΟ ΣΕ ΦΙΛΟ. Η ΕΥΓΝΩΜΟΣΥΝΗ ΔΙΝΕΙ ΝΟΗΜΑ ΣΤΟ ΠΑΡΕΛΘΟΝ ΜΑΣ, ΦΕΡΝΕΙ ΕΙΡΗΝΗ ΣΤΟ ΣΗΜΕΡΑ ΚΑΙ ΔΗΜΙΟΥΡΓΕΙ ΟΡΑΜΑ ΓΙΑ ΤΟ ΑΥΡΙΟ.

MELODY BEATTIE

ΚΑΤΙ ΓΙΑ ΤΟ ΟΠΟΙΟ ΘΑ ΜΠΟΡΟΥΣΑ ΝΑ ΕΙΧΑ ΝΙΩΣΕΙ ΠΕΡΙΣΣΟΤΕΡΗ ΕΥΓΝΩΜΟΣΥΝΗ ΤΙΣ ΤΕΛΕΥΤΑΙΕΣ ΤΕΣΣΕΡΙΣ ΕΒΔΟΜΑΔΕΣ

Η ΒΑΘΜΟΛΟΓΙΑ ΜΟΥ ΓΙΑ ΤΙΣ ΠΕΡΑΣΜΕΝΕΣ ΤΕΣΣΕΡΙΣ ΕΒΔΟΜΑΔΕΣ

ΚΑΤΙ ΤΟ ΟΠΟΙΟ ΘΕΛΩ ΝΑ ΘΥΜΑΜΑΙ ΓΙΑ ΤΙΣ ΤΕΛΕΥΤΑΙΕΣ ΤΕΣΣΕΡΙΣ ΕΒΔΟΜΑΔΕΣ

Η ΠΡΟΘΕΣΗ ΜΟΥ ΓΙΑ ΤΙΣ ΕΠΟΜΕΝΕΣ ΤΕΣΣΕΡΙΣ ΕΒΔΟΜΑΔΕΣ

ΚΑΠΟΙΟΝ ΓΙΑ ΤΟΝ ΟΠΟΙΟ ΘΑ ΜΠΟΡΟΥΣΑ ΝΑ ΕΙΧΑ ΝΙΩΣΕΙ ΠΕΡΙΣΣΟΤΕΡΗ ΕΥΓΝΩΜΟΣΥΝΗ ΤΙΣ ΤΕΛΕΥΤΑΙΕΣ ΤΕΣΣΕΡΙΣ ΕΒΔΟΜΑΔΕΣ

ΗΜΕΡΑ 29

ΗΜΕΡΑ   ΜΗΝΑΣ   ΕΤΟΣ

ΤΡΙΑ ΠΡΑΓΜΑΤΑ ΓΙΑ ΤΑ ΟΠΟΙΑ ΝΙΩΘΩ ΕΥΓΝΩΜΟΣΥΝΗ

Η ΒΑΘΜΟΛΟΓΙΑ ΜΟΥ ΓΙΑ ΣΗΜΕΡΑ

ΚΑΤΙ ΠΟΥ ΘΕΛΩ ΝΑ ΘΥΜΑΜΑΙ ΓΙΑ ΣΗΜΕΡΑ

ΚΑΤΙ ΓΙΑ ΤΟ ΟΠΟΙΟ ΘΑ ΜΠΟΡΟΥΣΑ ΝΑ ΕΙΧΑ ΝΙΩΣΕΙ ΠΕΡΙΣΣΟΤΕΡΗ ΕΥΓΝΩΜΟΣΥΝΗ ΣΗΜΕΡΑ

Η ΠΡΟΘΕΣΗ ΜΟΥ ΓΙΑ ΑΥΡΙΟ

HΜΕΡΑ   ΜΗΝΑΣ   ΕΤΟΣ

ΤΡΙΑ ΠΡΑΓΜΑΤΑ ΓΙΑ ΤΑ ΟΠΟΙΑ ΝΙΩΘΩ ΕΥΓΝΩΜΟΣΥΝΗ

ΚΑΤΙ ΠΟΥ ΘΕΛΩ ΝΑ ΘΥΜΑΜΑΙ ΓΙΑ ΣΗΜΕΡΑ

Η ΒΑΘΜΟΛΟΓΙΑ ΜΟΥ ΓΙΑ ΣΗΜΕΡΑ

Η ΠΡΟΘΕΣΗ ΜΟΥ ΓΙΑ ΑΥΡΙΟ

ΚΑΤΙ ΓΙΑ ΤΟ ΟΠΟΙΟ ΘΑ ΜΠΟΡΟΥΣΑ ΝΑ ΕΙΧΑ ΝΙΩΣΕΙ ΠΕΡΙΣΣΟΤΕΡΗ ΕΥΓΝΩΜΟΣΥΝΗ ΣΗΜΕΡΑ

ΗΜΕΡΑ 31

ΗΜΕΡΑ   ΜΗΝΑΣ   ΕΤΟΣ

ΤΡΙΑ ΠΡΑΓΜΑΤΑ ΓΙΑ ΤΑ ΟΠΟΙΑ ΝΙΩΘΩ ΕΥΓΝΩΜΟΣΥΝΗ

Η ΒΑΘΜΟΛΟΓΙΑ ΜΟΥ ΓΙΑ ΣΗΜΕΡΑ

ΚΑΤΙ ΠΟΥ ΘΕΛΩ ΝΑ ΘΥΜΑΜΑΙ ΓΙΑ ΣΗΜΕΡΑ

ΚΑΤΙ ΓΙΑ ΤΟ ΟΠΟΙΟ ΘΑ ΜΠΟΡΟΥΣΑ ΝΑ ΕΙΧΑ ΝΙΩΣΕΙ ΠΕΡΙΣΣΟΤΕΡΗ ΕΥΓΝΩΜΟΣΥΝΗ ΣΗΜΕΡΑ

Η ΠΡΟΘΕΣΗ ΜΟΥ ΓΙΑ ΑΥΡΙΟ

ΗΜΕΡΑ 32

ΗΜΕΡΑ   ΜΗΝΑΣ   ΕΤΟΣ

ΤΡΙΑ ΠΡΑΓΜΑΤΑ ΓΙΑ ΤΑ ΟΠΟΙΑ ΝΙΩΘΩ ΕΥΓΝΩΜΟΣΥΝΗ

ΚΑΤΙ ΠΟΥ ΘΕΛΩ ΝΑ ΘΥΜΑΜΑΙ ΓΙΑ ΣΗΜΕΡΑ

Η ΒΑΘΜΟΛΟΓΙΑ ΜΟΥ ΓΙΑ ΣΗΜΕΡΑ

Η ΠΡΟΘΕΣΗ ΜΟΥ ΓΙΑ ΑΥΡΙΟ

ΚΑΤΙ ΓΙΑ ΤΟ ΟΠΟΙΟ ΘΑ ΜΠΟΡΟΥΣΑ ΝΑ ΕΙΧΑ ΝΙΩΣΕΙ ΠΕΡΙΣΣΟΤΕΡΗ ΕΥΓΝΩΜΟΣΥΝΗ ΣΗΜΕΡΑ

HMEPA   MHNAΣ   ETOΣ

ΤΡΙΑ ΠΡΑΓΜΑΤΑ ΓΙΑ ΤΑ ΟΠΟΙΑ ΝΙΩΘΩ ΕΥΓΝΩΜΟΣΥΝΗ

Η ΒΑΘΜΟΛΟΓΙΑ ΜΟΥ ΓΙΑ ΣΗΜΕΡΑ

ΚΑΤΙ ΠΟΥ ΘΕΛΩ ΝΑ ΘΥΜΑΜΑΙ ΓΙΑ ΣΗΜΕΡΑ

ΚΑΤΙ ΓΙΑ ΤΟ ΟΠΟΙΟ ΘΑ ΜΠΟΡΟΥΣΑ ΝΑ ΕΙΧΑ ΝΙΩΣΕΙ ΠΕΡΙΣΣΟΤΕΡΗ ΕΥΓΝΩΜΟΣΥΝΗ ΣΗΜΕΡΑ

Η ΠΡΟΘΕΣΗ ΜΟΥ ΓΙΑ ΑΥΡΙΟ

ΗΜΕΡΑ   ΜΗΝΑΣ   ΕΤΟΣ

ΤΡΙΑ ΠΡΑΓΜΑΤΑ ΓΙΑ ΤΑ ΟΠΟΙΑ ΝΙΩΘΩ ΕΥΓΝΩΜΟΣΥΝΗ

ΚΑΤΙ ΠΟΥ ΘΕΛΩ ΝΑ ΘΥΜΑΜΑΙ ΓΙΑ ΣΗΜΕΡΑ

Η ΒΑΘΜΟΛΟΓΙΑ ΜΟΥ ΓΙΑ ΣΗΜΕΡΑ

Η ΠΡΟΘΕΣΗ ΜΟΥ ΓΙΑ ΑΥΡΙΟ

ΚΑΤΙ ΓΙΑ ΤΟ ΟΠΟΙΟ ΘΑ ΜΠΟΡΟΥΣΑ ΝΑ ΕΙΧΑ ΝΙΩΣΕΙ ΠΕΡΙΣΣΟΤΕΡΗ ΕΥΓΝΩΜΟΣΥΝΗ ΣΗΜΕΡΑ

ΗΜΕΡΑ 35

ΗΜΕΡΑ   ΜΗΝΑΣ   ΕΤΟΣ

ΤΡΙΑ ΠΡΑΓΜΑΤΑ ΓΙΑ ΤΑ ΟΠΟΙΑ ΝΙΩΘΩ ΕΥΓΝΩΜΟΣΥΝΗ

Η ΒΑΘΜΟΛΟΓΙΑ ΜΟΥ ΓΙΑ ΣΗΜΕΡΑ

ΚΑΤΙ ΠΟΥ ΘΕΛΩ ΝΑ ΘΥΜΑΜΑΙ ΓΙΑ ΣΗΜΕΡΑ

ΚΑΤΙ ΓΙΑ ΤΟ ΟΠΟΙΟ ΘΑ ΜΠΟΡΟΥΣΑ ΝΑ ΕΙΧΑ ΝΙΩΣΕΙ ΠΕΡΙΣΣΟΤΕΡΗ ΕΥΓΝΩΜΟΣΥΝΗ ΣΗΜΕΡΑ

Η ΠΡΟΘΕΣΗ ΜΟΥ ΓΙΑ ΑΥΡΙΟ

ΜΠΟΡΕΊ ΚΆΘΕ ΜΕΡΑ ΝΑ ΜΗΝ ΕΊΝΑΙ ΚΑΛΉ, ΑΛΛΆ ΥΠΆΡΧΕΙ ΚΆΤΙ ΚΑΛΌ ΣΕ ΚΆΘΕ ΜΕΡΑ.

Alice Morse Earle

ΚΑΤΙ ΓΙΑ ΤΟ ΟΠΟΙΟ ΘΑ ΜΠΟΡΟΥΣΑ ΝΑ ΕΙΧΑ ΝΙΩΣΕΙ ΠΕΡΙΣΣΟΤΕΡΗ ΕΥΓΝΩΜΟΣΥΝΗ ΑΥΤΗ ΤΗ ΒΔΟΜΑΔΑ

Η ΒΑΘΜΟΛΟΓΙΑ ΜΟΥ ΓΙΑ ΑΥΤΗ ΤΗ ΒΔΟΜΑΔΑ

ΚΑΤΙ ΤΟ ΟΠΟΙΟ ΘΕΛΩ ΝΑ ΘΥΜΑΜΑΙ ΓΙΑ ΑΥΤΗ ΤΗΝ ΕΒΔΟΜΑΔΑ

Η ΠΡΟΘΕΣΗ ΜΟΥ ΓΙΑ ΤΗΝ ΕΠΟΜΕΝΗ ΕΒΔΟΜΑΔΑ

ΚΑΠΟΙΟΝ ΓΙΑ ΤΟΝ ΟΠΟΙΟ ΘΑ ΜΠΟΡΟΥΣΑ ΝΑ ΕΙΧΑ ΝΙΩΣΕΙ ΠΕΡΙΣΣΟΤΕΡΗ ΕΥΓΝΩΜΟΣΥΝΗ ΑΥΤΗΝ ΤΗΝ ΕΒΔΟΜΑΔΑ

ΗΜΕΡΑ   ΜΗΝΑΣ   ΕΤΟΣ

ΤΡΙΑ ΠΡΑΓΜΑΤΑ ΓΙΑ ΤΑ ΟΠΟΙΑ ΝΙΩΘΩ ΕΥΓΝΩΜΟΣΥΝΗ

Η ΒΑΘΜΟΛΟΓΙΑ ΜΟΥ ΓΙΑ ΣΗΜΕΡΑ

ΚΑΤΙ ΠΟΥ ΘΕΛΩ ΝΑ ΘΥΜΑΜΑΙ ΓΙΑ ΣΗΜΕΡΑ

ΚΑΤΙ ΓΙΑ ΤΟ ΟΠΟΙΟ ΘΑ ΜΠΟΡΟΥΣΑ ΝΑ ΕΙΧΑ ΝΙΩΣΕΙ ΠΕΡΙΣΣΟΤΕΡΗ ΕΥΓΝΩΜΟΣΥΝΗ ΣΗΜΕΡΑ

Η ΠΡΟΘΕΣΗ ΜΟΥ ΓΙΑ ΑΥΡΙΟ

ΗΜΕΡΑ   ΜΗΝΑΣ   ΕΤΟΣ

ΤΡΙΑ ΠΡΑΓΜΑΤΑ ΓΙΑ ΤΑ ΟΠΟΙΑ ΝΙΩΘΩ ΕΥΓΝΩΜΟΣΥΝΗ

ΚΑΤΙ ΠΟΥ ΘΕΛΩ ΝΑ ΘΥΜΑΜΑΙ ΓΙΑ ΣΗΜΕΡΑ

Η ΒΑΘΜΟΛΟΓΙΑ ΜΟΥ ΓΙΑ ΣΗΜΕΡΑ

Η ΠΡΟΘΕΣΗ ΜΟΥ ΓΙΑ ΑΥΡΙΟ

ΚΑΤΙ ΓΙΑ ΤΟ ΟΠΟΙΟ ΘΑ ΜΠΟΡΟΥΣΑ ΝΑ ΕΙΧΑ ΝΙΩΣΕΙ ΠΕΡΙΣΣΟΤΕΡΗ ΕΥΓΝΩΜΟΣΥΝΗ ΣΗΜΕΡΑ

ΗΜΕΡΑ 38

ΗΜΕΡΑ   ΜΗΝΑΣ   ΕΤΟΣ

ΤΡΙΑ ΠΡΑΓΜΑΤΑ ΓΙΑ ΤΑ ΟΠΟΙΑ ΝΙΩΘΩ ΕΥΓΝΩΜΟΣΥΝΗ

Η ΒΑΘΜΟΛΟΓΙΑ ΜΟΥ ΓΙΑ
ΣΗΜΕΡΑ

ΚΑΤΙ ΠΟΥ ΘΕΛΩ ΝΑ ΘΥΜΑΜΑΙ ΓΙΑ ΣΗΜΕΡΑ

ΚΑΤΙ ΓΙΑ ΤΟ ΟΠΟΙΟ ΘΑ ΜΠΟΡΟΥΣΑ ΝΑ ΕΙΧΑ ΝΙΩΣΕΙ ΠΕΡΙΣΣΟΤΕΡΗ
ΕΥΓΝΩΜΟΣΥΝΗ ΣΗΜΕΡΑ

Η ΠΡΟΘΕΣΗ ΜΟΥ ΓΙΑ ΑΥΡΙΟ

ΗΜΕΡΑ 39

ΗΜΕΡΑ   ΜΗΝΑΣ   ΕΤΟΣ

ΤΡΙΑ ΠΡΑΓΜΑΤΑ ΓΙΑ ΤΑ ΟΠΟΙΑ ΝΙΩΘΩ ΕΥΓΝΩΜΟΣΥΝΗ

ΚΑΤΙ ΠΟΥ ΘΕΛΩ ΝΑ ΘΥΜΑΜΑΙ ΓΙΑ ΣΗΜΕΡΑ

Η ΒΑΘΜΟΛΟΓΙΑ ΜΟΥ ΓΙΑ ΣΗΜΕΡΑ

Η ΠΡΟΘΕΣΗ ΜΟΥ ΓΙΑ ΑΥΡΙΟ

ΚΑΤΙ ΓΙΑ ΤΟ ΟΠΟΙΟ ΘΑ ΜΠΟΡΟΥΣΑ ΝΑ ΕΙΧΑ ΝΙΩΣΕΙ ΠΕΡΙΣΣΟΤΕΡΗ ΕΥΓΝΩΜΟΣΥΝΗ ΣΗΜΕΡΑ

ΗΜΕΡΑ 40

ΗΜΕΡΑ   ΜΗΝΑΣ   ΕΤΟΣ

ΤΡΙΑ ΠΡΑΓΜΑΤΑ ΓΙΑ ΤΑ ΟΠΟΙΑ ΝΙΩΘΩ ΕΥΓΝΩΜΟΣΥΝΗ

Η ΒΑΘΜΟΛΟΓΙΑ ΜΟΥ ΓΙΑ
ΣΗΜΕΡΑ

ΚΑΤΙ ΠΟΥ ΘΕΛΩ ΝΑ ΘΥΜΑΜΑΙ ΓΙΑ ΣΗΜΕΡΑ

ΚΑΤΙ ΓΙΑ ΤΟ ΟΠΟΙΟ ΘΑ ΜΠΟΡΟΥΣΑ ΝΑ ΕΙΧΑ ΝΙΩΣΕΙ ΠΕΡΙΣΣΟΤΕΡΗ
ΕΥΓΝΩΜΟΣΥΝΗ ΣΗΜΕΡΑ

Η ΠΡΟΘΕΣΗ ΜΟΥ ΓΙΑ ΑΥΡΙΟ

ΗΜΕΡΑ   ΜΗΝΑΣ   ΕΤΟΣ

ΤΡΙΑ ΠΡΑΓΜΑΤΑ ΓΙΑ ΤΑ ΟΠΟΙΑ ΝΙΩΘΩ ΕΥΓΝΩΜΟΣΥΝΗ

ΚΑΤΙ ΠΟΥ ΘΕΛΩ ΝΑ ΘΥΜΑΜΑΙ ΓΙΑ ΣΗΜΕΡΑ

Η ΒΑΘΜΟΛΟΓΙΑ ΜΟΥ ΓΙΑ ΣΗΜΕΡΑ

Η ΠΡΟΘΕΣΗ ΜΟΥ ΓΙΑ ΑΥΡΙΟ

ΚΑΤΙ ΓΙΑ ΤΟ ΟΠΟΙΟ ΘΑ ΜΠΟΡΟΥΣΑ ΝΑ ΕΙΧΑ ΝΙΩΣΕΙ ΠΕΡΙΣΣΟΤΕΡΗ ΕΥΓΝΩΜΟΣΥΝΗ ΣΗΜΕΡΑ

ΗΜΕΡΑ   ΜΗΝΑΣ   ΕΤΟΣ

ΤΡΙΑ ΠΡΑΓΜΑΤΑ ΓΙΑ ΤΑ ΟΠΟΙΑ ΝΙΩΘΩ ΕΥΓΝΩΜΟΣΥΝΗ

Η ΒΑΘΜΟΛΟΓΙΑ ΜΟΥ ΓΙΑ ΣΗΜΕΡΑ

ΚΑΤΙ ΠΟΥ ΘΕΛΩ ΝΑ ΘΥΜΑΜΑΙ ΓΙΑ ΣΗΜΕΡΑ

ΚΑΤΙ ΓΙΑ ΤΟ ΟΠΟΙΟ ΘΑ ΜΠΟΡΟΥΣΑ ΝΑ ΕΙΧΑ ΝΙΩΣΕΙ ΠΕΡΙΣΣΟΤΕΡΗ ΕΥΓΝΩΜΟΣΥΝΗ ΣΗΜΕΡΑ

Η ΠΡΟΘΕΣΗ ΜΟΥ ΓΙΑ ΑΥΡΙΟ

ΗΜΕΡΑ 42

ΤΟ ΑΛΗΘΙΝΟ ΔΩΡΟ ΤΗΣ ΕΥΓΝΩΜΟΣΥΝΗΣ ΕΙΝΑΙ ΟΤΙ ΟΣΟ ΠΙΟ ΕΥΓΝΩΜΟΝ ΕΙΣΑΙ ΤΟΣΟ ΠΙΟ ΠΑΡΩΝ ΓΙΝΕΣΑΙ.

Robert Holden

ΚΑΤΙ ΓΙΑ ΤΟ ΟΠΟΙΟ ΘΑ ΜΠΟΡΟΥΣΑ ΝΑ ΕΙΧΑ ΝΙΩΣΕΙ ΠΕΡΙΣΣΟΤΕΡΗ ΕΥΓΝΩΜΟΣΥΝΗ ΑΥΤΗ ΤΗ ΒΔΟΜΑΔΑ

Η ΒΑΘΜΟΛΟΓΙΑ ΜΟΥ ΓΙΑ ΑΥΤΗ ΤΗ ΒΔΟΜΑΔΑ

ΚΑΤΙ ΤΟ ΟΠΟΙΟ ΘΕΛΩ ΝΑ ΘΥΜΑΜΑΙ ΓΙΑ ΑΥΤΗ ΤΗΝ ΕΒΔΟΜΑΔΑ

Η ΠΡΟΘΕΣΗ ΜΟΥ ΓΙΑ ΤΗΝ ΕΠΟΜΕΝΗ ΕΒΔΟΜΑΔΑ

ΚΑΠΟΙΟΝ ΓΙΑ ΤΟΝ ΟΠΟΙΟ ΘΑ ΜΠΟΡΟΥΣΑ ΝΑ ΕΙΧΑ ΝΙΩΣΕΙ ΠΕΡΙΣΣΟΤΕΡΗ ΕΥΓΝΩΜΟΣΥΝΗ ΑΥΤΗΝ ΤΗΝ ΕΒΔΟΜΑΔΑ

ΗΜΕΡΑ	ΜΗΝΑΣ	ΕΤΟΣ

ΤΡΙΑ ΠΡΑΓΜΑΤΑ ΓΙΑ ΤΑ ΟΠΟΙΑ ΝΙΩΘΩ ΕΥΓΝΩΜΟΣΥΝΗ

Η ΒΑΘΜΟΛΟΓΙΑ ΜΟΥ ΓΙΑ ΣΗΜΕΡΑ

ΚΑΤΙ ΠΟΥ ΘΕΛΩ ΝΑ ΘΥΜΑΜΑΙ ΓΙΑ ΣΗΜΕΡΑ

ΚΑΤΙ ΓΙΑ ΤΟ ΟΠΟΙΟ ΘΑ ΜΠΟΡΟΥΣΑ ΝΑ ΕΙΧΑ ΝΙΩΣΕΙ ΠΕΡΙΣΣΟΤΕΡΗ ΕΥΓΝΩΜΟΣΥΝΗ ΣΗΜΕΡΑ

Η ΠΡΟΘΕΣΗ ΜΟΥ ΓΙΑ ΑΥΡΙΟ

ΗΜΕΡΑ   ΜΗΝΑΣ   ΕΤΟΣ

ΤΡΙΑ ΠΡΑΓΜΑΤΑ ΓΙΑ ΤΑ ΟΠΟΙΑ ΝΙΩΘΩ ΕΥΓΝΩΜΟΣΥΝΗ

ΚΑΤΙ ΠΟΥ ΘΕΛΩ ΝΑ ΘΥΜΑΜΑΙ ΓΙΑ ΣΗΜΕΡΑ

Η ΒΑΘΜΟΛΟΓΙΑ ΜΟΥ ΓΙΑ ΣΗΜΕΡΑ

Η ΠΡΟΘΕΣΗ ΜΟΥ ΓΙΑ ΑΥΡΙΟ

ΚΑΤΙ ΓΙΑ ΤΟ ΟΠΟΙΟ ΘΑ ΜΠΟΡΟΥΣΑ ΝΑ ΕΙΧΑ ΝΙΩΣΕΙ ΠΕΡΙΣΣΟΤΕΡΗ ΕΥΓΝΩΜΟΣΥΝΗ ΣΗΜΕΡΑ

ΗΜΕΡΑ   ΜΗΝΑΣ   ΕΤΟΣ

ΤΡΙΑ ΠΡΑΓΜΑΤΑ ΓΙΑ ΤΑ ΟΠΟΙΑ ΝΙΩΘΩ ΕΥΓΝΩΜΟΣΥΝΗ

Η ΒΑΘΜΟΛΟΓΙΑ ΜΟΥ ΓΙΑ
ΣΗΜΕΡΑ

ΚΑΤΙ ΠΟΥ ΘΕΛΩ ΝΑ ΘΥΜΑΜΑΙ ΓΙΑ ΣΗΜΕΡΑ

ΚΑΤΙ ΓΙΑ ΤΟ ΟΠΟΙΟ ΘΑ ΜΠΟΡΟΥΣΑ ΝΑ ΕΙΧΑ ΝΙΩΣΕΙ ΠΕΡΙΣΣΟΤΕΡΗ
ΕΥΓΝΩΜΟΣΥΝΗ ΣΗΜΕΡΑ

Η ΠΡΟΘΕΣΗ ΜΟΥ ΓΙΑ ΑΥΡΙΟ

ΗΜΕΡΑ 46

ΗΜΕΡΑ   ΜΗΝΑΣ   ΕΤΟΣ

ΤΡΙΑ ΠΡΑΓΜΑΤΑ ΓΙΑ ΤΑ ΟΠΟΙΑ ΝΙΩΘΩ ΕΥΓΝΩΜΟΣΥΝΗ

ΚΑΤΙ ΠΟΥ ΘΕΛΩ ΝΑ ΘΥΜΑΜΑΙ ΓΙΑ ΣΗΜΕΡΑ

Η ΒΑΘΜΟΛΟΓΙΑ ΜΟΥ ΓΙΑ ΣΗΜΕΡΑ

Η ΠΡΟΘΕΣΗ ΜΟΥ ΓΙΑ ΑΥΡΙΟ

ΚΑΤΙ ΓΙΑ ΤΟ ΟΠΟΙΟ ΘΑ ΜΠΟΡΟΥΣΑ ΝΑ ΕΙΧΑ ΝΙΩΣΕΙ ΠΕΡΙΣΣΟΤΕΡΗ ΕΥΓΝΩΜΟΣΥΝΗ ΣΗΜΕΡΑ

ΗΜΕΡΑ   ΜΗΝΑΣ   ΕΤΟΣ

ΤΡΙΑ ΠΡΑΓΜΑΤΑ ΓΙΑ ΤΑ ΟΠΟΙΑ ΝΙΩΘΩ ΕΥΓΝΩΜΟΣΥΝΗ

Η ΒΑΘΜΟΛΟΓΙΑ ΜΟΥ ΓΙΑ ΣΗΜΕΡΑ

ΚΑΤΙ ΠΟΥ ΘΕΛΩ ΝΑ ΘΥΜΑΜΑΙ ΓΙΑ ΣΗΜΕΡΑ

ΚΑΤΙ ΓΙΑ ΤΟ ΟΠΟΙΟ ΘΑ ΜΠΟΡΟΥΣΑ ΝΑ ΕΙΧΑ ΝΙΩΣΕΙ ΠΕΡΙΣΣΟΤΕΡΗ ΕΥΓΝΩΜΟΣΥΝΗ ΣΗΜΕΡΑ

Η ΠΡΟΘΕΣΗ ΜΟΥ ΓΙΑ ΑΥΡΙΟ

 # ΗΜΕΡΑ 48

ΗΜΕΡΑ   ΜΗΝΑΣ   ΕΤΟΣ

ΤΡΙΑ ΠΡΑΓΜΑΤΑ ΓΙΑ ΤΑ ΟΠΟΙΑ ΝΙΩΘΩ ΕΥΓΝΩΜΟΣΥΝΗ

ΚΑΤΙ ΠΟΥ ΘΕΛΩ ΝΑ ΘΥΜΑΜΑΙ ΓΙΑ ΣΗΜΕΡΑ

Η ΒΑΘΜΟΛΟΓΙΑ ΜΟΥ ΓΙΑ ΣΗΜΕΡΑ

Η ΠΡΟΘΕΣΗ ΜΟΥ ΓΙΑ ΑΥΡΙΟ

ΚΑΤΙ ΓΙΑ ΤΟ ΟΠΟΙΟ ΘΑ ΜΠΟΡΟΥΣΑ ΝΑ ΕΙΧΑ ΝΙΩΣΕΙ ΠΕΡΙΣΣΟΤΕΡΗ ΕΥΓΝΩΜΟΣΥΝΗ ΣΗΜΕΡΑ

ΗΜΕΡΑ   ΜΗΝΑΣ   ΕΤΟΣ

ΤΡΙΑ ΠΡΑΓΜΑΤΑ ΓΙΑ ΤΑ ΟΠΟΙΑ ΝΙΩΘΩ ΕΥΓΝΩΜΟΣΥΝΗ

Η ΒΑΘΜΟΛΟΓΙΑ ΜΟΥ ΓΙΑ
ΣΗΜΕΡΑ

ΚΑΤΙ ΠΟΥ ΘΕΛΩ ΝΑ ΘΥΜΑΜΑΙ ΓΙΑ ΣΗΜΕΡΑ

ΚΑΤΙ ΓΙΑ ΤΟ ΟΠΟΙΟ ΘΑ ΜΠΟΡΟΥΣΑ ΝΑ ΕΙΧΑ ΝΙΩΣΕΙ ΠΕΡΙΣΣΟΤΕΡΗ
ΕΥΓΝΩΜΟΣΥΝΗ ΣΗΜΕΡΑ

Η ΠΡΟΘΕΣΗ ΜΟΥ ΓΙΑ ΑΥΡΙΟ

ΗΜΕΡΑ 49

ΣΤΟ ΤΕΛΟΣ ΤΗΣ ΗΜΕΡΑΣ, ΕΙΜΑΙ ΕΥΓΝΩΜΟΝ ΠΟΥ ΟΙ ΕΥΛΟΓΙΕΣ ΜΟΥ ΕΙΝΑΙ ΠΕΡΙΣΣΟΤΕΡΕΣ ΑΠΟ ΤΙΣ ΔΥΣΚΟΛΙΕΣ ΜΟΥ.

ΑΝΩΝΥΜΟ

KATI ΓΙΑ ΤΟ ΟΠΟΙΟ ΘΑ ΜΠΟΡΟΥΣΑ ΝΑ ΕΙΧΑ ΝΙΩΣΕΙ ΠΕΡΙΣΣΟΤΕΡΗ ΕΥΓΝΩΜΟΣΥΝΗ ΑΥΤΗ ΤΗ ΒΔΟΜΑΔΑ

Η ΒΑΘΜΟΛΟΓΙΑ ΜΟΥ ΓΙΑ ΑΥΤΗ ΤΗ ΒΔΟΜΑΔΑ

KATI ΤΟ ΟΠΟΙΟ ΘΕΛΩ ΝΑ ΘΥΜΑΜΑΙ ΓΙΑ ΑΥΤΗ ΤΗΝ ΕΒΔΟΜΑΔΑ

Η ΠΡΟΘΕΣΗ ΜΟΥ ΓΙΑ ΤΗΝ ΕΠΟΜΕΝΗ ΕΒΔΟΜΑΔΑ

ΚΑΠΟΙΟΝ ΓΙΑ ΤΟΝ ΟΠΟΙΟ ΘΑ ΜΠΟΡΟΥΣΑ ΝΑ ΕΙΧΑ ΝΙΩΣΕΙ ΠΕΡΙΣΣΟΤΕΡΗ ΕΥΓΝΩΜΟΣΥΝΗ ΑΥΤΗΝ ΤΗΝ ΕΒΔΟΜΑΔΑ

ΗΜΕΡΑ 50

ΗΜΕΡΑ   ΜΗΝΑΣ   ΕΤΟΣ

ΤΡΙΑ ΠΡΑΓΜΑΤΑ ΓΙΑ ΤΑ ΟΠΟΙΑ ΝΙΩΘΩ ΕΥΓΝΩΜΟΣΥΝΗ

Η ΒΑΘΜΟΛΟΓΙΑ ΜΟΥ ΓΙΑ ΣΗΜΕΡΑ

ΚΑΤΙ ΠΟΥ ΘΕΛΩ ΝΑ ΘΥΜΑΜΑΙ ΓΙΑ ΣΗΜΕΡΑ

ΚΑΤΙ ΓΙΑ ΤΟ ΟΠΟΙΟ ΘΑ ΜΠΟΡΟΥΣΑ ΝΑ ΕΙΧΑ ΝΙΩΣΕΙ ΠΕΡΙΣΣΟΤΕΡΗ ΕΥΓΝΩΜΟΣΥΝΗ ΣΗΜΕΡΑ

Η ΠΡΟΘΕΣΗ ΜΟΥ ΓΙΑ ΑΥΡΙΟ

ΗΜΕΡΑ 51

ΤΡΙΑ ΠΡΑΓΜΑΤΑ ΓΙΑ ΤΑ ΟΠΟΙΑ ΝΙΩΘΩ ΕΥΓΝΩΜΟΣΥΝΗ

ΚΑΤΙ ΠΟΥ ΘΕΛΩ ΝΑ ΘΥΜΑΜΑΙ ΓΙΑ ΣΗΜΕΡΑ

Η ΒΑΘΜΟΛΟΓΙΑ ΜΟΥ ΓΙΑ ΣΗΜΕΡΑ

Η ΠΡΟΘΕΣΗ ΜΟΥ ΓΙΑ ΑΥΡΙΟ

ΚΑΤΙ ΓΙΑ ΤΟ ΟΠΟΙΟ ΘΑ ΜΠΟΡΟΥΣΑ ΝΑ ΕΙΧΑ ΝΙΩΣΕΙ ΠΕΡΙΣΣΟΤΕΡΗ ΕΥΓΝΩΜΟΣΥΝΗ ΣΗΜΕΡΑ

ΗΜΕΡΑ 52

ΗΜΕΡΑ   ΜΗΝΑΣ   ΕΤΟΣ

ΤΡΙΑ ΠΡΑΓΜΑΤΑ ΓΙΑ ΤΑ ΟΠΟΙΑ ΝΙΩΘΩ ΕΥΓΝΩΜΟΣΥΝΗ

Η ΒΑΘΜΟΛΟΓΙΑ ΜΟΥ ΓΙΑ ΣΗΜΕΡΑ

ΚΑΤΙ ΠΟΥ ΘΕΛΩ ΝΑ ΘΥΜΑΜΑΙ ΓΙΑ ΣΗΜΕΡΑ

ΚΑΤΙ ΓΙΑ ΤΟ ΟΠΟΙΟ ΘΑ ΜΠΟΡΟΥΣΑ ΝΑ ΕΙΧΑ ΝΙΩΣΕΙ ΠΕΡΙΣΣΟΤΕΡΗ ΕΥΓΝΩΜΟΣΥΝΗ ΣΗΜΕΡΑ

Η ΠΡΟΘΕΣΗ ΜΟΥ ΓΙΑ ΑΥΡΙΟ

ΗΜΕΡΑ 53

ΤΡΙΑ ΠΡΑΓΜΑΤΑ ΓΙΑ ΤΑ ΟΠΟΙΑ ΝΙΩΘΩ ΕΥΓΝΩΜΟΣΥΝΗ

ΚΑΤΙ ΠΟΥ ΘΕΛΩ ΝΑ ΘΥΜΑΜΑΙ ΓΙΑ ΣΗΜΕΡΑ

Η ΒΑΘΜΟΛΟΓΙΑ ΜΟΥ ΓΙΑ ΣΗΜΕΡΑ

Η ΠΡΟΘΕΣΗ ΜΟΥ ΓΙΑ ΑΥΡΙΟ

ΚΑΤΙ ΓΙΑ ΤΟ ΟΠΟΙΟ ΘΑ ΜΠΟΡΟΥΣΑ ΝΑ ΕΙΧΑ ΝΙΩΣΕΙ ΠΕΡΙΣΣΟΤΕΡΗ ΕΥΓΝΩΜΟΣΥΝΗ ΣΗΜΕΡΑ

HΜΕΡΑ 54

<table>
<tr><td>ΗΜΕΡΑ</td><td>ΜΗΝΑΣ</td><td>ΕΤΟΣ</td></tr>
</table>

ΤΡΙΑ ΠΡΑΓΜΑΤΑ ΓΙΑ ΤΑ ΟΠΟΙΑ ΝΙΩΘΩ ΕΥΓΝΩΜΟΣΥΝΗ

Η ΒΑΘΜΟΛΟΓΙΑ ΜΟΥ ΓΙΑ ΣΗΜΕΡΑ

ΚΑΤΙ ΠΟΥ ΘΕΛΩ ΝΑ ΘΥΜΑΜΑΙ ΓΙΑ ΣΗΜΕΡΑ

ΚΑΤΙ ΓΙΑ ΤΟ ΟΠΟΙΟ ΘΑ ΜΠΟΡΟΥΣΑ ΝΑ ΕΙΧΑ ΝΙΩΣΕΙ ΠΕΡΙΣΣΟΤΕΡΗ ΕΥΓΝΩΜΟΣΥΝΗ ΣΗΜΕΡΑ

Η ΠΡΟΘΕΣΗ ΜΟΥ ΓΙΑ ΑΥΡΙΟ

ΗΜΕΡΑ 55

ΗΜΕΡΑ   ΜΗΝΑΣ   ΕΤΟΣ

ΤΡΙΑ ΠΡΑΓΜΑΤΑ ΓΙΑ ΤΑ ΟΠΟΙΑ ΝΙΩΘΩ ΕΥΓΝΩΜΟΣΥΝΗ

Η ΒΑΘΜΟΛΟΓΙΑ ΜΟΥ ΓΙΑ ΣΗΜΕΡΑ

ΚΑΤΙ ΠΟΥ ΘΕΛΩ ΝΑ ΘΥΜΑΜΑΙ ΓΙΑ ΣΗΜΕΡΑ

ΚΑΤΙ ΓΙΑ ΤΟ ΟΠΟΙΟ ΘΑ ΜΠΟΡΟΥΣΑ ΝΑ ΕΙΧΑ ΝΙΩΣΕΙ ΠΕΡΙΣΣΟΤΕΡΗ ΕΥΓΝΩΜΟΣΥΝΗ ΣΗΜΕΡΑ

Η ΠΡΟΘΕΣΗ ΜΟΥ ΓΙΑ ΑΥΡΙΟ

ΗΜΕΡΑ   ΜΗΝΑΣ   ΕΤΟΣ

ΤΡΙΑ ΠΡΑΓΜΑΤΑ ΓΙΑ ΤΑ ΟΠΟΙΑ ΝΙΩΘΩ ΕΥΓΝΩΜΟΣΥΝΗ

ΚΑΤΙ ΠΟΥ ΘΕΛΩ ΝΑ ΘΥΜΑΜΑΙ ΓΙΑ ΣΗΜΕΡΑ

Η ΒΑΘΜΟΛΟΓΙΑ ΜΟΥ ΓΙΑ ΣΗΜΕΡΑ

Η ΠΡΟΘΕΣΗ ΜΟΥ ΓΙΑ ΑΥΡΙΟ

ΚΑΤΙ ΓΙΑ ΤΟ ΟΠΟΙΟ ΘΑ ΜΠΟΡΟΥΣΑ ΝΑ ΕΙΧΑ ΝΙΩΣΕΙ ΠΕΡΙΣΣΟΤΕΡΗ ΕΥΓΝΩΜΟΣΥΝΗ ΣΗΜΕΡΑ

ΗΜΕΡΑ 56

ΚΑΠΟΙΟΣ ΔΕΝ ΞΥΠΝΗΣΕ ΣΗΜΕΡΑ, ΕΣΥ ΟΜΩΣ ΞΥΠΝΗΣΕΣ. ΑΥΤΟ ΑΠΟ ΜΟΝΟ ΤΟΥ ΕΙΝΑΙ ΑΡΚΕΤΟ ΓΙΑ ΝΑ ΣΤΑΜΑΤΗΣΕΙΣ ΝΑ ΠΑΡΑΠΟΝΙΕΣΑΙ ΚΑΙ ΝΑ ΕΙΣΑΙ ΕΥΓΝΩΜΩΝ. ΠΟΤΕ ΜΗΝ ΑΦΗΣΕΙΣ ΤΑ ΠΡΟΒΛΗΜΑΤΑ ΝΑ ΕΠΙΣΚΙΑΣΟΥΝ ΤΙΣ ΚΑΘΗΜΕΡΙΝΕΣ ΕΥΛΟΓΙΕΣ.

Trent Shelton

ΚΑΤΙ ΓΙΑ ΤΟ ΟΠΟΙΟ ΘΑ ΜΠΟΡΟΥΣΑ ΝΑ ΕΙΧΑ ΝΙΩΣΕΙ ΠΕΡΙΣΣΟΤΕΡΗ ΕΥΓΝΩΜΟΣΥΝΗ ΤΙΣ ΤΕΛΕΥΤΑΙΕΣ ΤΕΣΣΕΡΙΣ ΕΒΔΟΜΑΔΕΣ

Η ΒΑΘΜΟΛΟΓΙΑ ΜΟΥ ΓΙΑ ΤΙΣ ΠΕΡΑΣΜΕΝΕΣ ΤΕΣΣΕΡΙΣ ΕΒΔΟΜΑΔΕΣ

ΚΑΤΙ ΤΟ ΟΠΟΙΟ ΘΕΛΩ ΝΑ ΘΥΜΑΜΑΙ ΓΙΑ ΤΙΣ ΤΕΛΕΥΤΑΙΕΣ ΤΕΣΣΕΡΙΣ ΕΒΔΟΜΑΔΕΣ

Η ΠΡΟΘΕΣΗ ΜΟΥ ΓΙΑ ΤΙΣ ΕΠΟΜΕΝΕΣ ΤΕΣΣΕΡΙΣ ΕΒΔΟΜΑΔΕΣ

ΚΑΠΟΙΟΝ ΓΙΑ ΤΟΝ ΟΠΟΙΟ ΘΑ ΜΠΟΡΟΥΣΑ ΝΑ ΕΙΧΑ ΝΙΩΣΕΙ ΠΕΡΙΣΣΟΤΕΡΗ ΕΥΓΝΩΜΟΣΥΝΗ ΤΙΣ ΤΕΛΕΥΤΑΙΕΣ ΤΕΣΣΕΡΙΣ ΕΒΔΟΜΑΔΕΣ

ΗΜΕΡΑ   ΜΗΝΑΣ   ΕΤΟΣ

ΤΡΙΑ ΠΡΑΓΜΑΤΑ ΓΙΑ ΤΑ ΟΠΟΙΑ ΝΙΩΘΩ ΕΥΓΝΩΜΟΣΥΝΗ

Η ΒΑΘΜΟΛΟΓΙΑ ΜΟΥ ΓΙΑ ΣΗΜΕΡΑ

ΚΑΤΙ ΠΟΥ ΘΕΛΩ ΝΑ ΘΥΜΑΜΑΙ ΓΙΑ ΣΗΜΕΡΑ

ΚΑΤΙ ΓΙΑ ΤΟ ΟΠΟΙΟ ΘΑ ΜΠΟΡΟΥΣΑ ΝΑ ΕΙΧΑ ΝΙΩΣΕΙ ΠΕΡΙΣΣΟΤΕΡΗ ΕΥΓΝΩΜΟΣΥΝΗ ΣΗΜΕΡΑ

Η ΠΡΟΘΕΣΗ ΜΟΥ ΓΙΑ ΑΥΡΙΟ

ΗΜΕΡΑ 58

ΗΜΕΡΑ   ΜΗΝΑΣ   ΕΤΟΣ

ΤΡΙΑ ΠΡΑΓΜΑΤΑ ΓΙΑ ΤΑ ΟΠΟΙΑ ΝΙΩΘΩ ΕΥΓΝΩΜΟΣΥΝΗ

ΚΑΤΙ ΠΟΥ ΘΕΛΩ ΝΑ ΘΥΜΑΜΑΙ ΓΙΑ ΣΗΜΕΡΑ

Η ΒΑΘΜΟΛΟΓΙΑ ΜΟΥ ΓΙΑ ΣΗΜΕΡΑ

Η ΠΡΟΘΕΣΗ ΜΟΥ ΓΙΑ ΑΥΡΙΟ

ΚΑΤΙ ΓΙΑ ΤΟ ΟΠΟΙΟ ΘΑ ΜΠΟΡΟΥΣΑ ΝΑ ΕΙΧΑ ΝΙΩΣΕΙ ΠΕΡΙΣΣΟΤΕΡΗ ΕΥΓΝΩΜΟΣΥΝΗ ΣΗΜΕΡΑ

ΗΜΕΡΑ 59

ΤΡΙΑ ΠΡΑΓΜΑΤΑ ΓΙΑ ΤΑ ΟΠΟΙΑ ΝΙΩΘΩ ΕΥΓΝΩΜΟΣΥΝΗ

Η ΒΑΘΜΟΛΟΓΙΑ ΜΟΥ ΓΙΑ ΣΗΜΕΡΑ

ΚΑΤΙ ΠΟΥ ΘΕΛΩ ΝΑ ΘΥΜΑΜΑΙ ΓΙΑ ΣΗΜΕΡΑ

ΚΑΤΙ ΓΙΑ ΤΟ ΟΠΟΙΟ ΘΑ ΜΠΟΡΟΥΣΑ ΝΑ ΕΙΧΑ ΝΙΩΣΕΙ ΠΕΡΙΣΣΟΤΕΡΗ ΕΥΓΝΩΜΟΣΥΝΗ ΣΗΜΕΡΑ

Η ΠΡΟΘΕΣΗ ΜΟΥ ΓΙΑ ΑΥΡΙΟ

HΜΕΡΑ   ΜΗΝΑΣ   ΕΤΟΣ

ΤΡΙΑ ΠΡΑΓΜΑΤΑ ΓΙΑ ΤΑ ΟΠΟΙΑ ΝΙΩΘΩ ΕΥΓΝΩΜΟΣΥΝΗ

ΚΑΤΙ ΠΟΥ ΘΕΛΩ ΝΑ ΘΥΜΑΜΑΙ ΓΙΑ ΣΗΜΕΡΑ

Η ΒΑΘΜΟΛΟΓΙΑ ΜΟΥ ΓΙΑ ΣΗΜΕΡΑ

Η ΠΡΟΘΕΣΗ ΜΟΥ ΓΙΑ ΑΥΡΙΟ

ΚΑΤΙ ΓΙΑ ΤΟ ΟΠΟΙΟ ΘΑ ΜΠΟΡΟΥΣΑ ΝΑ ΕΙΧΑ ΝΙΩΣΕΙ ΠΕΡΙΣΣΟΤΕΡΗ ΕΥΓΝΩΜΟΣΥΝΗ ΣΗΜΕΡΑ

ΗΜΕΡΑ 61

ΗΜΕΡΑ ΜΗΝΑΣ ΕΤΟΣ

ΤΡΙΑ ΠΡΑΓΜΑΤΑ ΓΙΑ ΤΑ ΟΠΟΙΑ ΝΙΩΘΩ ΕΥΓΝΩΜΟΣΥΝΗ

Η ΒΑΘΜΟΛΟΓΙΑ ΜΟΥ ΓΙΑ ΣΗΜΕΡΑ

ΚΑΤΙ ΠΟΥ ΘΕΛΩ ΝΑ ΘΥΜΑΜΑΙ ΓΙΑ ΣΗΜΕΡΑ

ΚΑΤΙ ΓΙΑ ΤΟ ΟΠΟΙΟ ΘΑ ΜΠΟΡΟΥΣΑ ΝΑ ΕΙΧΑ ΝΙΩΣΕΙ ΠΕΡΙΣΣΟΤΕΡΗ ΕΥΓΝΩΜΟΣΥΝΗ ΣΗΜΕΡΑ

Η ΠΡΟΘΕΣΗ ΜΟΥ ΓΙΑ ΑΥΡΙΟ

ΗΜΕΡΑ   ΜΗΝΑΣ   ΕΤΟΣ

ΤΡΙΑ ΠΡΑΓΜΑΤΑ ΓΙΑ ΤΑ ΟΠΟΙΑ ΝΙΩΘΩ ΕΥΓΝΩΜΟΣΥΝΗ

ΚΑΤΙ ΠΟΥ ΘΕΛΩ ΝΑ ΘΥΜΑΜΑΙ ΓΙΑ ΣΗΜΕΡΑ

Η ΒΑΘΜΟΛΟΓΙΑ ΜΟΥ ΓΙΑ ΣΗΜΕΡΑ

Η ΠΡΟΘΕΣΗ ΜΟΥ ΓΙΑ ΑΥΡΙΟ

ΚΑΤΙ ΓΙΑ ΤΟ ΟΠΟΙΟ ΘΑ ΜΠΟΡΟΥΣΑ ΝΑ ΕΙΧΑ ΝΙΩΣΕΙ ΠΕΡΙΣΣΟΤΕΡΗ ΕΥΓΝΩΜΟΣΥΝΗ ΣΗΜΕΡΑ

ΗΜΕΡΑ   ΜΗΝΑΣ   ΕΤΟΣ

ΤΡΙΑ ΠΡΑΓΜΑΤΑ ΓΙΑ ΤΑ ΟΠΟΙΑ ΝΙΩΘΩ ΕΥΓΝΩΜΟΣΥΝΗ

Η ΒΑΘΜΟΛΟΓΙΑ ΜΟΥ ΓΙΑ ΣΗΜΕΡΑ

ΚΑΤΙ ΠΟΥ ΘΕΛΩ ΝΑ ΘΥΜΑΜΑΙ ΓΙΑ ΣΗΜΕΡΑ

ΚΑΤΙ ΓΙΑ ΤΟ ΟΠΟΙΟ ΘΑ ΜΠΟΡΟΥΣΑ ΝΑ ΕΙΧΑ ΝΙΩΣΕΙ ΠΕΡΙΣΣΟΤΕΡΗ ΕΥΓΝΩΜΟΣΥΝΗ ΣΗΜΕΡΑ

Η ΠΡΟΘΕΣΗ ΜΟΥ ΓΙΑ ΑΥΡΙΟ

Η ΕΥΓΝΩΜΟΣΥΝΗ ΕΙΝΑΙ Ο ΟΙΝΟΣ ΤΗΣ ΨΥΧΗΣ. ΕΜΠΡΟΣ, ΛΟΙΠΟΝ. ΜΕΘΥΣΤΕ.

RUMI

ΚΑΤΙ ΓΙΑ ΤΟ ΟΠΟΙΟ ΘΑ ΜΠΟΡΟΥΣΑ ΝΑ ΕΙΧΑ ΝΙΩΣΕΙ ΠΕΡΙΣΣΟΤΕΡΗ ΕΥΓΝΩΜΟΣΥΝΗ ΑΥΤΗ ΤΗ ΒΔΟΜΑΔΑ

Η ΒΑΘΜΟΛΟΓΙΑ ΜΟΥ ΓΙΑ ΑΥΤΗ ΤΗ ΒΔΟΜΑΔΑ

ΚΑΤΙ ΤΟ ΟΠΟΙΟ ΘΕΛΩ ΝΑ ΘΥΜΑΜΑΙ ΓΙΑ ΑΥΤΗ ΤΗΝ ΕΒΔΟΜΑΔΑ

Η ΠΡΟΘΕΣΗ ΜΟΥ ΓΙΑ ΤΗΝ ΕΠΟΜΕΝΗ ΕΒΔΟΜΑΔΑ

ΚΑΠΟΙΟΝ ΓΙΑ ΤΟΝ ΟΠΟΙΟ ΘΑ ΜΠΟΡΟΥΣΑ ΝΑ ΕΙΧΑ ΝΙΩΣΕΙ ΠΕΡΙΣΣΟΤΕΡΗ ΕΥΓΝΩΜΟΣΥΝΗ ΑΥΤΗΝ ΤΗΝ ΕΒΔΟΜΑΔΑ

ΗΜΕΡΑ 64

ΗΜΕΡΑ ΜΗΝΑΣ ΕΤΟΣ

ΤΡΙΑ ΠΡΑΓΜΑΤΑ ΓΙΑ ΤΑ ΟΠΟΙΑ ΝΙΩΘΩ ΕΥΓΝΩΜΟΣΥΝΗ

Η ΒΑΘΜΟΛΟΓΙΑ ΜΟΥ ΓΙΑ ΣΗΜΕΡΑ

ΚΑΤΙ ΠΟΥ ΘΕΛΩ ΝΑ ΘΥΜΑΜΑΙ ΓΙΑ ΣΗΜΕΡΑ

ΚΑΤΙ ΓΙΑ ΤΟ ΟΠΟΙΟ ΘΑ ΜΠΟΡΟΥΣΑ ΝΑ ΕΙΧΑ ΝΙΩΣΕΙ ΠΕΡΙΣΣΟΤΕΡΗ ΕΥΓΝΩΜΟΣΥΝΗ ΣΗΜΕΡΑ

Η ΠΡΟΘΕΣΗ ΜΟΥ ΓΙΑ ΑΥΡΙΟ

ΗΜΕΡΑ 65

ΗΜΕΡΑ   ΜΗΝΑΣ   ΕΤΟΣ

ΤΡΙΑ ΠΡΑΓΜΑΤΑ ΓΙΑ ΤΑ ΟΠΟΙΑ ΝΙΩΘΩ ΕΥΓΝΩΜΟΣΥΝΗ

ΚΑΤΙ ΠΟΥ ΘΕΛΩ ΝΑ ΘΥΜΑΜΑΙ ΓΙΑ ΣΗΜΕΡΑ

Η ΒΑΘΜΟΛΟΓΙΑ ΜΟΥ ΓΙΑ ΣΗΜΕΡΑ

Η ΠΡΟΘΕΣΗ ΜΟΥ ΓΙΑ ΑΥΡΙΟ

ΚΑΤΙ ΓΙΑ ΤΟ ΟΠΟΙΟ ΘΑ ΜΠΟΡΟΥΣΑ ΝΑ ΕΙΧΑ ΝΙΩΣΕΙ ΠΕΡΙΣΣΟΤΕΡΗ ΕΥΓΝΩΜΟΣΥΝΗ ΣΗΜΕΡΑ

ΗΜΕΡΑ 66

ΗΜΕΡΑ   ΜΗΝΑΣ   ΕΤΟΣ

ΤΡΙΑ ΠΡΑΓΜΑΤΑ ΓΙΑ ΤΑ ΟΠΟΙΑ ΝΙΩΘΩ ΕΥΓΝΩΜΟΣΥΝΗ

Η ΒΑΘΜΟΛΟΓΙΑ ΜΟΥ ΓΙΑ ΣΗΜΕΡΑ

ΚΑΤΙ ΠΟΥ ΘΕΛΩ ΝΑ ΘΥΜΑΜΑΙ ΓΙΑ ΣΗΜΕΡΑ

ΚΑΤΙ ΓΙΑ ΤΟ ΟΠΟΙΟ ΘΑ ΜΠΟΡΟΥΣΑ ΝΑ ΕΙΧΑ ΝΙΩΣΕΙ ΠΕΡΙΣΣΟΤΕΡΗ ΕΥΓΝΩΜΟΣΥΝΗ ΣΗΜΕΡΑ

Η ΠΡΟΘΕΣΗ ΜΟΥ ΓΙΑ ΑΥΡΙΟ

ΗΜΕΡΑ 67

ΗΜΕΡΑ   ΜΗΝΑΣ   ΕΤΟΣ

ΤΡΙΑ ΠΡΑΓΜΑΤΑ ΓΙΑ ΤΑ ΟΠΟΙΑ ΝΙΩΘΩ ΕΥΓΝΩΜΟΣΥΝΗ

ΚΑΤΙ ΠΟΥ ΘΕΛΩ ΝΑ ΘΥΜΑΜΑΙ ΓΙΑ ΣΗΜΕΡΑ

Η ΒΑΘΜΟΛΟΓΙΑ ΜΟΥ ΓΙΑ ΣΗΜΕΡΑ

Η ΠΡΟΘΕΣΗ ΜΟΥ ΓΙΑ ΑΥΡΙΟ

ΚΑΤΙ ΓΙΑ ΤΟ ΟΠΟΙΟ ΘΑ ΜΠΟΡΟΥΣΑ ΝΑ ΕΙΧΑ ΝΙΩΣΕΙ ΠΕΡΙΣΣΟΤΕΡΗ ΕΥΓΝΩΜΟΣΥΝΗ ΣΗΜΕΡΑ

ΗΜΕΡΑ   ΜΗΝΑΣ   ΕΤΟΣ

ΤΡΙΑ ΠΡΑΓΜΑΤΑ ΓΙΑ ΤΑ ΟΠΟΙΑ ΝΙΩΘΩ ΕΥΓΝΩΜΟΣΥΝΗ

Η ΒΑΘΜΟΛΟΓΙΑ ΜΟΥ ΓΙΑ ΣΗΜΕΡΑ

ΚΑΤΙ ΠΟΥ ΘΕΛΩ ΝΑ ΘΥΜΑΜΑΙ ΓΙΑ ΣΗΜΕΡΑ

ΚΑΤΙ ΓΙΑ ΤΟ ΟΠΟΙΟ ΘΑ ΜΠΟΡΟΥΣΑ ΝΑ ΕΙΧΑ ΝΙΩΣΕΙ ΠΕΡΙΣΣΟΤΕΡΗ ΕΥΓΝΩΜΟΣΥΝΗ ΣΗΜΕΡΑ

Η ΠΡΟΘΕΣΗ ΜΟΥ ΓΙΑ ΑΥΡΙΟ

ΗΜΕΡΑ   ΜΗΝΑΣ   ΕΤΟΣ

ΤΡΙΑ ΠΡΑΓΜΑΤΑ ΓΙΑ ΤΑ ΟΠΟΙΑ ΝΙΩΘΩ ΕΥΓΝΩΜΟΣΥΝΗ

ΚΑΤΙ ΠΟΥ ΘΕΛΩ ΝΑ ΘΥΜΑΜΑΙ ΓΙΑ ΣΗΜΕΡΑ

Η ΒΑΘΜΟΛΟΓΙΑ ΜΟΥ ΓΙΑ ΣΗΜΕΡΑ

Η ΠΡΟΘΕΣΗ ΜΟΥ ΓΙΑ ΑΥΡΙΟ

ΚΑΤΙ ΓΙΑ ΤΟ ΟΠΟΙΟ ΘΑ ΜΠΟΡΟΥΣΑ ΝΑ ΕΙΧΑ ΝΙΩΣΕΙ ΠΕΡΙΣΣΟΤΕΡΗ ΕΥΓΝΩΜΟΣΥΝΗ ΣΗΜΕΡΑ

ΗΜΕΡΑ 70

ΗΜΕΡΑ   ΜΗΝΑΣ   ΕΤΟΣ

ΤΡΙΑ ΠΡΑΓΜΑΤΑ ΓΙΑ ΤΑ ΟΠΟΙΑ ΝΙΩΘΩ ΕΥΓΝΩΜΟΣΥΝΗ

Η ΒΑΘΜΟΛΟΓΙΑ ΜΟΥ ΓΙΑ
ΣΗΜΕΡΑ

ΚΑΤΙ ΠΟΥ ΘΕΛΩ ΝΑ ΘΥΜΑΜΑΙ ΓΙΑ ΣΗΜΕΡΑ

ΚΑΤΙ ΓΙΑ ΤΟ ΟΠΟΙΟ ΘΑ ΜΠΟΡΟΥΣΑ ΝΑ ΕΙΧΑ ΝΙΩΣΕΙ ΠΕΡΙΣΣΟΤΕΡΗ
ΕΥΓΝΩΜΟΣΥΝΗ ΣΗΜΕΡΑ

Η ΠΡΟΘΕΣΗ ΜΟΥ ΓΙΑ ΑΥΡΙΟ

ΤΟ ΝΑ ΝΙΩΘΕΙΣ ΕΥΓΝΩΜΟΣΥΝΗ ΚΑΙ ΝΑ ΜΗΝ ΤΗΝ ΕΚΦΡΑΖΕΙΣ ΕΙΝΑΙ ΣΑ ΝΑ ΤΥΛΙΓΕΙΣ ΕΝΑ ΔΩΡΟ ΚΑΙ ΝΑ ΜΗΝ ΤΟ ΔΙΝΕΙΣ.

WILLIAM ARTHUR WARD

ΚΑΤΙ ΓΙΑ ΤΟ ΟΠΟΙΟ ΘΑ ΜΠΟΡΟΥΣΑ ΝΑ ΕΙΧΑ ΝΙΩΣΕΙ ΠΕΡΙΣΣΟΤΕΡΗ ΕΥΓΝΩΜΟΣΥΝΗ ΑΥΤΗ ΤΗ ΒΔΟΜΑΔΑ

Η ΒΑΘΜΟΛΟΓΙΑ ΜΟΥ ΓΙΑ ΑΥΤΗ ΤΗ ΒΔΟΜΑΔΑ

ΚΑΤΙ ΤΟ ΟΠΟΙΟ ΘΕΛΩ ΝΑ ΘΥΜΑΜΑΙ ΓΙΑ ΑΥΤΗ ΤΗΝ ΕΒΔΟΜΑΔΑ

Η ΠΡΟΘΕΣΗ ΜΟΥ ΓΙΑ ΤΗΝ ΕΠΟΜΕΝΗ ΕΒΔΟΜΑΔΑ

ΚΑΠΟΙΟΝ ΓΙΑ ΤΟΝ ΟΠΟΙΟ ΘΑ ΜΠΟΡΟΥΣΑ ΝΑ ΕΙΧΑ ΝΙΩΣΕΙ ΠΕΡΙΣΣΟΤΕΡΗ ΕΥΓΝΩΜΟΣΥΝΗ ΑΥΤΗΝ ΤΗΝ ΕΒΔΟΜΑΔΑ

ΗΜΕΡΑ   ΜΗΝΑΣ   ΕΤΟΣ

ΤΡΙΑ ΠΡΑΓΜΑΤΑ ΓΙΑ ΤΑ ΟΠΟΙΑ ΝΙΩΘΩ ΕΥΓΝΩΜΟΣΥΝΗ

Η ΒΑΘΜΟΛΟΓΙΑ ΜΟΥ ΓΙΑ ΣΗΜΕΡΑ

ΚΑΤΙ ΠΟΥ ΘΕΛΩ ΝΑ ΘΥΜΑΜΑΙ ΓΙΑ ΣΗΜΕΡΑ

ΚΑΤΙ ΓΙΑ ΤΟ ΟΠΟΙΟ ΘΑ ΜΠΟΡΟΥΣΑ ΝΑ ΕΙΧΑ ΝΙΩΣΕΙ ΠΕΡΙΣΣΟΤΕΡΗ ΕΥΓΝΩΜΟΣΥΝΗ ΣΗΜΕΡΑ

Η ΠΡΟΘΕΣΗ ΜΟΥ ΓΙΑ ΑΥΡΙΟ

ΗΜΕΡΑ   ΜΗΝΑΣ   ΕΤΟΣ

ΤΡΙΑ ΠΡΑΓΜΑΤΑ ΓΙΑ ΤΑ ΟΠΟΙΑ ΝΙΩΘΩ ΕΥΓΝΩΜΟΣΥΝΗ

ΚΑΤΙ ΠΟΥ ΘΕΛΩ ΝΑ ΘΥΜΑΜΑΙ ΓΙΑ ΣΗΜΕΡΑ

Η ΒΑΘΜΟΛΟΓΙΑ ΜΟΥ ΓΙΑ ΣΗΜΕΡΑ

Η ΠΡΟΘΕΣΗ ΜΟΥ ΓΙΑ ΑΥΡΙΟ

ΚΑΤΙ ΓΙΑ ΤΟ ΟΠΟΙΟ ΘΑ ΜΠΟΡΟΥΣΑ ΝΑ ΕΙΧΑ ΝΙΩΣΕΙ ΠΕΡΙΣΣΟΤΕΡΗ ΕΥΓΝΩΜΟΣΥΝΗ ΣΗΜΕΡΑ

ΗΜΕΡΑ   ΜΗΝΑΣ   ΕΤΟΣ

ΤΡΙΑ ΠΡΑΓΜΑΤΑ ΓΙΑ ΤΑ ΟΠΟΙΑ ΝΙΩΘΩ ΕΥΓΝΩΜΟΣΥΝΗ

Η ΒΑΘΜΟΛΟΓΙΑ ΜΟΥ ΓΙΑ ΣΗΜΕΡΑ   ΚΑΤΙ ΠΟΥ ΘΕΛΩ ΝΑ ΘΥΜΑΜΑΙ ΓΙΑ ΣΗΜΕΡΑ

ΚΑΤΙ ΓΙΑ ΤΟ ΟΠΟΙΟ ΘΑ ΜΠΟΡΟΥΣΑ ΝΑ ΕΙΧΑ ΝΙΩΣΕΙ ΠΕΡΙΣΣΟΤΕΡΗ ΕΥΓΝΩΜΟΣΥΝΗ ΣΗΜΕΡΑ   Η ΠΡΟΘΕΣΗ ΜΟΥ ΓΙΑ ΑΥΡΙΟ

ΗΜΕΡΑ   ΜΗΝΑΣ   ΕΤΟΣ

ΤΡΙΑ ΠΡΑΓΜΑΤΑ ΓΙΑ ΤΑ ΟΠΟΙΑ ΝΙΩΘΩ ΕΥΓΝΩΜΟΣΥΝΗ

ΚΑΤΙ ΠΟΥ ΘΕΛΩ ΝΑ ΘΥΜΑΜΑΙ ΓΙΑ ΣΗΜΕΡΑ

Η ΒΑΘΜΟΛΟΓΙΑ ΜΟΥ ΓΙΑ ΣΗΜΕΡΑ

Η ΠΡΟΘΕΣΗ ΜΟΥ ΓΙΑ ΑΥΡΙΟ

ΚΑΤΙ ΓΙΑ ΤΟ ΟΠΟΙΟ ΘΑ ΜΠΟΡΟΥΣΑ ΝΑ ΕΙΧΑ ΝΙΩΣΕΙ ΠΕΡΙΣΣΟΤΕΡΗ ΕΥΓΝΩΜΟΣΥΝΗ ΣΗΜΕΡΑ

ΗΜΕΡΑ 75

ΗΜΕΡΑ   ΜΗΝΑΣ   ΕΤΟΣ

ΤΡΙΑ ΠΡΑΓΜΑΤΑ ΓΙΑ ΤΑ ΟΠΟΙΑ ΝΙΩΘΩ ΕΥΓΝΩΜΟΣΥΝΗ

Η ΒΑΘΜΟΛΟΓΙΑ ΜΟΥ ΓΙΑ
ΣΗΜΕΡΑ

ΚΑΤΙ ΠΟΥ ΘΕΛΩ ΝΑ ΘΥΜΑΜΑΙ ΓΙΑ ΣΗΜΕΡΑ

ΚΑΤΙ ΓΙΑ ΤΟ ΟΠΟΙΟ ΘΑ ΜΠΟΡΟΥΣΑ ΝΑ ΕΙΧΑ ΝΙΩΣΕΙ ΠΕΡΙΣΣΟΤΕΡΗ
ΕΥΓΝΩΜΟΣΥΝΗ ΣΗΜΕΡΑ

Η ΠΡΟΘΕΣΗ ΜΟΥ ΓΙΑ ΑΥΡΙΟ

ΗΜΕΡΑ   ΜΗΝΑΣ   ΕΤΟΣ

ΤΡΙΑ ΠΡΑΓΜΑΤΑ ΓΙΑ ΤΑ ΟΠΟΙΑ ΝΙΩΘΩ ΕΥΓΝΩΜΟΣΥΝΗ

ΚΑΤΙ ΠΟΥ ΘΕΛΩ ΝΑ ΘΥΜΑΜΑΙ ΓΙΑ ΣΗΜΕΡΑ

Η ΒΑΘΜΟΛΟΓΙΑ ΜΟΥ ΓΙΑ ΣΗΜΕΡΑ

Η ΠΡΟΘΕΣΗ ΜΟΥ ΓΙΑ ΑΥΡΙΟ

ΚΑΤΙ ΓΙΑ ΤΟ ΟΠΟΙΟ ΘΑ ΜΠΟΡΟΥΣΑ ΝΑ ΕΙΧΑ ΝΙΩΣΕΙ ΠΕΡΙΣΣΟΤΕΡΗ ΕΥΓΝΩΜΟΣΥΝΗ ΣΗΜΕΡΑ

ΗΜΕΡΑ   ΜΗΝΑΣ   ΕΤΟΣ

ΤΡΙΑ ΠΡΑΓΜΑΤΑ ΓΙΑ ΤΑ ΟΠΟΙΑ ΝΙΩΘΩ ΕΥΓΝΩΜΟΣΥΝΗ

Η ΒΑΘΜΟΛΟΓΙΑ ΜΟΥ ΓΙΑ ΣΗΜΕΡΑ

ΚΑΤΙ ΠΟΥ ΘΕΛΩ ΝΑ ΘΥΜΑΜΑΙ ΓΙΑ ΣΗΜΕΡΑ

ΚΑΤΙ ΓΙΑ ΤΟ ΟΠΟΙΟ ΘΑ ΜΠΟΡΟΥΣΑ ΝΑ ΕΙΧΑ ΝΙΩΣΕΙ ΠΕΡΙΣΣΟΤΕΡΗ ΕΥΓΝΩΜΟΣΥΝΗ ΣΗΜΕΡΑ

Η ΠΡΟΘΕΣΗ ΜΟΥ ΓΙΑ ΑΥΡΙΟ

ΟΤΑΝ ΕΙΣΑΙ ΕΥΓΝΩΜΩΝ, ΣΕ ΣΚΕΠΑΖΕΙ ΕΝΑ ΑΟΡΑΤΟ ΠΕΠΛΟ ΕΙΡΗΝΗΣ. ΣΕ ΚΑΝΕΙ
ΝΑ ΑΚΤΙΝΟΒΟΛΕΙΣ, ΣΕ ΚΑΝΕΙ ΕΥΤΥΧΙΣΜΕΝΟ, ΔΥΝΑΤΟ, ΚΑΙ ΣΕ ΚΡΑΤΑΕΙ ΖΕΣΤΟ.
Η ΕΥΓΝΩΜΟΣΥΝΗ ΚΑΘΗΣΥΧΑΖΕΙ ΤΟ ΜΥΑΛΟ ΑΠΟ ΤΑ ΠΑΝΤΑ ΓΥΡΩ ΣΟΥ.

OM SWAMI

ΚΑΤΙ ΓΙΑ ΤΟ ΟΠΟΙΟ ΘΑ ΜΠΟΡΟΥΣΑ ΝΑ ΕΙΧΑ ΝΙΩΣΕΙ ΠΕΡΙΣΣΟΤΕΡΗ
ΕΥΓΝΩΜΟΣΥΝΗ ΑΥΤΗ ΤΗ ΒΔΟΜΑΔΑ

Η ΒΑΘΜΟΛΟΓΙΑ ΜΟΥ ΓΙΑ ΑΥΤΗ
ΤΗ ΒΔΟΜΑΔΑ

ΚΑΤΙ ΤΟ ΟΠΟΙΟ ΘΕΛΩ ΝΑ ΘΥΜΑΜΑΙ ΓΙΑ ΑΥΤΗ ΤΗΝ ΕΒΔΟΜΑΔΑ

Η ΠΡΟΘΕΣΗ ΜΟΥ ΓΙΑ ΤΗΝ
ΕΠΟΜΕΝΗ ΕΒΔΟΜΑΔΑ

ΚΑΠΟΙΟΝ ΓΙΑ ΤΟΝ ΟΠΟΙΟ ΘΑ ΜΠΟΡΟΥΣΑ ΝΑ ΕΙΧΑ ΝΙΩΣΕΙ
ΠΕΡΙΣΣΟΤΕΡΗ ΕΥΓΝΩΜΟΣΥΝΗ ΑΥΤΗΝ ΤΗΝ ΕΒΔΟΜΑΔΑ

ΗΜΕΡΑ   ΜΗΝΑΣ   ΕΤΟΣ

ΤΡΙΑ ΠΡΑΓΜΑΤΑ ΓΙΑ ΤΑ ΟΠΟΙΑ ΝΙΩΘΩ ΕΥΓΝΩΜΟΣΥΝΗ

Η ΒΑΘΜΟΛΟΓΙΑ ΜΟΥ ΓΙΑ ΣΗΜΕΡΑ

ΚΑΤΙ ΠΟΥ ΘΕΛΩ ΝΑ ΘΥΜΑΜΑΙ ΓΙΑ ΣΗΜΕΡΑ

ΚΑΤΙ ΓΙΑ ΤΟ ΟΠΟΙΟ ΘΑ ΜΠΟΡΟΥΣΑ ΝΑ ΕΙΧΑ ΝΙΩΣΕΙ ΠΕΡΙΣΣΟΤΕΡΗ ΕΥΓΝΩΜΟΣΥΝΗ ΣΗΜΕΡΑ

Η ΠΡΟΘΕΣΗ ΜΟΥ ΓΙΑ ΑΥΡΙΟ

ΗΜΕΡΑ 79

ΤΡΙΑ ΠΡΑΓΜΑΤΑ ΓΙΑ ΤΑ ΟΠΟΙΑ ΝΙΩΘΩ ΕΥΓΝΩΜΟΣΥΝΗ

ΚΑΤΙ ΠΟΥ ΘΕΛΩ ΝΑ ΘΥΜΑΜΑΙ ΓΙΑ ΣΗΜΕΡΑ

Η ΒΑΘΜΟΛΟΓΙΑ ΜΟΥ ΓΙΑ ΣΗΜΕΡΑ

Η ΠΡΟΘΕΣΗ ΜΟΥ ΓΙΑ ΑΥΡΙΟ

ΚΑΤΙ ΓΙΑ ΤΟ ΟΠΟΙΟ ΘΑ ΜΠΟΡΟΥΣΑ ΝΑ ΕΙΧΑ ΝΙΩΣΕΙ ΠΕΡΙΣΣΟΤΕΡΗ ΕΥΓΝΩΜΟΣΥΝΗ ΣΗΜΕΡΑ

ΗΜΕΡΑ 80

ΗΜΕΡΑ   ΜΗΝΑΣ   ΕΤΟΣ

ΤΡΙΑ ΠΡΑΓΜΑΤΑ ΓΙΑ ΤΑ ΟΠΟΙΑ ΝΙΩΘΩ ΕΥΓΝΩΜΟΣΥΝΗ

Η ΒΑΘΜΟΛΟΓΙΑ ΜΟΥ ΓΙΑ ΣΗΜΕΡΑ

ΚΑΤΙ ΠΟΥ ΘΕΛΩ ΝΑ ΘΥΜΑΜΑΙ ΓΙΑ ΣΗΜΕΡΑ

ΚΑΤΙ ΓΙΑ ΤΟ ΟΠΟΙΟ ΘΑ ΜΠΟΡΟΥΣΑ ΝΑ ΕΙΧΑ ΝΙΩΣΕΙ ΠΕΡΙΣΣΟΤΕΡΗ ΕΥΓΝΩΜΟΣΥΝΗ ΣΗΜΕΡΑ

Η ΠΡΟΘΕΣΗ ΜΟΥ ΓΙΑ ΑΥΡΙΟ

 # ΗΜΕΡΑ 81 

ΗΜΕΡΑ   ΜΗΝΑΣ   ΕΤΟΣ

ΤΡΙΑ ΠΡΑΓΜΑΤΑ ΓΙΑ ΤΑ ΟΠΟΙΑ ΝΙΩΘΩ ΕΥΓΝΩΜΟΣΥΝΗ

ΚΑΤΙ ΠΟΥ ΘΕΛΩ ΝΑ ΘΥΜΑΜΑΙ ΓΙΑ ΣΗΜΕΡΑ

Η ΒΑΘΜΟΛΟΓΙΑ ΜΟΥ ΓΙΑ ΣΗΜΕΡΑ

Η ΠΡΟΘΕΣΗ ΜΟΥ ΓΙΑ ΑΥΡΙΟ

ΚΑΤΙ ΓΙΑ ΤΟ ΟΠΟΙΟ ΘΑ ΜΠΟΡΟΥΣΑ ΝΑ ΕΙΧΑ ΝΙΩΣΕΙ ΠΕΡΙΣΣΟΤΕΡΗ ΕΥΓΝΩΜΟΣΥΝΗ ΣΗΜΕΡΑ

ΗΜΕΡΑ 82

ΗΜΕΡΑ   ΜΗΝΑΣ   ΕΤΟΣ

ΤΡΙΑ ΠΡΑΓΜΑΤΑ ΓΙΑ ΤΑ ΟΠΟΙΑ ΝΙΩΘΩ ΕΥΓΝΩΜΟΣΥΝΗ

Η ΒΑΘΜΟΛΟΓΙΑ ΜΟΥ ΓΙΑ ΣΗΜΕΡΑ

ΚΑΤΙ ΠΟΥ ΘΕΛΩ ΝΑ ΘΥΜΑΜΑΙ ΓΙΑ ΣΗΜΕΡΑ

ΚΑΤΙ ΓΙΑ ΤΟ ΟΠΟΙΟ ΘΑ ΜΠΟΡΟΥΣΑ ΝΑ ΕΙΧΑ ΝΙΩΣΕΙ ΠΕΡΙΣΣΟΤΕΡΗ ΕΥΓΝΩΜΟΣΥΝΗ ΣΗΜΕΡΑ

Η ΠΡΟΘΕΣΗ ΜΟΥ ΓΙΑ ΑΥΡΙΟ

ΗΜΕΡΑ 83

ΗΜΕΡΑ   ΜΗΝΑΣ   ΕΤΟΣ

ΤΡΙΑ ΠΡΑΓΜΑΤΑ ΓΙΑ ΤΑ ΟΠΟΙΑ ΝΙΩΘΩ ΕΥΓΝΩΜΟΣΥΝΗ

ΚΑΤΙ ΠΟΥ ΘΕΛΩ ΝΑ ΘΥΜΑΜΑΙ ΓΙΑ ΣΗΜΕΡΑ

Η ΒΑΘΜΟΛΟΓΙΑ ΜΟΥ ΓΙΑ ΣΗΜΕΡΑ

Η ΠΡΟΘΕΣΗ ΜΟΥ ΓΙΑ ΑΥΡΙΟ

ΚΑΤΙ ΓΙΑ ΤΟ ΟΠΟΙΟ ΘΑ ΜΠΟΡΟΥΣΑ ΝΑ ΕΙΧΑ ΝΙΩΣΕΙ ΠΕΡΙΣΣΟΤΕΡΗ ΕΥΓΝΩΜΟΣΥΝΗ ΣΗΜΕΡΑ

ΗΜΕΡΑ   ΜΗΝΑΣ   ΕΤΟΣ

ΤΡΙΑ ΠΡΑΓΜΑΤΑ ΓΙΑ ΤΑ ΟΠΟΙΑ ΝΙΩΘΩ ΕΥΓΝΩΜΟΣΥΝΗ

Η ΒΑΘΜΟΛΟΓΙΑ ΜΟΥ ΓΙΑ ΣΗΜΕΡΑ

ΚΑΤΙ ΠΟΥ ΘΕΛΩ ΝΑ ΘΥΜΑΜΑΙ ΓΙΑ ΣΗΜΕΡΑ

ΚΑΤΙ ΓΙΑ ΤΟ ΟΠΟΙΟ ΘΑ ΜΠΟΡΟΥΣΑ ΝΑ ΕΙΧΑ ΝΙΩΣΕΙ ΠΕΡΙΣΣΟΤΕΡΗ ΕΥΓΝΩΜΟΣΥΝΗ ΣΗΜΕΡΑ

Η ΠΡΟΘΕΣΗ ΜΟΥ ΓΙΑ ΑΥΡΙΟ

Η ΚΑΛΥΤΕΡΗ ΣΤΙΓΜΗ ΓΙΑ ΝΑ ΕΙΣΑΙ ΕΥΓΝΩΜΟΝ ΕΙΝΑΙ ΠΑΝΤΟΤΕ.

ΑΝΩΝΥΜΟ

ΚΑΤΙ ΓΙΑ ΤΟ ΟΠΟΙΟ ΘΑ ΜΠΟΡΟΥΣΑ ΝΑ ΕΙΧΑ ΝΙΩΣΕΙ ΠΕΡΙΣΣΟΤΕΡΗ ΕΥΓΝΩΜΟΣΥΝΗ ΤΙΣ ΤΕΛΕΥΤΑΙΕΣ ΤΕΣΣΕΡΙΣ ΕΒΔΟΜΑΔΕΣ

Η ΒΑΘΜΟΛΟΓΙΑ ΜΟΥ ΓΙΑ ΤΙΣ ΠΕΡΑΣΜΕΝΕΣ ΤΕΣΣΕΡΙΣ ΕΒΔΟΜΑΔΕΣ

ΚΑΤΙ ΤΟ ΟΠΟΙΟ ΘΕΛΩ ΝΑ ΘΥΜΑΜΑΙ ΓΙΑ ΤΙΣ ΤΕΛΕΥΤΑΙΕΣ ΤΕΣΣΕΡΙΣ ΕΒΔΟΜΑΔΕΣ

Η ΠΡΟΘΕΣΗ ΜΟΥ ΓΙΑ ΤΙΣ ΕΠΟΜΕΝΕΣ ΤΕΣΣΕΡΙΣ ΕΒΔΟΜΑΔΕΣ

ΚΑΠΟΙΟΝ ΓΙΑ ΤΟΝ ΟΠΟΙΟ ΘΑ ΜΠΟΡΟΥΣΑ ΝΑ ΕΙΧΑ ΝΙΩΣΕΙ ΠΕΡΙΣΣΟΤΕΡΗ ΕΥΓΝΩΜΟΣΥΝΗ ΤΙΣ ΤΕΛΕΥΤΑΙΕΣ ΤΕΣΣΕΡΙΣ ΕΒΔΟΜΑΔΕΣ

ΗΜΕΡΑ   ΜΗΝΑΣ   ΕΤΟΣ

ΤΡΙΑ ΠΡΑΓΜΑΤΑ ΓΙΑ ΤΑ ΟΠΟΙΑ ΝΙΩΘΩ ΕΥΓΝΩΜΟΣΥΝΗ

Η ΒΑΘΜΟΛΟΓΙΑ ΜΟΥ ΓΙΑ ΣΗΜΕΡΑ

ΚΑΤΙ ΠΟΥ ΘΕΛΩ ΝΑ ΘΥΜΑΜΑΙ ΓΙΑ ΣΗΜΕΡΑ

ΚΑΤΙ ΓΙΑ ΤΟ ΟΠΟΙΟ ΘΑ ΜΠΟΡΟΥΣΑ ΝΑ ΕΙΧΑ ΝΙΩΣΕΙ ΠΕΡΙΣΣΟΤΕΡΗ ΕΥΓΝΩΜΟΣΥΝΗ ΣΗΜΕΡΑ

Η ΠΡΟΘΕΣΗ ΜΟΥ ΓΙΑ ΑΥΡΙΟ

HΜΕΡΑ   ΜΗΝΑΣ   ΕΤΟΣ

ΤΡΙΑ ΠΡΑΓΜΑΤΑ ΓΙΑ ΤΑ ΟΠΟΙΑ ΝΙΩΘΩ ΕΥΓΝΩΜΟΣΥΝΗ

ΚΑΤΙ ΠΟΥ ΘΕΛΩ ΝΑ ΘΥΜΑΜΑΙ ΓΙΑ ΣΗΜΕΡΑ

Η ΒΑΘΜΟΛΟΓΙΑ ΜΟΥ ΓΙΑ ΣΗΜΕΡΑ

Η ΠΡΟΘΕΣΗ ΜΟΥ ΓΙΑ ΑΥΡΙΟ

ΚΑΤΙ ΓΙΑ ΤΟ ΟΠΟΙΟ ΘΑ ΜΠΟΡΟΥΣΑ ΝΑ ΕΙΧΑ ΝΙΩΣΕΙ ΠΕΡΙΣΣΟΤΕΡΗ ΕΥΓΝΩΜΟΣΥΝΗ ΣΗΜΕΡΑ

ΗΜΕΡΑ 87

ΗΜΕΡΑ   ΜΗΝΑΣ   ΕΤΟΣ

ΤΡΙΑ ΠΡΑΓΜΑΤΑ ΓΙΑ ΤΑ ΟΠΟΙΑ ΝΙΩΘΩ ΕΥΓΝΩΜΟΣΥΝΗ

Η ΒΑΘΜΟΛΟΓΙΑ ΜΟΥ ΓΙΑ ΣΗΜΕΡΑ

ΚΑΤΙ ΠΟΥ ΘΕΛΩ ΝΑ ΘΥΜΑΜΑΙ ΓΙΑ ΣΗΜΕΡΑ

ΚΑΤΙ ΓΙΑ ΤΟ ΟΠΟΙΟ ΘΑ ΜΠΟΡΟΥΣΑ ΝΑ ΕΙΧΑ ΝΙΩΣΕΙ ΠΕΡΙΣΣΟΤΕΡΗ ΕΥΓΝΩΜΟΣΥΝΗ ΣΗΜΕΡΑ

Η ΠΡΟΘΕΣΗ ΜΟΥ ΓΙΑ ΑΥΡΙΟ

ΗΜΕΡΑ   ΜΗΝΑΣ   ΕΤΟΣ

ΤΡΙΑ ΠΡΑΓΜΑΤΑ ΓΙΑ ΤΑ ΟΠΟΙΑ ΝΙΩΘΩ ΕΥΓΝΩΜΟΣΥΝΗ

ΚΑΤΙ ΠΟΥ ΘΕΛΩ ΝΑ ΘΥΜΑΜΑΙ ΓΙΑ ΣΗΜΕΡΑ

Η ΒΑΘΜΟΛΟΓΙΑ ΜΟΥ ΓΙΑ ΣΗΜΕΡΑ

Η ΠΡΟΘΕΣΗ ΜΟΥ ΓΙΑ ΑΥΡΙΟ

ΚΑΤΙ ΓΙΑ ΤΟ ΟΠΟΙΟ ΘΑ ΜΠΟΡΟΥΣΑ ΝΑ ΕΙΧΑ ΝΙΩΣΕΙ ΠΕΡΙΣΣΟΤΕΡΗ ΕΥΓΝΩΜΟΣΥΝΗ ΣΗΜΕΡΑ

ΗΜΕΡΑ 89

ΤΡΙΑ ΠΡΑΓΜΑΤΑ ΓΙΑ ΤΑ ΟΠΟΙΑ ΝΙΩΘΩ ΕΥΓΝΩΜΟΣΥΝΗ

Η ΒΑΘΜΟΛΟΓΙΑ ΜΟΥ ΓΙΑ
ΣΗΜΕΡΑ

ΚΑΤΙ ΠΟΥ ΘΕΛΩ ΝΑ ΘΥΜΑΜΑΙ ΓΙΑ ΣΗΜΕΡΑ

ΚΑΤΙ ΓΙΑ ΤΟ ΟΠΟΙΟ ΘΑ ΜΠΟΡΟΥΣΑ ΝΑ ΕΙΧΑ ΝΙΩΣΕΙ ΠΕΡΙΣΣΟΤΕΡΗ
ΕΥΓΝΩΜΟΣΥΝΗ ΣΗΜΕΡΑ

Η ΠΡΟΘΕΣΗ ΜΟΥ ΓΙΑ ΑΥΡΙΟ

HΜΕΡΑ 90

ΗΜΕΡΑ   ΜΗΝΑΣ   ΕΤΟΣ

ΤΡΙΑ ΠΡΑΓΜΑΤΑ ΓΙΑ ΤΑ ΟΠΟΙΑ ΝΙΩΘΩ ΕΥΓΝΩΜΟΣΥΝΗ

ΚΑΤΙ ΠΟΥ ΘΕΛΩ ΝΑ ΘΥΜΑΜΑΙ ΓΙΑ ΣΗΜΕΡΑ

Η ΒΑΘΜΟΛΟΓΙΑ ΜΟΥ ΓΙΑ ΣΗΜΕΡΑ

Η ΠΡΟΘΕΣΗ ΜΟΥ ΓΙΑ ΑΥΡΙΟ

ΚΑΤΙ ΓΙΑ ΤΟ ΟΠΟΙΟ ΘΑ ΜΠΟΡΟΥΣΑ ΝΑ ΕΙΧΑ ΝΙΩΣΕΙ ΠΕΡΙΣΣΟΤΕΡΗ ΕΥΓΝΩΜΟΣΥΝΗ ΣΗΜΕΡΑ

ΗΜΕΡΑ   ΜΗΝΑΣ   ΕΤΟΣ

ΤΡΙΑ ΠΡΑΓΜΑΤΑ ΓΙΑ ΤΑ ΟΠΟΙΑ ΝΙΩΘΩ ΕΥΓΝΩΜΟΣΥΝΗ

Η ΒΑΘΜΟΛΟΓΙΑ ΜΟΥ ΓΙΑ ΣΗΜΕΡΑ

ΚΑΤΙ ΠΟΥ ΘΕΛΩ ΝΑ ΘΥΜΑΜΑΙ ΓΙΑ ΣΗΜΕΡΑ

ΚΑΤΙ ΓΙΑ ΤΟ ΟΠΟΙΟ ΘΑ ΜΠΟΡΟΥΣΑ ΝΑ ΕΙΧΑ ΝΙΩΣΕΙ ΠΕΡΙΣΣΟΤΕΡΗ ΕΥΓΝΩΜΟΣΥΝΗ ΣΗΜΕΡΑ

Η ΠΡΟΘΕΣΗ ΜΟΥ ΓΙΑ ΑΥΡΙΟ

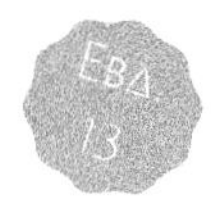

ΟΤΑΝ ΕΙΣΑΙ ΕΥΓΝΩΜΩΝ, ΕΞΑΦΑΝΙΖΕΤΑΙ Ο ΦΟΒΟS ΚΑΙ ΕΜΦΑΝΙΖΕΤΑΙ Η ΑΦΘΟΝΙΑ.

Tony Robbins

ΚΑΤΙ ΓΙΑ ΤΟ ΟΠΟΙΟ ΘΑ ΜΠΟΡΟΥΣΑ ΝΑ ΕΙΧΑ ΝΙΩΣΕΙ ΠΕΡΙΣΣΟΤΕΡΗ ΕΥΓΝΩΜΟΣΥΝΗ ΑΥΤΗ ΤΗ ΒΔΟΜΑΔΑ

Η ΒΑΘΜΟΛΟΓΙΑ ΜΟΥ ΓΙΑ ΑΥΤΗ ΤΗ ΒΔΟΜΑΔΑ

ΚΑΤΙ ΤΟ ΟΠΟΙΟ ΘΕΛΩ ΝΑ ΘΥΜΑΜΑΙ ΓΙΑ ΑΥΤΗ ΤΗΝ ΕΒΔΟΜΑΔΑ

Η ΠΡΟΘΕΣΗ ΜΟΥ ΓΙΑ ΤΗΝ ΕΠΟΜΕΝΗ ΕΒΔΟΜΑΔΑ

ΚΑΠΟΙΟΝ ΓΙΑ ΤΟΝ ΟΠΟΙΟ ΘΑ ΜΠΟΡΟΥΣΑ ΝΑ ΕΙΧΑ ΝΙΩΣΕΙ ΠΕΡΙΣΣΟΤΕΡΗ ΕΥΓΝΩΜΟΣΥΝΗ ΑΥΤΗΝ ΤΗΝ ΕΒΔΟΜΑΔΑ

3 ΜΗΝΕΣ

ΕΧΟΝΤΑΣ ΔΙΑΝΥΣΕΙ ΑΥΤΗ ΤΗ ΣΗΜΑΝΤΙΚΗ ΔΙΑΔΡΟΜΗ, ΗΡΘΕ Η ΩΡΑ ΓΙΑ ΜΙΑ ΜΙΚΡΗ ΑΝΑΣΚΟΠΗΣΗ. ΜΕΤΡΟΦΥΛΛΗΣΤΕ ΤΙΣ ΣΗΜΕΙΩΣΕΙΣ ΤΩΝ ΤΕΛΕΥΤΑΙΩΝ ΤΡΙΩΝ ΜΗΝΩΝ ΚΑΙ ΑΠΑΝΤΗΣΕΤΕ ΣΤΑ ΑΚΟΛΟΥΘΑ:

ΚΑΤΙ ΤΟ ΟΠΟΙΟ ΘΕΛΩ ΝΑ ΘΥΜΑΜΑΙ ΠΟΥ ΣΥΝΕΒΗ ΤΟΥΣ ΤΕΛΕΥΤΑΙΟΥΣ ΤΡΕΙΣ ΜΗΝΕΣ

ΑΝΑΤΡΕΧΟΝΤΑΣ ΠΙΣΩ ΣΤΟΥΣ ΤΕΛΕΥΤΑΙΟΥΣ ΤΡΕΙΣ ΜΗΝΕΣ, ΑΥΤΟ ΓΙΑ ΤΟ ΟΠΟΙΟ ΕΙΜΑΙ ΠΕΡΙΣΣΟΤΕΡΟ ΕΥΓΝΩΜΩΝ

ΤΟ ΜΕΓΑΛΥΤΕΡΟ ΜΑΘΗΜΑ ΤΩΝ ΤΡΙΩΝ ΠΕΡΑΣΜΕΝΩΝ ΜΗΝΩΝ

ΚΑΠΟΙΟΣ Η ΚΑΤΙ ΓΙΑ ΤΟ ΟΠΟΙΟ ΘΑ ΜΠΟΡΟΥΣΑ ΝΑ ΕΙΧΑ ΝΙΩΣΕΙ ΠΕΡΙΣΣΟΤΕΡΗ ΕΥΓΝΩΜΟΣΥΝΗ ΤΟΥΣ ΤΕΛΕΥΤΑΙΟΥΣ ΤΡΕΙΣ ΜΗΝΕΣ

3 ΜΗΝΕΣ

ΓΙΑ ΠΟΙΟΝ ΔΕΝ ΚΑΤΑΦΕΡΑ ΝΑ ΝΙΩΣΩ ΕΥΓΝΩΜΟΣΥΝΗ ΤΟΥΣ ΠΕΡΑΣΜΕΝΟΥΣ ΤΡΕΙΣ ΜΗΝΕΣ; ΜΠΟΡΩ ΝΑ ΒΡΩ ΚΑΠΟΙΟ ΑΛΛΟ ΤΡΟΠΟ ΝΑ ΑΝΑΔΙΑΤΥΠΩΣΩ ΤΗ ΣΚΕΨΗ ΑΥΤΗ;

ΕΙΜΑΙ ΕΥΓΝΩΜΩΝ...

ΑΝΑΤΡΕΧΟΝΤΑΣ ΠΙΣΩ ΣΤΙΣ ΒΑΘΜΟΛΟΓΙΕΣ ΠΡΟΗΓΟΥΜΕΝΩΝ ΕΒΔΟΜΑΔΩΝ, ΟΙ ΑΡΙΘΜΟΙ ΜΟΥ ΦΑΝΕΡΩΝΟΥΝ ΟΤΙ

Η ΠΡΟΘΕΣΗ ΜΟΥ ΓΙΑ ΤΟΥΣ ΕΠΟΜΕΝΟΥΣ ΤΡΕΙΣ ΜΗΝΕΣ

ΓΙΑ ΠΟΙΟ ΠΡΑΓΜΑ ΔΕΝ ΚΑΤΑΦΕΡΑ ΝΑ ΝΙΩΣΩ ΕΥΓΝΩΜΟΣΥΝΗ ΤΟΥΣ ΠΕΡΑΣΜΕΝΟΥΣ ΤΡΕΙΣ ΜΗΝΕΣ; ΜΠΟΡΩ ΝΑ ΒΡΩ ΚΑΠΟΙΟ ΑΛΛΟ ΤΡΟΠΟ ΝΑ ΑΝΑΔΙΑΤΥΠΩΣΩ ΤΗ ΣΚΕΨΗ ΑΥΤΗ; ΕΙΜΑΙ ΕΥΓΝΩΜΩΝ...

ΗΜΕΡΑ   ΜΗΝΑΣ   ΕΤΟΣ

ΤΡΙΑ ΠΡΑΓΜΑΤΑ ΓΙΑ ΤΑ ΟΠΟΙΑ ΝΙΩΘΩ ΕΥΓΝΩΜΟΣΥΝΗ

Η ΒΑΘΜΟΛΟΓΙΑ ΜΟΥ ΓΙΑ ΣΗΜΕΡΑ

ΚΑΤΙ ΠΟΥ ΘΕΛΩ ΝΑ ΘΥΜΑΜΑΙ ΓΙΑ ΣΗΜΕΡΑ

ΚΑΤΙ ΓΙΑ ΤΟ ΟΠΟΙΟ ΘΑ ΜΠΟΡΟΥΣΑ ΝΑ ΕΙΧΑ ΝΙΩΣΕΙ ΠΕΡΙΣΣΟΤΕΡΗ ΕΥΓΝΩΜΟΣΥΝΗ ΣΗΜΕΡΑ

Η ΠΡΟΘΕΣΗ ΜΟΥ ΓΙΑ ΑΥΡΙΟ

ΗΜΕΡΑ   ΜΗΝΑΣ   ΕΤΟΣ

ΤΡΙΑ ΠΡΑΓΜΑΤΑ ΓΙΑ ΤΑ ΟΠΟΙΑ ΝΙΩΘΩ ΕΥΓΝΩΜΟΣΥΝΗ

ΚΑΤΙ ΠΟΥ ΘΕΛΩ ΝΑ ΘΥΜΑΜΑΙ ΓΙΑ ΣΗΜΕΡΑ

Η ΒΑΘΜΟΛΟΓΙΑ ΜΟΥ ΓΙΑ ΣΗΜΕΡΑ

Η ΠΡΟΘΕΣΗ ΜΟΥ ΓΙΑ ΑΥΡΙΟ

ΚΑΤΙ ΓΙΑ ΤΟ ΟΠΟΙΟ ΘΑ ΜΠΟΡΟΥΣΑ ΝΑ ΕΙΧΑ ΝΙΩΣΕΙ ΠΕΡΙΣΣΟΤΕΡΗ ΕΥΓΝΩΜΟΣΥΝΗ ΣΗΜΕΡΑ

ΗΜΕΡΑ   ΜΗΝΑΣ   ΕΤΟΣ

ΤΡΙΑ ΠΡΑΓΜΑΤΑ ΓΙΑ ΤΑ ΟΠΟΙΑ ΝΙΩΘΩ ΕΥΓΝΩΜΟΣΥΝΗ

Η ΒΑΘΜΟΛΟΓΙΑ ΜΟΥ ΓΙΑ
ΣΗΜΕΡΑ

ΚΑΤΙ ΠΟΥ ΘΕΛΩ ΝΑ ΘΥΜΑΜΑΙ ΓΙΑ ΣΗΜΕΡΑ

ΚΑΤΙ ΓΙΑ ΤΟ ΟΠΟΙΟ ΘΑ ΜΠΟΡΟΥΣΑ ΝΑ ΕΙΧΑ ΝΙΩΣΕΙ ΠΕΡΙΣΣΟΤΕΡΗ
ΕΥΓΝΩΜΟΣΥΝΗ ΣΗΜΕΡΑ

Η ΠΡΟΘΕΣΗ ΜΟΥ ΓΙΑ ΑΥΡΙΟ

ΗΜΕΡΑ 95

| ΗΜΕΡΑ | ΜΗΝΑΣ | ΕΤΟΣ |

ΤΡΙΑ ΠΡΑΓΜΑΤΑ ΓΙΑ ΤΑ ΟΠΟΙΑ ΝΙΩΘΩ ΕΥΓΝΩΜΟΣΥΝΗ

ΚΑΤΙ ΠΟΥ ΘΕΛΩ ΝΑ ΘΥΜΑΜΑΙ ΓΙΑ ΣΗΜΕΡΑ

Η ΒΑΘΜΟΛΟΓΙΑ ΜΟΥ ΓΙΑ ΣΗΜΕΡΑ

Η ΠΡΟΘΕΣΗ ΜΟΥ ΓΙΑ ΑΥΡΙΟ

ΚΑΤΙ ΓΙΑ ΤΟ ΟΠΟΙΟ ΘΑ ΜΠΟΡΟΥΣΑ ΝΑ ΕΙΧΑ ΝΙΩΣΕΙ ΠΕΡΙΣΣΟΤΕΡΗ ΕΥΓΝΩΜΟΣΥΝΗ ΣΗΜΕΡΑ

ΗΜΕΡΑ 96

ΗΜΕΡΑ   ΜΗΝΑΣ   ΕΤΟΣ

ΤΡΙΑ ΠΡΑΓΜΑΤΑ ΓΙΑ ΤΑ ΟΠΟΙΑ ΝΙΩΘΩ ΕΥΓΝΩΜΟΣΥΝΗ

Η ΒΑΘΜΟΛΟΓΙΑ ΜΟΥ ΓΙΑ ΣΗΜΕΡΑ

ΚΑΤΙ ΠΟΥ ΘΕΛΩ ΝΑ ΘΥΜΑΜΑΙ ΓΙΑ ΣΗΜΕΡΑ

ΚΑΤΙ ΓΙΑ ΤΟ ΟΠΟΙΟ ΘΑ ΜΠΟΡΟΥΣΑ ΝΑ ΕΙΧΑ ΝΙΩΣΕΙ ΠΕΡΙΣΣΟΤΕΡΗ ΕΥΓΝΩΜΟΣΥΝΗ ΣΗΜΕΡΑ

Η ΠΡΟΘΕΣΗ ΜΟΥ ΓΙΑ ΑΥΡΙΟ

ΗΜΕΡΑ 97

HMEPA   ΜΗΝΑΣ   ΕΤΟΣ

ΤΡΙΑ ΠΡΑΓΜΑΤΑ ΓΙΑ ΤΑ ΟΠΟΙΑ ΝΙΩΘΩ ΕΥΓΝΩΜΟΣΥΝΗ

ΚΑΤΙ ΠΟΥ ΘΕΛΩ ΝΑ ΘΥΜΑΜΑΙ ΓΙΑ ΣΗΜΕΡΑ

Η ΒΑΘΜΟΛΟΓΙΑ ΜΟΥ ΓΙΑ ΣΗΜΕΡΑ

Η ΠΡΟΘΕΣΗ ΜΟΥ ΓΙΑ ΑΥΡΙΟ

ΚΑΤΙ ΓΙΑ ΤΟ ΟΠΟΙΟ ΘΑ ΜΠΟΡΟΥΣΑ ΝΑ ΕΙΧΑ ΝΙΩΣΕΙ ΠΕΡΙΣΣΟΤΕΡΗ ΕΥΓΝΩΜΟΣΥΝΗ ΣΗΜΕΡΑ

ΗΜΕΡΑ 98

ΗΜΕΡΑ   ΜΗΝΑΣ   ΕΤΟΣ

ΤΡΙΑ ΠΡΑΓΜΑΤΑ ΓΙΑ ΤΑ ΟΠΟΙΑ ΝΙΩΘΩ ΕΥΓΝΩΜΟΣΥΝΗ

Η ΒΑΘΜΟΛΟΓΙΑ ΜΟΥ ΓΙΑ ΣΗΜΕΡΑ

ΚΑΤΙ ΠΟΥ ΘΕΛΩ ΝΑ ΘΥΜΑΜΑΙ ΓΙΑ ΣΗΜΕΡΑ

ΚΑΤΙ ΓΙΑ ΤΟ ΟΠΟΙΟ ΘΑ ΜΠΟΡΟΥΣΑ ΝΑ ΕΙΧΑ ΝΙΩΣΕΙ ΠΕΡΙΣΣΟΤΕΡΗ ΕΥΓΝΩΜΟΣΥΝΗ ΣΗΜΕΡΑ

Η ΠΡΟΘΕΣΗ ΜΟΥ ΓΙΑ ΑΥΡΙΟ

Ημερα 98

Η ΙΚΑΝΟΤΗΤΑ ΝΑ ΒΛΕΠΕΙΣ ΤΗΝ ΟΜΟΡΦΙΑ ΚΑΙ ΤΗΝ ΔΥΝΑΤΟΤΗΤΑ ΤΩΝ ΠΡΑΓΜΑΤΩΝ ΕΙΝΑΙ
ΑΝΑΛΟΓΗ ΜΕ ΤΟ ΕΠΙΠΕΔΟ ΠΟΥ ΑΣΠΑΖΕΤΑΙ ΚΑΝΕΙΣ ΤΗΝ ΕΥΓΝΩΜΟΣΥΝΗ.

Steve Maraboli

ΚΑΤΙ ΓΙΑ ΤΟ ΟΠΟΙΟ ΘΑ ΜΠΟΡΟΥΣΑ ΝΑ ΕΙΧΑ ΝΙΩΣΕΙ ΠΕΡΙΣΣΟΤΕΡΗ
ΕΥΓΝΩΜΟΣΥΝΗ ΑΥΤΗ ΤΗ ΒΔΟΜΑΔΑ

Η ΒΑΘΜΟΛΟΓΙΑ ΜΟΥ ΓΙΑ ΑΥΤΗ
ΤΗ ΒΔΟΜΑΔΑ

ΚΑΤΙ ΤΟ ΟΠΟΙΟ ΘΕΛΩ ΝΑ ΘΥΜΑΜΑΙ ΓΙΑ ΑΥΤΗ ΤΗΝ ΕΒΔΟΜΑΔΑ

Η ΠΡΟΘΕΣΗ ΜΟΥ ΓΙΑ ΤΗΝ
ΕΠΟΜΕΝΗ ΕΒΔΟΜΑΔΑ

ΚΑΠΟΙΟΝ ΓΙΑ ΤΟΝ ΟΠΟΙΟ ΘΑ ΜΠΟΡΟΥΣΑ ΝΑ ΕΙΧΑ ΝΙΩΣΕΙ
ΠΕΡΙΣΣΟΤΕΡΗ ΕΥΓΝΩΜΟΣΥΝΗ ΑΥΤΗΝ ΤΗΝ ΕΒΔΟΜΑΔΑ

ΗΜΕΡΑ   ΜΗΝΑΣ   ΕΤΟΣ

ΤΡΙΑ ΠΡΑΓΜΑΤΑ ΓΙΑ ΤΑ ΟΠΟΙΑ ΝΙΩΘΩ ΕΥΓΝΩΜΟΣΥΝΗ

Η ΒΑΘΜΟΛΟΓΙΑ ΜΟΥ ΓΙΑ   ΚΑΤΙ ΠΟΥ ΘΕΛΩ ΝΑ ΘΥΜΑΜΑΙ ΓΙΑ ΣΗΜΕΡΑ
ΣΗΜΕΡΑ

ΚΑΤΙ ΓΙΑ ΤΟ ΟΠΟΙΟ ΘΑ ΜΠΟΡΟΥΣΑ ΝΑ ΕΙΧΑ ΝΙΩΣΕΙ ΠΕΡΙΣΣΟΤΕΡΗ   Η ΠΡΟΘΕΣΗ ΜΟΥ ΓΙΑ ΑΥΡΙΟ
ΕΥΓΝΩΜΟΣΥΝΗ ΣΗΜΕΡΑ

ΗΜΕΡΑ 100

ΗΜΕΡΑ   ΜΗΝΑΣ   ΕΤΟΣ

ΤΡΙΑ ΠΡΑΓΜΑΤΑ ΓΙΑ ΤΑ ΟΠΟΙΑ ΝΙΩΘΩ ΕΥΓΝΩΜΟΣΥΝΗ

ΚΑΤΙ ΠΟΥ ΘΕΛΩ ΝΑ ΘΥΜΑΜΑΙ ΓΙΑ ΣΗΜΕΡΑ

Η ΒΑΘΜΟΛΟΓΙΑ ΜΟΥ ΓΙΑ ΣΗΜΕΡΑ

Η ΠΡΟΘΕΣΗ ΜΟΥ ΓΙΑ ΑΥΡΙΟ

ΚΑΤΙ ΓΙΑ ΤΟ ΟΠΟΙΟ ΘΑ ΜΠΟΡΟΥΣΑ ΝΑ ΕΙΧΑ ΝΙΩΣΕΙ ΠΕΡΙΣΣΟΤΕΡΗ ΕΥΓΝΩΜΟΣΥΝΗ ΣΗΜΕΡΑ

ΗΜΕΡΑ 101

ΗΜΕΡΑ   ΜΗΝΑΣ   ΕΤΟΣ

ΤΡΙΑ ΠΡΑΓΜΑΤΑ ΓΙΑ ΤΑ ΟΠΟΙΑ ΝΙΩΘΩ ΕΥΓΝΩΜΟΣΥΝΗ

Η ΒΑΘΜΟΛΟΓΙΑ ΜΟΥ ΓΙΑ
ΣΗΜΕΡΑ

ΚΑΤΙ ΠΟΥ ΘΕΛΩ ΝΑ ΘΥΜΑΜΑΙ ΓΙΑ ΣΗΜΕΡΑ

ΚΑΤΙ ΓΙΑ ΤΟ ΟΠΟΙΟ ΘΑ ΜΠΟΡΟΥΣΑ ΝΑ ΕΙΧΑ ΝΙΩΣΕΙ ΠΕΡΙΣΣΟΤΕΡΗ
ΕΥΓΝΩΜΟΣΥΝΗ ΣΗΜΕΡΑ

Η ΠΡΟΘΕΣΗ ΜΟΥ ΓΙΑ ΑΥΡΙΟ

ΗΜΕΡΑ   ΜΗΝΑΣ   ΕΤΟΣ

ΤΡΙΑ ΠΡΑΓΜΑΤΑ ΓΙΑ ΤΑ ΟΠΟΙΑ ΝΙΩΘΩ ΕΥΓΝΩΜΟΣΥΝΗ

ΚΑΤΙ ΠΟΥ ΘΕΛΩ ΝΑ ΘΥΜΑΜΑΙ ΓΙΑ ΣΗΜΕΡΑ

Η ΒΑΘΜΟΛΟΓΙΑ ΜΟΥ ΓΙΑ ΣΗΜΕΡΑ

Η ΠΡΟΘΕΣΗ ΜΟΥ ΓΙΑ ΑΥΡΙΟ

ΚΑΤΙ ΓΙΑ ΤΟ ΟΠΟΙΟ ΘΑ ΜΠΟΡΟΥΣΑ ΝΑ ΕΙΧΑ ΝΙΩΣΕΙ ΠΕΡΙΣΣΟΤΕΡΗ ΕΥΓΝΩΜΟΣΥΝΗ ΣΗΜΕΡΑ

ΗΜΕΡΑ   ΜΗΝΑΣ   ΕΤΟΣ

ΤΡΙΑ ΠΡΑΓΜΑΤΑ ΓΙΑ ΤΑ ΟΠΟΙΑ ΝΙΩΘΩ ΕΥΓΝΩΜΟΣΥΝΗ

Η ΒΑΘΜΟΛΟΓΙΑ ΜΟΥ ΓΙΑ
ΣΗΜΕΡΑ

ΚΑΤΙ ΠΟΥ ΘΕΛΩ ΝΑ ΘΥΜΑΜΑΙ ΓΙΑ ΣΗΜΕΡΑ

ΚΑΤΙ ΓΙΑ ΤΟ ΟΠΟΙΟ ΘΑ ΜΠΟΡΟΥΣΑ ΝΑ ΕΙΧΑ ΝΙΩΣΕΙ ΠΕΡΙΣΣΟΤΕΡΗ
ΕΥΓΝΩΜΟΣΥΝΗ ΣΗΜΕΡΑ

Η ΠΡΟΘΕΣΗ ΜΟΥ ΓΙΑ ΑΥΡΙΟ

ΗΜΕΡΑ 104

ΗΜΕΡΑ   ΜΗΝΑΣ   ΕΤΟΣ

ΤΡΙΑ ΠΡΑΓΜΑΤΑ ΓΙΑ ΤΑ ΟΠΟΙΑ ΝΙΩΘΩ ΕΥΓΝΩΜΟΣΥΝΗ

ΚΑΤΙ ΠΟΥ ΘΕΛΩ ΝΑ ΘΥΜΑΜΑΙ ΓΙΑ ΣΗΜΕΡΑ

Η ΒΑΘΜΟΛΟΓΙΑ ΜΟΥ ΓΙΑ ΣΗΜΕΡΑ

Η ΠΡΟΘΕΣΗ ΜΟΥ ΓΙΑ ΑΥΡΙΟ

ΚΑΤΙ ΓΙΑ ΤΟ ΟΠΟΙΟ ΘΑ ΜΠΟΡΟΥΣΑ ΝΑ ΕΙΧΑ ΝΙΩΣΕΙ ΠΕΡΙΣΣΟΤΕΡΗ ΕΥΓΝΩΜΟΣΥΝΗ ΣΗΜΕΡΑ

ΗΜΕΡΑ   ΜΗΝΑΣ   ΕΤΟΣ

ΤΡΙΑ ΠΡΑΓΜΑΤΑ ΓΙΑ ΤΑ ΟΠΟΙΑ ΝΙΩΘΩ ΕΥΓΝΩΜΟΣΥΝΗ

Η ΒΑΘΜΟΛΟΓΙΑ ΜΟΥ ΓΙΑ
ΣΗΜΕΡΑ

ΚΑΤΙ ΠΟΥ ΘΕΛΩ ΝΑ ΘΥΜΑΜΑΙ ΓΙΑ ΣΗΜΕΡΑ

ΚΑΤΙ ΓΙΑ ΤΟ ΟΠΟΙΟ ΘΑ ΜΠΟΡΟΥΣΑ ΝΑ ΕΙΧΑ ΝΙΩΣΕΙ ΠΕΡΙΣΣΟΤΕΡΗ
ΕΥΓΝΩΜΟΣΥΝΗ ΣΗΜΕΡΑ

Η ΠΡΟΘΕΣΗ ΜΟΥ ΓΙΑ ΑΥΡΙΟ

Η ΕΥΓΝΩΜΟΣΥΝΗ ΕΙΝΑΙ ΜΙΑ ΑΠΟ ΤΙΣ ΠΙΟ ΙΣΧΥΡΕΣ ΚΑΙ ΜΕΤΑΜΟΡΦΩΤΙΚΕΣ ΚΑΤΑΣΤΑΣΕΙΣ ΤΗΣ ΥΠΑΡΞΗΣ. ΜΕΤΑΤΟΠΙΖΕΙ ΤΟ ΚΕΝΤΡΟ ΕΣΤΙΑΣΗΣ ΣΟΥ ΑΠΟ ΤΗΝ ΕΛΛΕΙΨΗ ΣΤΗΝ ΑΦΘΟΝΙΑ ΚΑΙ ΣΟΥ ΕΠΙΤΡΕΠΕΙ ΜΕ ΑΥΤΟΝ ΤΟΝ ΤΡΟΠΟ ΝΑ ΕΠΙΚΕΝΤΡΩΘΕΙΣ ΣΤΟ ΚΑΛΟ ΣΤΗ ΖΩΗ ΣΟΥ, ΤΟ ΟΠΟΙΟ ΜΕ ΤΗ ΣΕΙΡΑ ΤΟΥ ΠΡΟΣΕΛΚΥΕΙ ΠΕΡΙΣΣΟΤΕΡΗ ΚΑΛΟΣΥΝΗ ΣΤΗΝ ΠΡΑΓΜΑΤΙΚΟΤΗΤΑ ΣΟΥ.

Jen Sincero

ΚΑΤΙ ΓΙΑ ΤΟ ΟΠΟΙΟ ΘΑ ΜΠΟΡΟΥΣΑ ΝΑ ΕΙΧΑ ΝΙΩΣΕΙ ΠΕΡΙΣΣΟΤΕΡΗ ΕΥΓΝΩΜΟΣΥΝΗ ΑΥΤΗ ΤΗ ΒΔΟΜΑΔΑ

Η ΒΑΘΜΟΛΟΓΙΑ ΜΟΥ ΓΙΑ ΑΥΤΗ ΤΗ ΒΔΟΜΑΔΑ

ΚΑΤΙ ΤΟ ΟΠΟΙΟ ΘΕΛΩ ΝΑ ΘΥΜΑΜΑΙ ΓΙΑ ΑΥΤΗ ΤΗΝ ΕΒΔΟΜΑΔΑ

Η ΠΡΟΘΕΣΗ ΜΟΥ ΓΙΑ ΤΗΝ ΕΠΟΜΕΝΗ ΕΒΔΟΜΑΔΑ

ΚΑΠΟΙΟΝ ΓΙΑ ΤΟΝ ΟΠΟΙΟ ΘΑ ΜΠΟΡΟΥΣΑ ΝΑ ΕΙΧΑ ΝΙΩΣΕΙ ΠΕΡΙΣΣΟΤΕΡΗ ΕΥΓΝΩΜΟΣΥΝΗ ΑΥΤΗΝ ΤΗΝ ΕΒΔΟΜΑΔΑ

ΗΜΕΡΑ   ΜΗΝΑΣ   ΕΤΟΣ

ΤΡΙΑ ΠΡΑΓΜΑΤΑ ΓΙΑ ΤΑ ΟΠΟΙΑ ΝΙΩΘΩ ΕΥΓΝΩΜΟΣΥΝΗ

Η ΒΑΘΜΟΛΟΓΙΑ ΜΟΥ ΓΙΑ ΣΗΜΕΡΑ

ΚΑΤΙ ΠΟΥ ΘΕΛΩ ΝΑ ΘΥΜΑΜΑΙ ΓΙΑ ΣΗΜΕΡΑ

ΚΑΤΙ ΓΙΑ ΤΟ ΟΠΟΙΟ ΘΑ ΜΠΟΡΟΥΣΑ ΝΑ ΕΙΧΑ ΝΙΩΣΕΙ ΠΕΡΙΣΣΟΤΕΡΗ ΕΥΓΝΩΜΟΣΥΝΗ ΣΗΜΕΡΑ

Η ΠΡΟΘΕΣΗ ΜΟΥ ΓΙΑ ΑΥΡΙΟ

| ΗΜΕΡΑ | ΜΗΝΑΣ | ΕΤΟΣ |

ΤΡΙΑ ΠΡΑΓΜΑΤΑ ΓΙΑ ΤΑ ΟΠΟΙΑ ΝΙΩΘΩ ΕΥΓΝΩΜΟΣΥΝΗ

ΚΑΤΙ ΠΟΥ ΘΕΛΩ ΝΑ ΘΥΜΑΜΑΙ ΓΙΑ ΣΗΜΕΡΑ

Η ΒΑΘΜΟΛΟΓΙΑ ΜΟΥ ΓΙΑ ΣΗΜΕΡΑ

Η ΠΡΟΘΕΣΗ ΜΟΥ ΓΙΑ ΑΥΡΙΟ

ΚΑΤΙ ΓΙΑ ΤΟ ΟΠΟΙΟ ΘΑ ΜΠΟΡΟΥΣΑ ΝΑ ΕΙΧΑ ΝΙΩΣΕΙ ΠΕΡΙΣΣΟΤΕΡΗ ΕΥΓΝΩΜΟΣΥΝΗ ΣΗΜΕΡΑ

ΗΜΕΡΑ   ΜΗΝΑΣ   ΕΤΟΣ

ΤΡΙΑ ΠΡΑΓΜΑΤΑ ΓΙΑ ΤΑ ΟΠΟΙΑ ΝΙΩΘΩ ΕΥΓΝΩΜΟΣΥΝΗ

Η ΒΑΘΜΟΛΟΓΙΑ ΜΟΥ ΓΙΑ ΣΗΜΕΡΑ

ΚΑΤΙ ΠΟΥ ΘΕΛΩ ΝΑ ΘΥΜΑΜΑΙ ΓΙΑ ΣΗΜΕΡΑ

ΚΑΤΙ ΓΙΑ ΤΟ ΟΠΟΙΟ ΘΑ ΜΠΟΡΟΥΣΑ ΝΑ ΕΙΧΑ ΝΙΩΣΕΙ ΠΕΡΙΣΣΟΤΕΡΗ ΕΥΓΝΩΜΟΣΥΝΗ ΣΗΜΕΡΑ

Η ΠΡΟΘΕΣΗ ΜΟΥ ΓΙΑ ΑΥΡΙΟ

ΗΜΕΡΑ 109

ΗΜΕΡΑ   ΜΗΝΑΣ   ΕΤΟΣ

ΤΡΙΑ ΠΡΑΓΜΑΤΑ ΓΙΑ ΤΑ ΟΠΟΙΑ ΝΙΩΘΩ ΕΥΓΝΩΜΟΣΥΝΗ

ΚΑΤΙ ΠΟΥ ΘΕΛΩ ΝΑ ΘΥΜΑΜΑΙ ΓΙΑ ΣΗΜΕΡΑ

Η ΒΑΘΜΟΛΟΓΙΑ ΜΟΥ ΓΙΑ ΣΗΜΕΡΑ

Η ΠΡΟΘΕΣΗ ΜΟΥ ΓΙΑ ΑΥΡΙΟ

ΚΑΤΙ ΓΙΑ ΤΟ ΟΠΟΙΟ ΘΑ ΜΠΟΡΟΥΣΑ ΝΑ ΕΙΧΑ ΝΙΩΣΕΙ ΠΕΡΙΣΣΟΤΕΡΗ ΕΥΓΝΩΜΟΣΥΝΗ ΣΗΜΕΡΑ

ΗΜΕΡΑ   ΜΗΝΑΣ   ΕΤΟΣ

ΤΡΙΑ ΠΡΑΓΜΑΤΑ ΓΙΑ ΤΑ ΟΠΟΙΑ ΝΙΩΘΩ ΕΥΓΝΩΜΟΣΥΝΗ

Η ΒΑΘΜΟΛΟΓΙΑ ΜΟΥ ΓΙΑ ΣΗΜΕΡΑ

ΚΑΤΙ ΠΟΥ ΘΕΛΩ ΝΑ ΘΥΜΑΜΑΙ ΓΙΑ ΣΗΜΕΡΑ

ΚΑΤΙ ΓΙΑ ΤΟ ΟΠΟΙΟ ΘΑ ΜΠΟΡΟΥΣΑ ΝΑ ΕΙΧΑ ΝΙΩΣΕΙ ΠΕΡΙΣΣΟΤΕΡΗ ΕΥΓΝΩΜΟΣΥΝΗ ΣΗΜΕΡΑ

Η ΠΡΟΘΕΣΗ ΜΟΥ ΓΙΑ ΑΥΡΙΟ

ΗΜΕΡΑ 111

ΗΜΕΡΑ   ΜΗΝΑΣ   ΕΤΟΣ

ΤΡΙΑ ΠΡΑΓΜΑΤΑ ΓΙΑ ΤΑ ΟΠΟΙΑ ΝΙΩΘΩ ΕΥΓΝΩΜΟΣΥΝΗ

ΚΑΤΙ ΠΟΥ ΘΕΛΩ ΝΑ ΘΥΜΑΜΑΙ ΓΙΑ ΣΗΜΕΡΑ

Η ΒΑΘΜΟΛΟΓΙΑ ΜΟΥ ΓΙΑ ΣΗΜΕΡΑ

Η ΠΡΟΘΕΣΗ ΜΟΥ ΓΙΑ ΑΥΡΙΟ

ΚΑΤΙ ΓΙΑ ΤΟ ΟΠΟΙΟ ΘΑ ΜΠΟΡΟΥΣΑ ΝΑ ΕΙΧΑ ΝΙΩΣΕΙ ΠΕΡΙΣΣΟΤΕΡΗ ΕΥΓΝΩΜΟΣΥΝΗ ΣΗΜΕΡΑ

ΗΜΕΡΑ 112

ΗΜΕΡΑ   ΜΗΝΑΣ   ΕΤΟΣ

ΤΡΙΑ ΠΡΑΓΜΑΤΑ ΓΙΑ ΤΑ ΟΠΟΙΑ ΝΙΩΘΩ ΕΥΓΝΩΜΟΣΥΝΗ

Η ΒΑΘΜΟΛΟΓΙΑ ΜΟΥ ΓΙΑ
ΣΗΜΕΡΑ

ΚΑΤΙ ΠΟΥ ΘΕΛΩ ΝΑ ΘΥΜΑΜΑΙ ΓΙΑ ΣΗΜΕΡΑ

ΚΑΤΙ ΓΙΑ ΤΟ ΟΠΟΙΟ ΘΑ ΜΠΟΡΟΥΣΑ ΝΑ ΕΙΧΑ ΝΙΩΣΕΙ ΠΕΡΙΣΣΟΤΕΡΗ
ΕΥΓΝΩΜΟΣΥΝΗ ΣΗΜΕΡΑ

Η ΠΡΟΘΕΣΗ ΜΟΥ ΓΙΑ ΑΥΡΙΟ

ΤΟ ΠΙΟ ΣΠΟΥΔΑΙΟ ΠΡΑΓΜΑ ΠΟΥ ΜΠΟΡΕΙΣ ΝΑ ΚΑΝΕΙΣ ΓΙΑ ΝΑ ΑΛΛΑΞΕΙΣ ΤΗ ΖΩΗ ΣΟΥ ΣΗΜΕΡΑ ΕΙΝΑΙ ΝΑ ΑΡΧΙΣΕΙΣ ΝΑ ΕΙΣΑΙ ΕΥΓΝΩΜΩΝ ΓΙΑ ΑΥΤΑ ΠΟΥ ΕΧΕΙΣ ΑΥΤΗ ΤΗ ΣΤΙΓΜΗ.

OPRAH WINFREY

ΚΑΤΙ ΓΙΑ ΤΟ ΟΠΟΙΟ ΘΑ ΜΠΟΡΟΥΣΑ ΝΑ ΕΙΧΑ ΝΙΩΣΕΙ ΠΕΡΙΣΣΟΤΕΡΗ ΕΥΓΝΩΜΟΣΥΝΗ ΤΙΣ ΤΕΛΕΥΤΑΙΕΣ ΤΕΣΣΕΡΙΣ ΕΒΔΟΜΑΔΕΣ

Η ΒΑΘΜΟΛΟΓΙΑ ΜΟΥ ΓΙΑ ΤΙΣ ΠΕΡΑΣΜΕΝΕΣ ΤΕΣΣΕΡΙΣ ΕΒΔΟΜΑΔΕΣ

ΚΑΤΙ ΤΟ ΟΠΟΙΟ ΘΕΛΩ ΝΑ ΘΥΜΑΜΑΙ ΓΙΑ ΤΙΣ ΤΕΛΕΥΤΑΙΕΣ ΤΕΣΣΕΡΙΣ ΕΒΔΟΜΑΔΕΣ

Η ΠΡΟΘΕΣΗ ΜΟΥ ΓΙΑ ΤΙΣ ΕΠΟΜΕΝΕΣ ΤΕΣΣΕΡΙΣ ΕΒΔΟΜΑΔΕΣ

ΚΑΠΟΙΟΝ ΓΙΑ ΤΟΝ ΟΠΟΙΟ ΘΑ ΜΠΟΡΟΥΣΑ ΝΑ ΕΙΧΑ ΝΙΩΣΕΙ ΠΕΡΙΣΣΟΤΕΡΗ ΕΥΓΝΩΜΟΣΥΝΗ ΤΙΣ ΤΕΛΕΥΤΑΙΕΣ ΤΕΣΣΕΡΙΣ ΕΒΔΟΜΑΔΕΣ

ΗΜΕΡΑ   ΜΗΝΑΣ   ΕΤΟΣ

ΤΡΙΑ ΠΡΑΓΜΑΤΑ ΓΙΑ ΤΑ ΟΠΟΙΑ ΝΙΩΘΩ ΕΥΓΝΩΜΟΣΥΝΗ

Η ΒΑΘΜΟΛΟΓΙΑ ΜΟΥ ΓΙΑ ΣΗΜΕΡΑ

ΚΑΤΙ ΠΟΥ ΘΕΛΩ ΝΑ ΘΥΜΑΜΑΙ ΓΙΑ ΣΗΜΕΡΑ

ΚΑΤΙ ΓΙΑ ΤΟ ΟΠΟΙΟ ΘΑ ΜΠΟΡΟΥΣΑ ΝΑ ΕΙΧΑ ΝΙΩΣΕΙ ΠΕΡΙΣΣΟΤΕΡΗ ΕΥΓΝΩΜΟΣΥΝΗ ΣΗΜΕΡΑ

Η ΠΡΟΘΕΣΗ ΜΟΥ ΓΙΑ ΑΥΡΙΟ

ΗΜΕΡΑ 114

ΗΜΕΡΑ ΜΗΝΑΣ ΕΤΟΣ

ΤΡΙΑ ΠΡΑΓΜΑΤΑ ΓΙΑ ΤΑ ΟΠΟΙΑ ΝΙΩΘΩ ΕΥΓΝΩΜΟΣΥΝΗ

ΚΑΤΙ ΠΟΥ ΘΕΛΩ ΝΑ ΘΥΜΑΜΑΙ ΓΙΑ ΣΗΜΕΡΑ

Η ΒΑΘΜΟΛΟΓΙΑ ΜΟΥ ΓΙΑ ΣΗΜΕΡΑ

Η ΠΡΟΘΕΣΗ ΜΟΥ ΓΙΑ ΑΥΡΙΟ

ΚΑΤΙ ΓΙΑ ΤΟ ΟΠΟΙΟ ΘΑ ΜΠΟΡΟΥΣΑ ΝΑ ΕΙΧΑ ΝΙΩΣΕΙ ΠΕΡΙΣΣΟΤΕΡΗ ΕΥΓΝΩΜΟΣΥΝΗ ΣΗΜΕΡΑ

ΗΜΕΡΑ 115

ΤΡΙΑ ΠΡΑΓΜΑΤΑ ΓΙΑ ΤΑ ΟΠΟΙΑ ΝΙΩΘΩ ΕΥΓΝΩΜΟΣΥΝΗ

Η ΒΑΘΜΟΛΟΓΙΑ ΜΟΥ ΓΙΑ ΣΗΜΕΡΑ

ΚΑΤΙ ΠΟΥ ΘΕΛΩ ΝΑ ΘΥΜΑΜΑΙ ΓΙΑ ΣΗΜΕΡΑ

ΚΑΤΙ ΓΙΑ ΤΟ ΟΠΟΙΟ ΘΑ ΜΠΟΡΟΥΣΑ ΝΑ ΕΙΧΑ ΝΙΩΣΕΙ ΠΕΡΙΣΣΟΤΕΡΗ ΕΥΓΝΩΜΟΣΥΝΗ ΣΗΜΕΡΑ

Η ΠΡΟΘΕΣΗ ΜΟΥ ΓΙΑ ΑΥΡΙΟ

ΗΜΕΡΑ 116

ΗΜΕΡΑ   ΜΗΝΑΣ   ΕΤΟΣ

ΤΡΙΑ ΠΡΑΓΜΑΤΑ ΓΙΑ ΤΑ ΟΠΟΙΑ ΝΙΩΘΩ ΕΥΓΝΩΜΟΣΥΝΗ

ΚΑΤΙ ΠΟΥ ΘΕΛΩ ΝΑ ΘΥΜΑΜΑΙ ΓΙΑ ΣΗΜΕΡΑ

Η ΒΑΘΜΟΛΟΓΙΑ ΜΟΥ ΓΙΑ ΣΗΜΕΡΑ

Η ΠΡΟΘΕΣΗ ΜΟΥ ΓΙΑ ΑΥΡΙΟ

ΚΑΤΙ ΓΙΑ ΤΟ ΟΠΟΙΟ ΘΑ ΜΠΟΡΟΥΣΑ ΝΑ ΕΙΧΑ ΝΙΩΣΕΙ ΠΕΡΙΣΣΟΤΕΡΗ ΕΥΓΝΩΜΟΣΥΝΗ ΣΗΜΕΡΑ

ΗΜΕΡΑ 117

ΗΜΕΡΑ   ΜΗΝΑΣ   ΕΤΟΣ

ΤΡΙΑ ΠΡΑΓΜΑΤΑ ΓΙΑ ΤΑ ΟΠΟΙΑ ΝΙΩΘΩ ΕΥΓΝΩΜΟΣΥΝΗ

Η ΒΑΘΜΟΛΟΓΙΑ ΜΟΥ ΓΙΑ ΣΗΜΕΡΑ

ΚΑΤΙ ΠΟΥ ΘΕΛΩ ΝΑ ΘΥΜΑΜΑΙ ΓΙΑ ΣΗΜΕΡΑ

ΚΑΤΙ ΓΙΑ ΤΟ ΟΠΟΙΟ ΘΑ ΜΠΟΡΟΥΣΑ ΝΑ ΕΙΧΑ ΝΙΩΣΕΙ ΠΕΡΙΣΣΟΤΕΡΗ ΕΥΓΝΩΜΟΣΥΝΗ ΣΗΜΕΡΑ

Η ΠΡΟΘΕΣΗ ΜΟΥ ΓΙΑ ΑΥΡΙΟ

ΗΜΕΡΑ 118

ΗΜΕΡΑ   ΜΗΝΑΣ   ΕΤΟΣ

ΤΡΙΑ ΠΡΑΓΜΑΤΑ ΓΙΑ ΤΑ ΟΠΟΙΑ ΝΙΩΘΩ ΕΥΓΝΩΜΟΣΥΝΗ

ΚΑΤΙ ΠΟΥ ΘΕΛΩ ΝΑ ΘΥΜΑΜΑΙ ΓΙΑ ΣΗΜΕΡΑ

Η ΒΑΘΜΟΛΟΓΙΑ ΜΟΥ ΓΙΑ ΣΗΜΕΡΑ

Η ΠΡΟΘΕΣΗ ΜΟΥ ΓΙΑ ΑΥΡΙΟ

ΚΑΤΙ ΓΙΑ ΤΟ ΟΠΟΙΟ ΘΑ ΜΠΟΡΟΥΣΑ ΝΑ ΕΙΧΑ ΝΙΩΣΕΙ ΠΕΡΙΣΣΟΤΕΡΗ ΕΥΓΝΩΜΟΣΥΝΗ ΣΗΜΕΡΑ

ΗΜΕΡΑ 119

ΗΜΕΡΑ   ΜΗΝΑΣ   ΕΤΟΣ

ΤΡΙΑ ΠΡΑΓΜΑΤΑ ΓΙΑ ΤΑ ΟΠΟΙΑ ΝΙΩΘΩ ΕΥΓΝΩΜΟΣΥΝΗ

Η ΒΑΘΜΟΛΟΓΙΑ ΜΟΥ ΓΙΑ ΣΗΜΕΡΑ

ΚΑΤΙ ΠΟΥ ΘΕΛΩ ΝΑ ΘΥΜΑΜΑΙ ΓΙΑ ΣΗΜΕΡΑ

ΚΑΤΙ ΓΙΑ ΤΟ ΟΠΟΙΟ ΘΑ ΜΠΟΡΟΥΣΑ ΝΑ ΕΙΧΑ ΝΙΩΣΕΙ ΠΕΡΙΣΣΟΤΕΡΗ ΕΥΓΝΩΜΟΣΥΝΗ ΣΗΜΕΡΑ

Η ΠΡΟΘΕΣΗ ΜΟΥ ΓΙΑ ΑΥΡΙΟ

ΗΜΕΡΑ 119

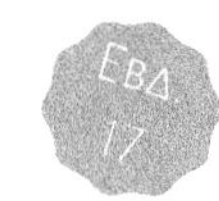

Η ΕΥΓΝΩΜΟΣΥΝΗ ΜΑΣ ΒΟΗΘΑ ΝΑ ΕΠΙΚΕΝΤΡΩΘΟΥΜΕ
ΣΤΟ ΤΙ ΥΠΑΡΧΕΙ ΓΥΡΩ ΜΑΣ ΚΑΙ ΟΧΙ ΣΤΟ ΤΙ ΔΕΝ ΥΠΑΡΧΕΙ.

Annette Bridges

ΚΑΤΙ ΓΙΑ ΤΟ ΟΠΟΙΟ ΘΑ ΜΠΟΡΟΥΣΑ ΝΑ ΕΙΧΑ ΝΙΩΣΕΙ ΠΕΡΙΣΣΟΤΕΡΗ ΕΥΓΝΩΜΟΣΥΝΗ ΑΥΤΗ ΤΗ ΒΔΟΜΑΔΑ

Η ΒΑΘΜΟΛΟΓΙΑ ΜΟΥ ΓΙΑ ΑΥΤΗ ΤΗ ΒΔΟΜΑΔΑ

ΚΑΤΙ ΤΟ ΟΠΟΙΟ ΘΕΛΩ ΝΑ ΘΥΜΑΜΑΙ ΓΙΑ ΑΥΤΗ ΤΗΝ ΕΒΔΟΜΑΔΑ

Η ΠΡΟΘΕΣΗ ΜΟΥ ΓΙΑ ΤΗΝ ΕΠΟΜΕΝΗ ΕΒΔΟΜΑΔΑ

ΚΑΠΟΙΟΝ ΓΙΑ ΤΟΝ ΟΠΟΙΟ ΘΑ ΜΠΟΡΟΥΣΑ ΝΑ ΕΙΧΑ ΝΙΩΣΕΙ ΠΕΡΙΣΣΟΤΕΡΗ ΕΥΓΝΩΜΟΣΥΝΗ ΑΥΤΗΝ ΤΗΝ ΕΒΔΟΜΑΔΑ

ΗΜΕΡΑ　　　ΜΗΝΑΣ　　　ΕΤΟΣ

ΤΡΙΑ ΠΡΑΓΜΑΤΑ ΓΙΑ ΤΑ ΟΠΟΙΑ ΝΙΩΘΩ ΕΥΓΝΩΜΟΣΥΝΗ

Η ΒΑΘΜΟΛΟΓΙΑ ΜΟΥ ΓΙΑ
ΣΗΜΕΡΑ

ΚΑΤΙ ΠΟΥ ΘΕΛΩ ΝΑ ΘΥΜΑΜΑΙ ΓΙΑ ΣΗΜΕΡΑ

ΚΑΤΙ ΓΙΑ ΤΟ ΟΠΟΙΟ ΘΑ ΜΠΟΡΟΥΣΑ ΝΑ ΕΙΧΑ ΝΙΩΣΕΙ ΠΕΡΙΣΣΟΤΕΡΗ
ΕΥΓΝΩΜΟΣΥΝΗ ΣΗΜΕΡΑ

Η ΠΡΟΘΕΣΗ ΜΟΥ ΓΙΑ ΑΥΡΙΟ

ΗΜΕΡΑ 121

ΗΜΕΡΑ   ΜΗΝΑΣ   ΕΤΟΣ

ΤΡΙΑ ΠΡΑΓΜΑΤΑ ΓΙΑ ΤΑ ΟΠΟΙΑ ΝΙΩΘΩ ΕΥΓΝΩΜΟΣΥΝΗ

ΚΑΤΙ ΠΟΥ ΘΕΛΩ ΝΑ ΘΥΜΑΜΑΙ ΓΙΑ ΣΗΜΕΡΑ

Η ΒΑΘΜΟΛΟΓΙΑ ΜΟΥ ΓΙΑ ΣΗΜΕΡΑ

Η ΠΡΟΘΕΣΗ ΜΟΥ ΓΙΑ ΑΥΡΙΟ

ΚΑΤΙ ΓΙΑ ΤΟ ΟΠΟΙΟ ΘΑ ΜΠΟΡΟΥΣΑ ΝΑ ΕΙΧΑ ΝΙΩΣΕΙ ΠΕΡΙΣΣΟΤΕΡΗ ΕΥΓΝΩΜΟΣΥΝΗ ΣΗΜΕΡΑ

ΗΜΕΡΑ   ΜΗΝΑΣ   ΕΤΟΣ

ΤΡΙΑ ΠΡΑΓΜΑΤΑ ΓΙΑ ΤΑ ΟΠΟΙΑ ΝΙΩΘΩ ΕΥΓΝΩΜΟΣΥΝΗ

Η ΒΑΘΜΟΛΟΓΙΑ ΜΟΥ ΓΙΑ
ΣΗΜΕΡΑ

ΚΑΤΙ ΠΟΥ ΘΕΛΩ ΝΑ ΘΥΜΑΜΑΙ ΓΙΑ ΣΗΜΕΡΑ

ΚΑΤΙ ΓΙΑ ΤΟ ΟΠΟΙΟ ΘΑ ΜΠΟΡΟΥΣΑ ΝΑ ΕΙΧΑ ΝΙΩΣΕΙ ΠΕΡΙΣΣΟΤΕΡΗ
ΕΥΓΝΩΜΟΣΥΝΗ ΣΗΜΕΡΑ

Η ΠΡΟΘΕΣΗ ΜΟΥ ΓΙΑ ΑΥΡΙΟ

ΗΜΕΡΑ   ΜΗΝΑΣ   ΕΤΟΣ

ΤΡΙΑ ΠΡΑΓΜΑΤΑ ΓΙΑ ΤΑ ΟΠΟΙΑ ΝΙΩΘΩ ΕΥΓΝΩΜΟΣΥΝΗ

ΚΑΤΙ ΠΟΥ ΘΕΛΩ ΝΑ ΘΥΜΑΜΑΙ ΓΙΑ ΣΗΜΕΡΑ

Η ΒΑΘΜΟΛΟΓΙΑ ΜΟΥ ΓΙΑ ΣΗΜΕΡΑ

Η ΠΡΟΘΕΣΗ ΜΟΥ ΓΙΑ ΑΥΡΙΟ

ΚΑΤΙ ΓΙΑ ΤΟ ΟΠΟΙΟ ΘΑ ΜΠΟΡΟΥΣΑ ΝΑ ΕΙΧΑ ΝΙΩΣΕΙ ΠΕΡΙΣΣΟΤΕΡΗ ΕΥΓΝΩΜΟΣΥΝΗ ΣΗΜΕΡΑ

ΗΜΕΡΑ 124

ΗΜΕΡΑ   ΜΗΝΑΣ   ΕΤΟΣ

ΤΡΙΑ ΠΡΑΓΜΑΤΑ ΓΙΑ ΤΑ ΟΠΟΙΑ ΝΙΩΘΩ ΕΥΓΝΩΜΟΣΥΝΗ

Η ΒΑΘΜΟΛΟΓΙΑ ΜΟΥ ΓΙΑ ΣΗΜΕΡΑ

ΚΑΤΙ ΠΟΥ ΘΕΛΩ ΝΑ ΘΥΜΑΜΑΙ ΓΙΑ ΣΗΜΕΡΑ

ΚΑΤΙ ΓΙΑ ΤΟ ΟΠΟΙΟ ΘΑ ΜΠΟΡΟΥΣΑ ΝΑ ΕΙΧΑ ΝΙΩΣΕΙ ΠΕΡΙΣΣΟΤΕΡΗ ΕΥΓΝΩΜΟΣΥΝΗ ΣΗΜΕΡΑ

Η ΠΡΟΘΕΣΗ ΜΟΥ ΓΙΑ ΑΥΡΙΟ

ΗΜΕΡΑ   ΜΗΝΑΣ   ΕΤΟΣ

ΤΡΙΑ ΠΡΑΓΜΑΤΑ ΓΙΑ ΤΑ ΟΠΟΙΑ ΝΙΩΘΩ ΕΥΓΝΩΜΟΣΥΝΗ

ΚΑΤΙ ΠΟΥ ΘΕΛΩ ΝΑ ΘΥΜΑΜΑΙ ΓΙΑ ΣΗΜΕΡΑ

Η ΒΑΘΜΟΛΟΓΙΑ ΜΟΥ ΓΙΑ ΣΗΜΕΡΑ

Η ΠΡΟΘΕΣΗ ΜΟΥ ΓΙΑ ΑΥΡΙΟ

ΚΑΤΙ ΓΙΑ ΤΟ ΟΠΟΙΟ ΘΑ ΜΠΟΡΟΥΣΑ ΝΑ ΕΙΧΑ ΝΙΩΣΕΙ ΠΕΡΙΣΣΟΤΕΡΗ ΕΥΓΝΩΜΟΣΥΝΗ ΣΗΜΕΡΑ

ΗΜΕΡΑ 126

ΗΜΕΡΑ   ΜΗΝΑΣ   ΕΤΟΣ

ΤΡΙΑ ΠΡΑΓΜΑΤΑ ΓΙΑ ΤΑ ΟΠΟΙΑ ΝΙΩΘΩ ΕΥΓΝΩΜΟΣΥΝΗ

Η ΒΑΘΜΟΛΟΓΙΑ ΜΟΥ ΓΙΑ ΣΗΜΕΡΑ

ΚΑΤΙ ΠΟΥ ΘΕΛΩ ΝΑ ΘΥΜΑΜΑΙ ΓΙΑ ΣΗΜΕΡΑ

ΚΑΤΙ ΓΙΑ ΤΟ ΟΠΟΙΟ ΘΑ ΜΠΟΡΟΥΣΑ ΝΑ ΕΙΧΑ ΝΙΩΣΕΙ ΠΕΡΙΣΣΟΤΕΡΗ ΕΥΓΝΩΜΟΣΥΝΗ ΣΗΜΕΡΑ

Η ΠΡΟΘΕΣΗ ΜΟΥ ΓΙΑ ΑΥΡΙΟ

ΕΑΝ ΘΕΣ ΝΑ ΜΑΘΕΙΣ ΠΟΣΟ ΠΛΟΥΣΙΟΣ ΕΙΣΑΙ, ΑΝΑΛΟΓΗΣΟΥ ΟΛΑ ΟΣΑ ΕΧΕΙΣ ΠΟΥ ΔΕΝ ΑΓΟΡΑΖΟΝΤΑΙ ΜΕ ΧΡΗΜΑΤΑ.

ΑΝΩΝΥΜΟ

ΚΑΤΙ ΓΙΑ ΤΟ ΟΠΟΙΟ ΘΑ ΜΠΟΡΟΥΣΑ ΝΑ ΕΙΧΑ ΝΙΩΣΕΙ ΠΕΡΙΣΣΟΤΕΡΗ ΕΥΓΝΩΜΟΣΥΝΗ ΑΥΤΗ ΤΗ ΒΔΟΜΑΔΑ

Η ΒΑΘΜΟΛΟΓΙΑ ΜΟΥ ΓΙΑ ΑΥΤΗ ΤΗ ΒΔΟΜΑΔΑ

ΚΑΤΙ ΤΟ ΟΠΟΙΟ ΘΕΛΩ ΝΑ ΘΥΜΑΜΑΙ ΓΙΑ ΑΥΤΗ ΤΗΝ ΕΒΔΟΜΑΔΑ

Η ΠΡΟΘΕΣΗ ΜΟΥ ΓΙΑ ΤΗΝ ΕΠΟΜΕΝΗ ΕΒΔΟΜΑΔΑ

ΚΑΠΟΙΟΝ ΓΙΑ ΤΟΝ ΟΠΟΙΟ ΘΑ ΜΠΟΡΟΥΣΑ ΝΑ ΕΙΧΑ ΝΙΩΣΕΙ ΠΕΡΙΣΣΟΤΕΡΗ ΕΥΓΝΩΜΟΣΥΝΗ ΑΥΤΗΝ ΤΗΝ ΕΒΔΟΜΑΔΑ

ΗΜΕΡΑ   ΜΗΝΑΣ   ΕΤΟΣ

ΤΡΙΑ ΠΡΑΓΜΑΤΑ ΓΙΑ ΤΑ ΟΠΟΙΑ ΝΙΩΘΩ ΕΥΓΝΩΜΟΣΥΝΗ

Η ΒΑΘΜΟΛΟΓΙΑ ΜΟΥ ΓΙΑ ΣΗΜΕΡΑ

ΚΑΤΙ ΠΟΥ ΘΕΛΩ ΝΑ ΘΥΜΑΜΑΙ ΓΙΑ ΣΗΜΕΡΑ

ΚΑΤΙ ΓΙΑ ΤΟ ΟΠΟΙΟ ΘΑ ΜΠΟΡΟΥΣΑ ΝΑ ΕΙΧΑ ΝΙΩΣΕΙ ΠΕΡΙΣΣΟΤΕΡΗ ΕΥΓΝΩΜΟΣΥΝΗ ΣΗΜΕΡΑ

Η ΠΡΟΘΕΣΗ ΜΟΥ ΓΙΑ ΑΥΡΙΟ

ΗΜΕΡΑ   ΜΗΝΑΣ   ΕΤΟΣ

ΤΡΙΑ ΠΡΑΓΜΑΤΑ ΓΙΑ ΤΑ ΟΠΟΙΑ ΝΙΩΘΩ ΕΥΓΝΩΜΟΣΥΝΗ

ΚΑΤΙ ΠΟΥ ΘΕΛΩ ΝΑ ΘΥΜΑΜΑΙ ΓΙΑ ΣΗΜΕΡΑ

Η ΒΑΘΜΟΛΟΓΙΑ ΜΟΥ ΓΙΑ ΣΗΜΕΡΑ

Η ΠΡΟΘΕΣΗ ΜΟΥ ΓΙΑ ΑΥΡΙΟ

ΚΑΤΙ ΓΙΑ ΤΟ ΟΠΟΙΟ ΘΑ ΜΠΟΡΟΥΣΑ ΝΑ ΕΙΧΑ ΝΙΩΣΕΙ ΠΕΡΙΣΣΟΤΕΡΗ ΕΥΓΝΩΜΟΣΥΝΗ ΣΗΜΕΡΑ

ΗΜΕΡΑ   ΜΗΝΑΣ   ΕΤΟΣ

ΤΡΙΑ ΠΡΑΓΜΑΤΑ ΓΙΑ ΤΑ ΟΠΟΙΑ ΝΙΩΘΩ ΕΥΓΝΩΜΟΣΥΝΗ

Η ΒΑΘΜΟΛΟΓΙΑ ΜΟΥ ΓΙΑ
ΣΗΜΕΡΑ

ΚΑΤΙ ΠΟΥ ΘΕΛΩ ΝΑ ΘΥΜΑΜΑΙ ΓΙΑ ΣΗΜΕΡΑ

ΚΑΤΙ ΓΙΑ ΤΟ ΟΠΟΙΟ ΘΑ ΜΠΟΡΟΥΣΑ ΝΑ ΕΙΧΑ ΝΙΩΣΕΙ ΠΕΡΙΣΣΟΤΕΡΗ
ΕΥΓΝΩΜΟΣΥΝΗ ΣΗΜΕΡΑ

Η ΠΡΟΘΕΣΗ ΜΟΥ ΓΙΑ ΑΥΡΙΟ

HΜΕΡΑ   ΜΗΝΑΣ   ΕΤΟΣ

ΤΡΙΑ ΠΡΑΓΜΑΤΑ ΓΙΑ ΤΑ ΟΠΟΙΑ ΝΙΩΘΩ ΕΥΓΝΩΜΟΣΥΝΗ

ΚΑΤΙ ΠΟΥ ΘΕΛΩ ΝΑ ΘΥΜΑΜΑΙ ΓΙΑ ΣΗΜΕΡΑ

Η ΒΑΘΜΟΛΟΓΙΑ ΜΟΥ ΓΙΑ ΣΗΜΕΡΑ

Η ΠΡΟΘΕΣΗ ΜΟΥ ΓΙΑ ΑΥΡΙΟ

ΚΑΤΙ ΓΙΑ ΤΟ ΟΠΟΙΟ ΘΑ ΜΠΟΡΟΥΣΑ ΝΑ ΕΙΧΑ ΝΙΩΣΕΙ ΠΕΡΙΣΣΟΤΕΡΗ ΕΥΓΝΩΜΟΣΥΝΗ ΣΗΜΕΡΑ

ΗΜΕΡΑ   ΜΗΝΑΣ   ΕΤΟΣ

ΤΡΙΑ ΠΡΑΓΜΑΤΑ ΓΙΑ ΤΑ ΟΠΟΙΑ ΝΙΩΘΩ ΕΥΓΝΩΜΟΣΥΝΗ

Η ΒΑΘΜΟΛΟΓΙΑ ΜΟΥ ΓΙΑ
ΣΗΜΕΡΑ

ΚΑΤΙ ΠΟΥ ΘΕΛΩ ΝΑ ΘΥΜΑΜΑΙ ΓΙΑ ΣΗΜΕΡΑ

ΚΑΤΙ ΓΙΑ ΤΟ ΟΠΟΙΟ ΘΑ ΜΠΟΡΟΥΣΑ ΝΑ ΕΙΧΑ ΝΙΩΣΕΙ ΠΕΡΙΣΣΟΤΕΡΗ
ΕΥΓΝΩΜΟΣΥΝΗ ΣΗΜΕΡΑ

Η ΠΡΟΘΕΣΗ ΜΟΥ ΓΙΑ ΑΥΡΙΟ

ΗΜΕΡΑ   ΜΗΝΑΣ   ΕΤΟΣ

ΤΡΙΑ ΠΡΑΓΜΑΤΑ ΓΙΑ ΤΑ ΟΠΟΙΑ ΝΙΩΘΩ ΕΥΓΝΩΜΟΣΥΝΗ

ΚΑΤΙ ΠΟΥ ΘΕΛΩ ΝΑ ΘΥΜΑΜΑΙ ΓΙΑ ΣΗΜΕΡΑ

Η ΒΑΘΜΟΛΟΓΙΑ ΜΟΥ ΓΙΑ ΣΗΜΕΡΑ

Η ΠΡΟΘΕΣΗ ΜΟΥ ΓΙΑ ΑΥΡΙΟ

ΚΑΤΙ ΓΙΑ ΤΟ ΟΠΟΙΟ ΘΑ ΜΠΟΡΟΥΣΑ ΝΑ ΕΙΧΑ ΝΙΩΣΕΙ ΠΕΡΙΣΣΟΤΕΡΗ ΕΥΓΝΩΜΟΣΥΝΗ ΣΗΜΕΡΑ

ΗΜΕΡΑ   ΜΗΝΑΣ   ΕΤΟΣ

ΤΡΙΑ ΠΡΑΓΜΑΤΑ ΓΙΑ ΤΑ ΟΠΟΙΑ ΝΙΩΘΩ ΕΥΓΝΩΜΟΣΥΝΗ

Η ΒΑΘΜΟΛΟΓΙΑ ΜΟΥ ΓΙΑ ΣΗΜΕΡΑ

ΚΑΤΙ ΠΟΥ ΘΕΛΩ ΝΑ ΘΥΜΑΜΑΙ ΓΙΑ ΣΗΜΕΡΑ

ΚΑΤΙ ΓΙΑ ΤΟ ΟΠΟΙΟ ΘΑ ΜΠΟΡΟΥΣΑ ΝΑ ΕΙΧΑ ΝΙΩΣΕΙ ΠΕΡΙΣΣΟΤΕΡΗ ΕΥΓΝΩΜΟΣΥΝΗ ΣΗΜΕΡΑ

Η ΠΡΟΘΕΣΗ ΜΟΥ ΓΙΑ ΑΥΡΙΟ

ΕΒΔ 19

ΔΕΝ ΧΡΕΙΑΖΕΤΑΙ ΝΑ ΚΥΝΗΓΩ ΑΞΙΟΣΗΜΕΙΩΤΕΣ ΣΤΙΓΜΕΣ ΓΙΑ ΝΑ ΒΡΩ ΤΗΝ ΕΥΤΥΧΙΑ – Η ΕΥΤΥΧΙΑ ΒΡΙΣΚΕΤΑΙ ΑΚΡΙΒΩΣ ΜΠΡΟΣΤΑ ΜΟΥ ΑΝ ΔΙΝΩ ΠΡΟΣΟΧΗ ΚΙ ΕΦΑΡΜΟΖΩ ΤΗΝ ΕΥΓΝΩΜΟΣΥΝΗ.

Brené Brown

ΚΑΤΙ ΓΙΑ ΤΟ ΟΠΟΙΟ ΘΑ ΜΠΟΡΟΥΣΑ ΝΑ ΕΙΧΑ ΝΙΩΣΕΙ ΠΕΡΙΣΣΟΤΕΡΗ ΕΥΓΝΩΜΟΣΥΝΗ ΑΥΤΗ ΤΗ ΒΔΟΜΑΔΑ

Η ΒΑΘΜΟΛΟΓΙΑ ΜΟΥ ΓΙΑ ΑΥΤΗ ΤΗ ΒΔΟΜΑΔΑ

ΚΑΤΙ ΤΟ ΟΠΟΙΟ ΘΕΛΩ ΝΑ ΘΥΜΑΜΑΙ ΓΙΑ ΑΥΤΗ ΤΗΝ ΕΒΔΟΜΑΔΑ

Η ΠΡΟΘΕΣΗ ΜΟΥ ΓΙΑ ΤΗΝ ΕΠΟΜΕΝΗ ΕΒΔΟΜΑΔΑ

ΚΑΠΟΙΟΝ ΓΙΑ ΤΟΝ ΟΠΟΙΟ ΘΑ ΜΠΟΡΟΥΣΑ ΝΑ ΕΙΧΑ ΝΙΩΣΕΙ ΠΕΡΙΣΣΟΤΕΡΗ ΕΥΓΝΩΜΟΣΥΝΗ ΑΥΤΗΝ ΤΗΝ ΕΒΔΟΜΑΔΑ

ΗΜΕΡΑ 134

ΗΜΕΡΑ   ΜΗΝΑΣ   ΕΤΟΣ

ΤΡΙΑ ΠΡΑΓΜΑΤΑ ΓΙΑ ΤΑ ΟΠΟΙΑ ΝΙΩΘΩ ΕΥΓΝΩΜΟΣΥΝΗ

Η ΒΑΘΜΟΛΟΓΙΑ ΜΟΥ ΓΙΑ ΣΗΜΕΡΑ

ΚΑΤΙ ΠΟΥ ΘΕΛΩ ΝΑ ΘΥΜΑΜΑΙ ΓΙΑ ΣΗΜΕΡΑ

ΚΑΤΙ ΓΙΑ ΤΟ ΟΠΟΙΟ ΘΑ ΜΠΟΡΟΥΣΑ ΝΑ ΕΙΧΑ ΝΙΩΣΕΙ ΠΕΡΙΣΣΟΤΕΡΗ ΕΥΓΝΩΜΟΣΥΝΗ ΣΗΜΕΡΑ

Η ΠΡΟΘΕΣΗ ΜΟΥ ΓΙΑ ΑΥΡΙΟ

ΗΜΕΡΑ   ΜΗΝΑΣ   ΕΤΟΣ

ΤΡΙΑ ΠΡΑΓΜΑΤΑ ΓΙΑ ΤΑ ΟΠΟΙΑ ΝΙΩΘΩ ΕΥΓΝΩΜΟΣΥΝΗ

ΚΑΤΙ ΠΟΥ ΘΕΛΩ ΝΑ ΘΥΜΑΜΑΙ ΓΙΑ ΣΗΜΕΡΑ

Η ΒΑΘΜΟΛΟΓΙΑ ΜΟΥ ΓΙΑ ΣΗΜΕΡΑ

Η ΠΡΟΘΕΣΗ ΜΟΥ ΓΙΑ ΑΥΡΙΟ

ΚΑΤΙ ΓΙΑ ΤΟ ΟΠΟΙΟ ΘΑ ΜΠΟΡΟΥΣΑ ΝΑ ΕΙΧΑ ΝΙΩΣΕΙ ΠΕΡΙΣΣΟΤΕΡΗ ΕΥΓΝΩΜΟΣΥΝΗ ΣΗΜΕΡΑ

ΗΜΕΡΑ 136

ΤΡΙΑ ΠΡΑΓΜΑΤΑ ΓΙΑ ΤΑ ΟΠΟΙΑ ΝΙΩΘΩ ΕΥΓΝΩΜΟΣΥΝΗ

Η ΒΑΘΜΟΛΟΓΙΑ ΜΟΥ ΓΙΑ ΣΗΜΕΡΑ

ΚΑΤΙ ΠΟΥ ΘΕΛΩ ΝΑ ΘΥΜΑΜΑΙ ΓΙΑ ΣΗΜΕΡΑ

ΚΑΤΙ ΓΙΑ ΤΟ ΟΠΟΙΟ ΘΑ ΜΠΟΡΟΥΣΑ ΝΑ ΕΙΧΑ ΝΙΩΣΕΙ ΠΕΡΙΣΣΟΤΕΡΗ ΕΥΓΝΩΜΟΣΥΝΗ ΣΗΜΕΡΑ

Η ΠΡΟΘΕΣΗ ΜΟΥ ΓΙΑ ΑΥΡΙΟ

ΗΜΕΡΑ   ΜΗΝΑΣ   ΕΤΟΣ

ΤΡΙΑ ΠΡΑΓΜΑΤΑ ΓΙΑ ΤΑ ΟΠΟΙΑ ΝΙΩΘΩ ΕΥΓΝΩΜΟΣΥΝΗ

ΚΑΤΙ ΠΟΥ ΘΕΛΩ ΝΑ ΘΥΜΑΜΑΙ ΓΙΑ ΣΗΜΕΡΑ

Η ΒΑΘΜΟΛΟΓΙΑ ΜΟΥ ΓΙΑ ΣΗΜΕΡΑ

Η ΠΡΟΘΕΣΗ ΜΟΥ ΓΙΑ ΑΥΡΙΟ

ΚΑΤΙ ΓΙΑ ΤΟ ΟΠΟΙΟ ΘΑ ΜΠΟΡΟΥΣΑ ΝΑ ΕΙΧΑ ΝΙΩΣΕΙ ΠΕΡΙΣΣΟΤΕΡΗ ΕΥΓΝΩΜΟΣΥΝΗ ΣΗΜΕΡΑ

ΗΜΕΡΑ   ΜΗΝΑΣ   ΕΤΟΣ

ΤΡΙΑ ΠΡΑΓΜΑΤΑ ΓΙΑ ΤΑ ΟΠΟΙΑ ΝΙΩΘΩ ΕΥΓΝΩΜΟΣΥΝΗ

Η ΒΑΘΜΟΛΟΓΙΑ ΜΟΥ ΓΙΑ ΣΗΜΕΡΑ

ΚΑΤΙ ΠΟΥ ΘΕΛΩ ΝΑ ΘΥΜΑΜΑΙ ΓΙΑ ΣΗΜΕΡΑ

ΚΑΤΙ ΓΙΑ ΤΟ ΟΠΟΙΟ ΘΑ ΜΠΟΡΟΥΣΑ ΝΑ ΕΙΧΑ ΝΙΩΣΕΙ ΠΕΡΙΣΣΟΤΕΡΗ ΕΥΓΝΩΜΟΣΥΝΗ ΣΗΜΕΡΑ

Η ΠΡΟΘΕΣΗ ΜΟΥ ΓΙΑ ΑΥΡΙΟ

ΗΜΕΡΑ   ΜΗΝΑΣ   ΕΤΟΣ

ΤΡΙΑ ΠΡΑΓΜΑΤΑ ΓΙΑ ΤΑ ΟΠΟΙΑ ΝΙΩΘΩ ΕΥΓΝΩΜΟΣΥΝΗ

ΚΑΤΙ ΠΟΥ ΘΕΛΩ ΝΑ ΘΥΜΑΜΑΙ ΓΙΑ ΣΗΜΕΡΑ

Η ΒΑΘΜΟΛΟΓΙΑ ΜΟΥ ΓΙΑ ΣΗΜΕΡΑ

Η ΠΡΟΘΕΣΗ ΜΟΥ ΓΙΑ ΑΥΡΙΟ

ΚΑΤΙ ΓΙΑ ΤΟ ΟΠΟΙΟ ΘΑ ΜΠΟΡΟΥΣΑ ΝΑ ΕΙΧΑ ΝΙΩΣΕΙ ΠΕΡΙΣΣΟΤΕΡΗ ΕΥΓΝΩΜΟΣΥΝΗ ΣΗΜΕΡΑ

ΗΜΕΡΑ 140

ΗΜΕΡΑ   ΜΗΝΑΣ   ΕΤΟΣ

TΡΙΑ ΠΡΑΓΜΑΤΑ ΓΙΑ ΤΑ ΟΠΟΙΑ ΝΙΩΘΩ ΕΥΓΝΩΜΟΣΥΝΗ

Η ΒΑΘΜΟΛΟΓΙΑ ΜΟΥ ΓΙΑ
ΣΗΜΕΡΑ

ΚΑΤΙ ΠΟΥ ΘΕΛΩ ΝΑ ΘΥΜΑΜΑΙ ΓΙΑ ΣΗΜΕΡΑ

ΚΑΤΙ ΓΙΑ ΤΟ ΟΠΟΙΟ ΘΑ ΜΠΟΡΟΥΣΑ ΝΑ ΕΙΧΑ ΝΙΩΣΕΙ ΠΕΡΙΣΣΟΤΕΡΗ
ΕΥΓΝΩΜΟΣΥΝΗ ΣΗΜΕΡΑ

Η ΠΡΟΘΕΣΗ ΜΟΥ ΓΙΑ ΑΥΡΙΟ

ΗΜΕΡΑ 140

ΜΑΘΕ ΝΑ ΕΙΣΑΙ ΕΥΓΝΩΜΟΝ ΓΙ' ΑΥΤΑ ΠΟΥ ΗΔΗ ΕΧΕΙΣ ΕΝΩ ΚΥΝΗΓΑΣ ΟΛΑ ΟΣΑ ΘΕΛΕΙΣ.

Jim Rohn

ΚΑΤΙ ΓΙΑ ΤΟ ΟΠΟΙΟ ΘΑ ΜΠΟΡΟΥΣΑ ΝΑ ΕΙΧΑ ΝΙΩΣΕΙ ΠΕΡΙΣΣΟΤΕΡΗ ΕΥΓΝΩΜΟΣΥΝΗ ΤΙΣ ΤΕΛΕΥΤΑΙΕΣ ΤΕΣΣΕΡΙΣ ΕΒΔΟΜΑΔΕΣ

Η ΒΑΘΜΟΛΟΓΙΑ ΜΟΥ ΓΙΑ ΤΙΣ ΠΕΡΑΣΜΕΝΕΣ ΤΕΣΣΕΡΙΣ ΕΒΔΟΜΑΔΕΣ

ΚΑΤΙ ΤΟ ΟΠΟΙΟ ΘΕΛΩ ΝΑ ΘΥΜΑΜΑΙ ΓΙΑ ΤΙΣ ΤΕΛΕΥΤΑΙΕΣ ΤΕΣΣΕΡΙΣ ΕΒΔΟΜΑΔΕΣ

Η ΠΡΟΘΕΣΗ ΜΟΥ ΓΙΑ ΤΙΣ ΕΠΟΜΕΝΕΣ ΤΕΣΣΕΡΙΣ ΕΒΔΟΜΑΔΕΣ

ΚΑΠΟΙΟΝ ΓΙΑ ΤΟΝ ΟΠΟΙΟ ΘΑ ΜΠΟΡΟΥΣΑ ΝΑ ΕΙΧΑ ΝΙΩΣΕΙ ΠΕΡΙΣΣΟΤΕΡΗ ΕΥΓΝΩΜΟΣΥΝΗ ΤΙΣ ΤΕΛΕΥΤΑΙΕΣ ΤΕΣΣΕΡΙΣ ΕΒΔΟΜΑΔΕΣ

ΗΜΕΡΑ   ΜΗΝΑΣ   ΕΤΟΣ

ΤΡΙΑ ΠΡΑΓΜΑΤΑ ΓΙΑ ΤΑ ΟΠΟΙΑ ΝΙΩΘΩ ΕΥΓΝΩΜΟΣΥΝΗ

Η ΒΑΘΜΟΛΟΓΙΑ ΜΟΥ ΓΙΑ
ΣΗΜΕΡΑ

ΚΑΤΙ ΠΟΥ ΘΕΛΩ ΝΑ ΘΥΜΑΜΑΙ ΓΙΑ ΣΗΜΕΡΑ

ΚΑΤΙ ΓΙΑ ΤΟ ΟΠΟΙΟ ΘΑ ΜΠΟΡΟΥΣΑ ΝΑ ΕΙΧΑ ΝΙΩΣΕΙ ΠΕΡΙΣΣΟΤΕΡΗ
ΕΥΓΝΩΜΟΣΥΝΗ ΣΗΜΕΡΑ

Η ΠΡΟΘΕΣΗ ΜΟΥ ΓΙΑ ΑΥΡΙΟ

ΗΜΕΡΑ 142

ΗΜΕΡΑ　　　ΜΗΝΑΣ　　　ΕΤΟΣ

ΤΡΙΑ ΠΡΑΓΜΑΤΑ ΓΙΑ ΤΑ ΟΠΟΙΑ ΝΙΩΘΩ ΕΥΓΝΩΜΟΣΥΝΗ

ΚΑΤΙ ΠΟΥ ΘΕΛΩ ΝΑ ΘΥΜΑΜΑΙ ΓΙΑ ΣΗΜΕΡΑ

Η ΒΑΘΜΟΛΟΓΙΑ ΜΟΥ ΓΙΑ ΣΗΜΕΡΑ

Η ΠΡΟΘΕΣΗ ΜΟΥ ΓΙΑ ΑΥΡΙΟ

ΚΑΤΙ ΓΙΑ ΤΟ ΟΠΟΙΟ ΘΑ ΜΠΟΡΟΥΣΑ ΝΑ ΕΙΧΑ ΝΙΩΣΕΙ ΠΕΡΙΣΣΟΤΕΡΗ ΕΥΓΝΩΜΟΣΥΝΗ ΣΗΜΕΡΑ

ΗΜΕΡΑ   ΜΗΝΑΣ   ΕΤΟΣ

ΤΡΙΑ ΠΡΑΓΜΑΤΑ ΓΙΑ ΤΑ ΟΠΟΙΑ ΝΙΩΘΩ ΕΥΓΝΩΜΟΣΥΝΗ

Η ΒΑΘΜΟΛΟΓΙΑ ΜΟΥ ΓΙΑ ΣΗΜΕΡΑ

ΚΑΤΙ ΠΟΥ ΘΕΛΩ ΝΑ ΘΥΜΑΜΑΙ ΓΙΑ ΣΗΜΕΡΑ

ΚΑΤΙ ΓΙΑ ΤΟ ΟΠΟΙΟ ΘΑ ΜΠΟΡΟΥΣΑ ΝΑ ΕΙΧΑ ΝΙΩΣΕΙ ΠΕΡΙΣΣΟΤΕΡΗ ΕΥΓΝΩΜΟΣΥΝΗ ΣΗΜΕΡΑ

Η ΠΡΟΘΕΣΗ ΜΟΥ ΓΙΑ ΑΥΡΙΟ

ΗΜΕΡΑ 144

ΗΜΕΡΑ   ΜΗΝΑΣ   ΕΤΟΣ

ΤΡΙΑ ΠΡΑΓΜΑΤΑ ΓΙΑ ΤΑ ΟΠΟΙΑ ΝΙΩΘΩ ΕΥΓΝΩΜΟΣΥΝΗ

ΚΑΤΙ ΠΟΥ ΘΕΛΩ ΝΑ ΘΥΜΑΜΑΙ ΓΙΑ ΣΗΜΕΡΑ

Η ΒΑΘΜΟΛΟΓΙΑ ΜΟΥ ΓΙΑ ΣΗΜΕΡΑ

Η ΠΡΟΘΕΣΗ ΜΟΥ ΓΙΑ ΑΥΡΙΟ

ΚΑΤΙ ΓΙΑ ΤΟ ΟΠΟΙΟ ΘΑ ΜΠΟΡΟΥΣΑ ΝΑ ΕΙΧΑ ΝΙΩΣΕΙ ΠΕΡΙΣΣΟΤΕΡΗ ΕΥΓΝΩΜΟΣΥΝΗ ΣΗΜΕΡΑ

ΗΜΕΡΑ 145

ΤΡΙΑ ΠΡΑΓΜΑΤΑ ΓΙΑ ΤΑ ΟΠΟΙΑ ΝΙΩΘΩ ΕΥΓΝΩΜΟΣΥΝΗ

Η ΒΑΘΜΟΛΟΓΙΑ ΜΟΥ ΓΙΑ ΣΗΜΕΡΑ

ΚΑΤΙ ΠΟΥ ΘΕΛΩ ΝΑ ΘΥΜΑΜΑΙ ΓΙΑ ΣΗΜΕΡΑ

ΚΑΤΙ ΓΙΑ ΤΟ ΟΠΟΙΟ ΘΑ ΜΠΟΡΟΥΣΑ ΝΑ ΕΙΧΑ ΝΙΩΣΕΙ ΠΕΡΙΣΣΟΤΕΡΗ ΕΥΓΝΩΜΟΣΥΝΗ ΣΗΜΕΡΑ

Η ΠΡΟΘΕΣΗ ΜΟΥ ΓΙΑ ΑΥΡΙΟ

ΗΜΕΡΑ   ΜΗΝΑΣ   ΕΤΟΣ

ΤΡΙΑ ΠΡΑΓΜΑΤΑ ΓΙΑ ΤΑ ΟΠΟΙΑ ΝΙΩΘΩ ΕΥΓΝΩΜΟΣΥΝΗ

ΚΑΤΙ ΠΟΥ ΘΕΛΩ ΝΑ ΘΥΜΑΜΑΙ ΓΙΑ ΣΗΜΕΡΑ

Η ΒΑΘΜΟΛΟΓΙΑ ΜΟΥ ΓΙΑ ΣΗΜΕΡΑ

Η ΠΡΟΘΕΣΗ ΜΟΥ ΓΙΑ ΑΥΡΙΟ

ΚΑΤΙ ΓΙΑ ΤΟ ΟΠΟΙΟ ΘΑ ΜΠΟΡΟΥΣΑ ΝΑ ΕΙΧΑ ΝΙΩΣΕΙ ΠΕΡΙΣΣΟΤΕΡΗ ΕΥΓΝΩΜΟΣΥΝΗ ΣΗΜΕΡΑ

ΗΜΕΡΑ   ΜΗΝΑΣ   ΕΤΟΣ

TΡΙΑ ΠΡΑΓΜΑΤΑ ΓΙΑ ΤΑ ΟΠΟΙΑ ΝΙΩΘΩ ΕΥΓΝΩΜΟΣΥΝΗ

Η ΒΑΘΜΟΛΟΓΙΑ ΜΟΥ ΓΙΑ
ΣΗΜΕΡΑ

ΚΑΤΙ ΠΟΥ ΘΕΛΩ ΝΑ ΘΥΜΑΜΑΙ ΓΙΑ ΣΗΜΕΡΑ

ΚΑΤΙ ΓΙΑ ΤΟ ΟΠΟΙΟ ΘΑ ΜΠΟΡΟΥΣΑ ΝΑ ΕΙΧΑ ΝΙΩΣΕΙ ΠΕΡΙΣΣΟΤΕΡΗ
ΕΥΓΝΩΜΟΣΥΝΗ ΣΗΜΕΡΑ

Η ΠΡΟΘΕΣΗ ΜΟΥ ΓΙΑ ΑΥΡΙΟ

ΑΝ ΠΡΕΠΕΙ ΝΑ ΑΝΑΤΡΕΞΕΙΣ ΣΤΟ ΠΑΡΕΛΘΟΝ, ΚΑΝΕ ΤΟ ΜΕ ΣΥΓΧΩΡΕΣΗ. ΑΝ ΠΡΕΠΕΙ ΝΑ ΚΟΙΤΑΞΕΙΣ ΣΤΟ ΜΕΛΛΟΝ, ΚΑΝΕ ΤΟ ΜΕ ΠΡΟΣΕΥΧΗ. ΤΟ ΣΟΦΟΤΕΡΟ, ΟΜΩΣ, ΕΙΝΑΙ ΝΑ ΕΙΣΑΙ ΠΑΡΩΝ ΣΤΟ ΠΑΡΟΝ ΜΕ ΕΥΓΝΩΜΟΣΥΝΗ.

MAYA ANGELOU

KATI ΓΙΑ ΤΟ ΟΠΟΙΟ ΘΑ ΜΠΟΡΟΥΣΑ ΝΑ ΕΙΧΑ ΝΙΩΣΕΙ ΠΕΡΙΣΣΟΤΕΡΗ ΕΥΓΝΩΜΟΣΥΝΗ ΑΥΤΗ ΤΗ ΒΔΟΜΑΔΑ

Η ΒΑΘΜΟΛΟΓΙΑ ΜΟΥ ΓΙΑ ΑΥΤΗ ΤΗ ΒΔΟΜΑΔΑ

ΚΑΤΙ ΤΟ ΟΠΟΙΟ ΘΕΛΩ ΝΑ ΘΥΜΑΜΑΙ ΓΙΑ ΑΥΤΗ ΤΗΝ ΕΒΔΟΜΑΔΑ

Η ΠΡΟΘΕΣΗ ΜΟΥ ΓΙΑ ΤΗΝ ΕΠΟΜΕΝΗ ΕΒΔΟΜΑΔΑ

ΚΑΠΟΙΟΝ ΓΙΑ ΤΟΝ ΟΠΟΙΟ ΘΑ ΜΠΟΡΟΥΣΑ ΝΑ ΕΙΧΑ ΝΙΩΣΕΙ ΠΕΡΙΣΣΟΤΕΡΗ ΕΥΓΝΩΜΟΣΥΝΗ ΑΥΤΗΝ ΤΗΝ ΕΒΔΟΜΑΔΑ

ΗΜΕΡΑ 148

ΗΜΕΡΑ　　　ΜΗΝΑΣ　　　ΕΤΟΣ

ΤΡΙΑ ΠΡΑΓΜΑΤΑ ΓΙΑ ΤΑ ΟΠΟΙΑ ΝΙΩΘΩ ΕΥΓΝΩΜΟΣΥΝΗ

Η ΒΑΘΜΟΛΟΓΙΑ ΜΟΥ ΓΙΑ
ΣΗΜΕΡΑ

ΚΑΤΙ ΠΟΥ ΘΕΛΩ ΝΑ ΘΥΜΑΜΑΙ ΓΙΑ ΣΗΜΕΡΑ

ΚΑΤΙ ΓΙΑ ΤΟ ΟΠΟΙΟ ΘΑ ΜΠΟΡΟΥΣΑ ΝΑ ΕΙΧΑ ΝΙΩΣΕΙ ΠΕΡΙΣΣΟΤΕΡΗ
ΕΥΓΝΩΜΟΣΥΝΗ ΣΗΜΕΡΑ

Η ΠΡΟΘΕΣΗ ΜΟΥ ΓΙΑ ΑΥΡΙΟ

ΗΜΕΡΑ 149

ΗΜΕΡΑ   ΜΗΝΑΣ   ΕΤΟΣ

ΤΡΙΑ ΠΡΑΓΜΑΤΑ ΓΙΑ ΤΑ ΟΠΟΙΑ ΝΙΩΘΩ ΕΥΓΝΩΜΟΣΥΝΗ

ΚΑΤΙ ΠΟΥ ΘΕΛΩ ΝΑ ΘΥΜΑΜΑΙ ΓΙΑ ΣΗΜΕΡΑ

Η ΒΑΘΜΟΛΟΓΙΑ ΜΟΥ ΓΙΑ ΣΗΜΕΡΑ

Η ΠΡΟΘΕΣΗ ΜΟΥ ΓΙΑ ΑΥΡΙΟ

ΚΑΤΙ ΓΙΑ ΤΟ ΟΠΟΙΟ ΘΑ ΜΠΟΡΟΥΣΑ ΝΑ ΕΙΧΑ ΝΙΩΣΕΙ ΠΕΡΙΣΣΟΤΕΡΗ ΕΥΓΝΩΜΟΣΥΝΗ ΣΗΜΕΡΑ

ΗΜΕΡΑ 150

ΗΜΕΡΑ   ΜΗΝΑΣ   ΕΤΟΣ

ΤΡΙΑ ΠΡΑΓΜΑΤΑ ΓΙΑ ΤΑ ΟΠΟΙΑ ΝΙΩΘΩ ΕΥΓΝΩΜΟΣΥΝΗ

Η ΒΑΘΜΟΛΟΓΙΑ ΜΟΥ ΓΙΑ
ΣΗΜΕΡΑ

ΚΑΤΙ ΠΟΥ ΘΕΛΩ ΝΑ ΘΥΜΑΜΑΙ ΓΙΑ ΣΗΜΕΡΑ

ΚΑΤΙ ΓΙΑ ΤΟ ΟΠΟΙΟ ΘΑ ΜΠΟΡΟΥΣΑ ΝΑ ΕΙΧΑ ΝΙΩΣΕΙ ΠΕΡΙΣΣΟΤΕΡΗ
ΕΥΓΝΩΜΟΣΥΝΗ ΣΗΜΕΡΑ

Η ΠΡΟΘΕΣΗ ΜΟΥ ΓΙΑ ΑΥΡΙΟ

ΗΜΕΡΑ 151

ΗΜΕΡΑ   ΜΗΝΑΣ   ΕΤΟΣ

ΤΡΙΑ ΠΡΑΓΜΑΤΑ ΓΙΑ ΤΑ ΟΠΟΙΑ ΝΙΩΘΩ ΕΥΓΝΩΜΟΣΥΝΗ

ΚΑΤΙ ΠΟΥ ΘΕΛΩ ΝΑ ΘΥΜΑΜΑΙ ΓΙΑ ΣΗΜΕΡΑ

Η ΒΑΘΜΟΛΟΓΙΑ ΜΟΥ ΓΙΑ ΣΗΜΕΡΑ

Η ΠΡΟΘΕΣΗ ΜΟΥ ΓΙΑ ΑΥΡΙΟ

ΚΑΤΙ ΓΙΑ ΤΟ ΟΠΟΙΟ ΘΑ ΜΠΟΡΟΥΣΑ ΝΑ ΕΙΧΑ ΝΙΩΣΕΙ ΠΕΡΙΣΣΟΤΕΡΗ ΕΥΓΝΩΜΟΣΥΝΗ ΣΗΜΕΡΑ

ΗΜΕΡΑ   ΜΗΝΑΣ   ΕΤΟΣ

ΤΡΙΑ ΠΡΑΓΜΑΤΑ ΓΙΑ ΤΑ ΟΠΟΙΑ ΝΙΩΘΩ ΕΥΓΝΩΜΟΣΥΝΗ

Η ΒΑΘΜΟΛΟΓΙΑ ΜΟΥ ΓΙΑ
ΣΗΜΕΡΑ

ΚΑΤΙ ΠΟΥ ΘΕΛΩ ΝΑ ΘΥΜΑΜΑΙ ΓΙΑ ΣΗΜΕΡΑ

ΚΑΤΙ ΓΙΑ ΤΟ ΟΠΟΙΟ ΘΑ ΜΠΟΡΟΥΣΑ ΝΑ ΕΙΧΑ ΝΙΩΣΕΙ ΠΕΡΙΣΣΟΤΕΡΗ
ΕΥΓΝΩΜΟΣΥΝΗ ΣΗΜΕΡΑ

Η ΠΡΟΘΕΣΗ ΜΟΥ ΓΙΑ ΑΥΡΙΟ

ΗΜΕΡΑ   ΜΗΝΑΣ   ΕΤΟΣ

ΤΡΙΑ ΠΡΑΓΜΑΤΑ ΓΙΑ ΤΑ ΟΠΟΙΑ ΝΙΩΘΩ ΕΥΓΝΩΜΟΣΥΝΗ

ΚΑΤΙ ΠΟΥ ΘΕΛΩ ΝΑ ΘΥΜΑΜΑΙ ΓΙΑ ΣΗΜΕΡΑ

Η ΒΑΘΜΟΛΟΓΙΑ ΜΟΥ ΓΙΑ ΣΗΜΕΡΑ

Η ΠΡΟΘΕΣΗ ΜΟΥ ΓΙΑ ΑΥΡΙΟ

ΚΑΤΙ ΓΙΑ ΤΟ ΟΠΟΙΟ ΘΑ ΜΠΟΡΟΥΣΑ ΝΑ ΕΙΧΑ ΝΙΩΣΕΙ ΠΕΡΙΣΣΟΤΕΡΗ ΕΥΓΝΩΜΟΣΥΝΗ ΣΗΜΕΡΑ

ΗΜΕΡΑ   ΜΗΝΑΣ   ΕΤΟΣ

ΤΡΙΑ ΠΡΑΓΜΑΤΑ ΓΙΑ ΤΑ ΟΠΟΙΑ ΝΙΩΘΩ ΕΥΓΝΩΜΟΣΥΝΗ

Η ΒΑΘΜΟΛΟΓΙΑ ΜΟΥ ΓΙΑ
ΣΗΜΕΡΑ

ΚΑΤΙ ΠΟΥ ΘΕΛΩ ΝΑ ΘΥΜΑΜΑΙ ΓΙΑ ΣΗΜΕΡΑ

ΚΑΤΙ ΓΙΑ ΤΟ ΟΠΟΙΟ ΘΑ ΜΠΟΡΟΥΣΑ ΝΑ ΕΙΧΑ ΝΙΩΣΕΙ ΠΕΡΙΣΣΟΤΕΡΗ
ΕΥΓΝΩΜΟΣΥΝΗ ΣΗΜΕΡΑ

Η ΠΡΟΘΕΣΗ ΜΟΥ ΓΙΑ ΑΥΡΙΟ

ΕΥΤΥΧΙΑ ΔΕΝ ΣΗΜΑΙΝΕΙ ΝΑ ΠΑΙΡΝΕΙΣ ΣΥΝΕΧΕΙΑ ΑΥΤΟ ΠΟΥ ΘΕΛΕΙΣ. ΕΥΤΥΧΙΑ ΕΙΝΑΙ ΝΑ ΑΓΑΠΑΣ ΑΥΤΟ ΠΟΥ ΗΔΗ ΕΧΕΙΣ ΚΑΙ ΝΑ ΕΙΣΑΙ ΕΥΓΝΩΜΩΝ ΓΙ' ΑΥΤΟ.

ΑΝΩΝΥΜΟ

ΚΑΤΙ ΓΙΑ ΤΟ ΟΠΟΙΟ ΘΑ ΜΠΟΡΟΥΣΑ ΝΑ ΕΙΧΑ ΝΙΩΣΕΙ ΠΕΡΙΣΣΟΤΕΡΗ ΕΥΓΝΩΜΟΣΥΝΗ ΑΥΤΗ ΤΗ ΒΔΟΜΑΔΑ

Η ΒΑΘΜΟΛΟΓΙΑ ΜΟΥ ΓΙΑ ΑΥΤΗ ΤΗ ΒΔΟΜΑΔΑ

ΚΑΤΙ ΤΟ ΟΠΟΙΟ ΘΕΛΩ ΝΑ ΘΥΜΑΜΑΙ ΓΙΑ ΑΥΤΗ ΤΗΝ ΕΒΔΟΜΑΔΑ

Η ΠΡΟΘΕΣΗ ΜΟΥ ΓΙΑ ΤΗΝ ΕΠΟΜΕΝΗ ΕΒΔΟΜΑΔΑ

ΚΑΠΟΙΟΝ ΓΙΑ ΤΟΝ ΟΠΟΙΟ ΘΑ ΜΠΟΡΟΥΣΑ ΝΑ ΕΙΧΑ ΝΙΩΣΕΙ ΠΕΡΙΣΣΟΤΕΡΗ ΕΥΓΝΩΜΟΣΥΝΗ ΑΥΤΗΝ ΤΗΝ ΕΒΔΟΜΑΔΑ

ΗΜΕΡΑ   ΜΗΝΑΣ   ΕΤΟΣ

ΤΡΙΑ ΠΡΑΓΜΑΤΑ ΓΙΑ ΤΑ ΟΠΟΙΑ ΝΙΩΘΩ ΕΥΓΝΩΜΟΣΥΝΗ

Η ΒΑΘΜΟΛΟΓΙΑ ΜΟΥ ΓΙΑ
ΣΗΜΕΡΑ

ΚΑΤΙ ΠΟΥ ΘΕΛΩ ΝΑ ΘΥΜΑΜΑΙ ΓΙΑ ΣΗΜΕΡΑ

ΚΑΤΙ ΓΙΑ ΤΟ ΟΠΟΙΟ ΘΑ ΜΠΟΡΟΥΣΑ ΝΑ ΕΙΧΑ ΝΙΩΣΕΙ ΠΕΡΙΣΣΟΤΕΡΗ
ΕΥΓΝΩΜΟΣΥΝΗ ΣΗΜΕΡΑ

Η ΠΡΟΘΕΣΗ ΜΟΥ ΓΙΑ ΑΥΡΙΟ

ΗΜΕΡΑ   ΜΗΝΑΣ   ΕΤΟΣ

ΤΡΙΑ ΠΡΑΓΜΑΤΑ ΓΙΑ ΤΑ ΟΠΟΙΑ ΝΙΩΘΩ ΕΥΓΝΩΜΟΣΥΝΗ

ΚΑΤΙ ΠΟΥ ΘΕΛΩ ΝΑ ΘΥΜΑΜΑΙ ΓΙΑ ΣΗΜΕΡΑ

Η ΒΑΘΜΟΛΟΓΙΑ ΜΟΥ ΓΙΑ ΣΗΜΕΡΑ

Η ΠΡΟΘΕΣΗ ΜΟΥ ΓΙΑ ΑΥΡΙΟ

ΚΑΤΙ ΓΙΑ ΤΟ ΟΠΟΙΟ ΘΑ ΜΠΟΡΟΥΣΑ ΝΑ ΕΙΧΑ ΝΙΩΣΕΙ ΠΕΡΙΣΣΟΤΕΡΗ ΕΥΓΝΩΜΟΣΥΝΗ ΣΗΜΕΡΑ

ΗΜΕΡΑ 157

ΗΜΕΡΑ   ΜΗΝΑΣ   ΕΤΟΣ

ΤΡΙΑ ΠΡΑΓΜΑΤΑ ΓΙΑ ΤΑ ΟΠΟΙΑ ΝΙΩΘΩ ΕΥΓΝΩΜΟΣΥΝΗ

Η ΒΑΘΜΟΛΟΓΙΑ ΜΟΥ ΓΙΑ ΣΗΜΕΡΑ

ΚΑΤΙ ΠΟΥ ΘΕΛΩ ΝΑ ΘΥΜΑΜΑΙ ΓΙΑ ΣΗΜΕΡΑ

ΚΑΤΙ ΓΙΑ ΤΟ ΟΠΟΙΟ ΘΑ ΜΠΟΡΟΥΣΑ ΝΑ ΕΙΧΑ ΝΙΩΣΕΙ ΠΕΡΙΣΣΟΤΕΡΗ ΕΥΓΝΩΜΟΣΥΝΗ ΣΗΜΕΡΑ

Η ΠΡΟΘΕΣΗ ΜΟΥ ΓΙΑ ΑΥΡΙΟ

ΗΜΕΡΑ   ΜΗΝΑΣ   ΕΤΟΣ

ΤΡΙΑ ΠΡΑΓΜΑΤΑ ΓΙΑ ΤΑ ΟΠΟΙΑ ΝΙΩΘΩ ΕΥΓΝΩΜΟΣΥΝΗ

ΚΑΤΙ ΠΟΥ ΘΕΛΩ ΝΑ ΘΥΜΑΜΑΙ ΓΙΑ ΣΗΜΕΡΑ

Η ΒΑΘΜΟΛΟΓΙΑ ΜΟΥ ΓΙΑ ΣΗΜΕΡΑ

Η ΠΡΟΘΕΣΗ ΜΟΥ ΓΙΑ ΑΥΡΙΟ

ΚΑΤΙ ΓΙΑ ΤΟ ΟΠΟΙΟ ΘΑ ΜΠΟΡΟΥΣΑ ΝΑ ΕΙΧΑ ΝΙΩΣΕΙ ΠΕΡΙΣΣΟΤΕΡΗ ΕΥΓΝΩΜΟΣΥΝΗ ΣΗΜΕΡΑ

ΗΜΕΡΑ 159

ΗΜΕΡΑ ΜΗΝΑΣ ΕΤΟΣ

ΤΡΙΑ ΠΡΑΓΜΑΤΑ ΓΙΑ ΤΑ ΟΠΟΙΑ ΝΙΩΘΩ ΕΥΓΝΩΜΟΣΥΝΗ

Η ΒΑΘΜΟΛΟΓΙΑ ΜΟΥ ΓΙΑ ΣΗΜΕΡΑ

ΚΑΤΙ ΠΟΥ ΘΕΛΩ ΝΑ ΘΥΜΑΜΑΙ ΓΙΑ ΣΗΜΕΡΑ

ΚΑΤΙ ΓΙΑ ΤΟ ΟΠΟΙΟ ΘΑ ΜΠΟΡΟΥΣΑ ΝΑ ΕΙΧΑ ΝΙΩΣΕΙ ΠΕΡΙΣΣΟΤΕΡΗ ΕΥΓΝΩΜΟΣΥΝΗ ΣΗΜΕΡΑ

Η ΠΡΟΘΕΣΗ ΜΟΥ ΓΙΑ ΑΥΡΙΟ

ΗΜΕΡΑ 160

ΗΜΕΡΑ　　　　ΜΗΝΑΣ　　　　ΕΤΟΣ

ΤΡΙΑ ΠΡΑΓΜΑΤΑ ΓΙΑ ΤΑ ΟΠΟΙΑ ΝΙΩΘΩ ΕΥΓΝΩΜΟΣΥΝΗ

ΚΑΤΙ ΠΟΥ ΘΕΛΩ ΝΑ ΘΥΜΑΜΑΙ ΓΙΑ ΣΗΜΕΡΑ　　　　Η ΒΑΘΜΟΛΟΓΙΑ ΜΟΥ ΓΙΑ ΣΗΜΕΡΑ

Η ΠΡΟΘΕΣΗ ΜΟΥ ΓΙΑ ΑΥΡΙΟ　　　　ΚΑΤΙ ΓΙΑ ΤΟ ΟΠΟΙΟ ΘΑ ΜΠΟΡΟΥΣΑ ΝΑ ΕΙΧΑ ΝΙΩΣΕΙ ΠΕΡΙΣΣΟΤΕΡΗ ΕΥΓΝΩΜΟΣΥΝΗ ΣΗΜΕΡΑ

HMEPA   MHNAΣ   ETOΣ

TPIA ΠPAΓMATA ΓIA TA OΠOIA NIΩΘΩ EYΓNΩMOΣYNH

H BAΘMOΛOΓIA MOY ΓIA
ΣHMEPA

KATI ΠOY ΘEΛΩ NA ΘYMAMAI ΓIA ΣHMEPA

KATI ΓIA TO OΠOIO ΘA MΠOPOYΣA NA EIXA NIΩΣEI ΠEPIΣΣOTEPH
EYΓNΩMOΣYNH ΣHMEPA

H ΠPOΘEΣH MOY ΓIA AYPIO

Η ΕΥΤΥΧΊΑ ΔΕΝ ΘΑ ΕΡΘΕΙ ΠΟΤΕ ΣΕ ΕΚΕΊΝΟΥΣ ΠΟΥ ΑΠΟΤΥΓΧΑΝΟΥΝ ΝΑ ΕΚΤΙΜΗΣΟΥΝ ΑΥΤΟ ΠΟΥ ΗΔΗ ΕΧΟΥΝ.

BUDDHA

ΚΑΤΙ ΓΙΑ ΤΟ ΟΠΟΙΟ ΘΑ ΜΠΟΡΟΥΣΑ ΝΑ ΕΙΧΑ ΝΙΩΣΕΙ ΠΕΡΙΣΣΟΤΕΡΗ ΕΥΓΝΩΜΟΣΥΝΗ ΑΥΤΗ ΤΗ ΒΔΟΜΑΔΑ

Η ΒΑΘΜΟΛΟΓΙΑ ΜΟΥ ΓΙΑ ΑΥΤΗ ΤΗ ΒΔΟΜΑΔΑ

ΚΑΤΙ ΤΟ ΟΠΟΙΟ ΘΕΛΩ ΝΑ ΘΥΜΑΜΑΙ ΓΙΑ ΑΥΤΗ ΤΗΝ ΕΒΔΟΜΑΔΑ

Η ΠΡΟΘΕΣΗ ΜΟΥ ΓΙΑ ΤΗΝ ΕΠΟΜΕΝΗ ΕΒΔΟΜΑΔΑ

ΚΑΠΟΙΟΝ ΓΙΑ ΤΟΝ ΟΠΟΙΟ ΘΑ ΜΠΟΡΟΥΣΑ ΝΑ ΕΙΧΑ ΝΙΩΣΕΙ ΠΕΡΙΣΣΟΤΕΡΗ ΕΥΓΝΩΜΟΣΥΝΗ ΑΥΤΗΝ ΤΗΝ ΕΒΔΟΜΑΔΑ

ΗΜΕΡΑ 162

ΗΜΕΡΑ   ΜΗΝΑΣ   ΕΤΟΣ

ΤΡΙΑ ΠΡΑΓΜΑΤΑ ΓΙΑ ΤΑ ΟΠΟΙΑ ΝΙΩΘΩ ΕΥΓΝΩΜΟΣΥΝΗ

Η ΒΑΘΜΟΛΟΓΙΑ ΜΟΥ ΓΙΑ
ΣΗΜΕΡΑ

ΚΑΤΙ ΠΟΥ ΘΕΛΩ ΝΑ ΘΥΜΑΜΑΙ ΓΙΑ ΣΗΜΕΡΑ

ΚΑΤΙ ΓΙΑ ΤΟ ΟΠΟΙΟ ΘΑ ΜΠΟΡΟΥΣΑ ΝΑ ΕΙΧΑ ΝΙΩΣΕΙ ΠΕΡΙΣΣΟΤΕΡΗ
ΕΥΓΝΩΜΟΣΥΝΗ ΣΗΜΕΡΑ

Η ΠΡΟΘΕΣΗ ΜΟΥ ΓΙΑ ΑΥΡΙΟ

ΗΜΕΡΑ 163

ΤΡΙΑ ΠΡΑΓΜΑΤΑ ΓΙΑ ΤΑ ΟΠΟΙΑ ΝΙΩΘΩ ΕΥΓΝΩΜΟΣΥΝΗ

ΚΑΤΙ ΠΟΥ ΘΕΛΩ ΝΑ ΘΥΜΑΜΑΙ ΓΙΑ ΣΗΜΕΡΑ

Η ΒΑΘΜΟΛΟΓΙΑ ΜΟΥ ΓΙΑ ΣΗΜΕΡΑ

Η ΠΡΟΘΕΣΗ ΜΟΥ ΓΙΑ ΑΥΡΙΟ

ΚΑΤΙ ΓΙΑ ΤΟ ΟΠΟΙΟ ΘΑ ΜΠΟΡΟΥΣΑ ΝΑ ΕΙΧΑ ΝΙΩΣΕΙ ΠΕΡΙΣΣΟΤΕΡΗ ΕΥΓΝΩΜΟΣΥΝΗ ΣΗΜΕΡΑ

ΗΜΕΡΑ 164

ΗΜΕΡΑ   ΜΗΝΑΣ   ΕΤΟΣ

ΤΡΙΑ ΠΡΑΓΜΑΤΑ ΓΙΑ ΤΑ ΟΠΟΙΑ ΝΙΩΘΩ ΕΥΓΝΩΜΟΣΥΝΗ

Η ΒΑΘΜΟΛΟΓΙΑ ΜΟΥ ΓΙΑ
ΣΗΜΕΡΑ

ΚΑΤΙ ΠΟΥ ΘΕΛΩ ΝΑ ΘΥΜΑΜΑΙ ΓΙΑ ΣΗΜΕΡΑ

ΚΑΤΙ ΓΙΑ ΤΟ ΟΠΟΙΟ ΘΑ ΜΠΟΡΟΥΣΑ ΝΑ ΕΙΧΑ ΝΙΩΣΕΙ ΠΕΡΙΣΣΟΤΕΡΗ
ΕΥΓΝΩΜΟΣΥΝΗ ΣΗΜΕΡΑ

Η ΠΡΟΘΕΣΗ ΜΟΥ ΓΙΑ ΑΥΡΙΟ

ΗΜΕΡΑ 165

ΗΜΕΡΑ   ΜΗΝΑΣ   ΕΤΟΣ

ΤΡΙΑ ΠΡΑΓΜΑΤΑ ΓΙΑ ΤΑ ΟΠΟΙΑ ΝΙΩΘΩ ΕΥΓΝΩΜΟΣΥΝΗ

ΚΑΤΙ ΠΟΥ ΘΕΛΩ ΝΑ ΘΥΜΑΜΑΙ ΓΙΑ ΣΗΜΕΡΑ

Η ΒΑΘΜΟΛΟΓΙΑ ΜΟΥ ΓΙΑ ΣΗΜΕΡΑ

Η ΠΡΟΘΕΣΗ ΜΟΥ ΓΙΑ ΑΥΡΙΟ

ΚΑΤΙ ΓΙΑ ΤΟ ΟΠΟΙΟ ΘΑ ΜΠΟΡΟΥΣΑ ΝΑ ΕΙΧΑ ΝΙΩΣΕΙ ΠΕΡΙΣΣΟΤΕΡΗ ΕΥΓΝΩΜΟΣΥΝΗ ΣΗΜΕΡΑ

ΗΜΕΡΑ 166

ΗΜΕΡΑ   ΜΗΝΑΣ   ΕΤΟΣ

ΤΡΙΑ ΠΡΑΓΜΑΤΑ ΓΙΑ ΤΑ ΟΠΟΙΑ ΝΙΩΘΩ ΕΥΓΝΩΜΟΣΥΝΗ

Η ΒΑΘΜΟΛΟΓΙΑ ΜΟΥ ΓΙΑ ΣΗΜΕΡΑ

ΚΑΤΙ ΠΟΥ ΘΕΛΩ ΝΑ ΘΥΜΑΜΑΙ ΓΙΑ ΣΗΜΕΡΑ

ΚΑΤΙ ΓΙΑ ΤΟ ΟΠΟΙΟ ΘΑ ΜΠΟΡΟΥΣΑ ΝΑ ΕΙΧΑ ΝΙΩΣΕΙ ΠΕΡΙΣΣΟΤΕΡΗ ΕΥΓΝΩΜΟΣΥΝΗ ΣΗΜΕΡΑ

Η ΠΡΟΘΕΣΗ ΜΟΥ ΓΙΑ ΑΥΡΙΟ

ΗΜΕΡΑ 167

ΗΜΕΡΑ   ΜΗΝΑΣ   ΕΤΟΣ

ΤΡΙΑ ΠΡΑΓΜΑΤΑ ΓΙΑ ΤΑ ΟΠΟΙΑ ΝΙΩΘΩ ΕΥΓΝΩΜΟΣΥΝΗ

ΚΑΤΙ ΠΟΥ ΘΕΛΩ ΝΑ ΘΥΜΑΜΑΙ ΓΙΑ ΣΗΜΕΡΑ

Η ΒΑΘΜΟΛΟΓΙΑ ΜΟΥ ΓΙΑ ΣΗΜΕΡΑ

Η ΠΡΟΘΕΣΗ ΜΟΥ ΓΙΑ ΑΥΡΙΟ

ΚΑΤΙ ΓΙΑ ΤΟ ΟΠΟΙΟ ΘΑ ΜΠΟΡΟΥΣΑ ΝΑ ΕΙΧΑ ΝΙΩΣΕΙ ΠΕΡΙΣΣΟΤΕΡΗ ΕΥΓΝΩΜΟΣΥΝΗ ΣΗΜΕΡΑ

ΗΜΕΡΑ 168

ΤΡΙΑ ΠΡΑΓΜΑΤΑ ΓΙΑ ΤΑ ΟΠΟΙΑ ΝΙΩΘΩ ΕΥΓΝΩΜΟΣΥΝΗ

Η ΒΑΘΜΟΛΟΓΙΑ ΜΟΥ ΓΙΑ ΣΗΜΕΡΑ

ΚΑΤΙ ΠΟΥ ΘΕΛΩ ΝΑ ΘΥΜΑΜΑΙ ΓΙΑ ΣΗΜΕΡΑ

ΚΑΤΙ ΓΙΑ ΤΟ ΟΠΟΙΟ ΘΑ ΜΠΟΡΟΥΣΑ ΝΑ ΕΙΧΑ ΝΙΩΣΕΙ ΠΕΡΙΣΣΟΤΕΡΗ ΕΥΓΝΩΜΟΣΥΝΗ ΣΗΜΕΡΑ

Η ΠΡΟΘΕΣΗ ΜΟΥ ΓΙΑ ΑΥΡΙΟ

ΒΑΔΙΖΟΝΤΑS ΣΤΟΝ ΚΗΠΟ ΤΗS ΕΥΓΝΩΜΟΣΥΝΗS, ΒΡΗΚΑ ΤΟ ΠΑΛΑΤΙ ΤΗS ΕΥΤΥΧΙΑS.

Brendon Burchard

ΚΑΤΙ ΓΙΑ ΤΟ ΟΠΟΙΟ ΘΑ ΜΠΟΡΟΥΣΑ ΝΑ ΕΙΧΑ ΝΙΩΣΕΙ ΠΕΡΙΣΣΟΤΕΡΗ ΕΥΓΝΩΜΟΣΥΝΗ ΤΙΣ ΤΕΛΕΥΤΑΙΕΣ ΤΕΣΣΕΡΙΣ ΕΒΔΟΜΑΔΕΣ

Η ΒΑΘΜΟΛΟΓΙΑ ΜΟΥ ΓΙΑ ΤΙΣ ΠΕΡΑΣΜΕΝΕΣ ΤΕΣΣΕΡΙΣ ΕΒΔΟΜΑΔΕΣ

ΚΑΤΙ ΤΟ ΟΠΟΙΟ ΘΕΛΩ ΝΑ ΘΥΜΑΜΑΙ ΓΙΑ ΤΙΣ ΤΕΛΕΥΤΑΙΕΣ ΤΕΣΣΕΡΙΣ ΕΒΔΟΜΑΔΕΣ

Η ΠΡΟΘΕΣΗ ΜΟΥ ΓΙΑ ΤΙΣ ΕΠΟΜΕΝΕΣ ΤΕΣΣΕΡΙΣ ΕΒΔΟΜΑΔΕΣ

ΚΑΠΟΙΟΝ ΓΙΑ ΤΟΝ ΟΠΟΙΟ ΘΑ ΜΠΟΡΟΥΣΑ ΝΑ ΕΙΧΑ ΝΙΩΣΕΙ ΠΕΡΙΣΣΟΤΕΡΗ ΕΥΓΝΩΜΟΣΥΝΗ ΤΙΣ ΤΕΛΕΥΤΑΙΕΣ ΤΕΣΣΕΡΙΣ ΕΒΔΟΜΑΔΕΣ

ΗΜΕΡΑ   ΜΗΝΑΣ   ΕΤΟΣ

ΤΡΙΑ ΠΡΑΓΜΑΤΑ ΓΙΑ ΤΑ ΟΠΟΙΑ ΝΙΩΘΩ ΕΥΓΝΩΜΟΣΥΝΗ

Η ΒΑΘΜΟΛΟΓΙΑ ΜΟΥ ΓΙΑ
ΣΗΜΕΡΑ

ΚΑΤΙ ΠΟΥ ΘΕΛΩ ΝΑ ΘΥΜΑΜΑΙ ΓΙΑ ΣΗΜΕΡΑ

ΚΑΤΙ ΓΙΑ ΤΟ ΟΠΟΙΟ ΘΑ ΜΠΟΡΟΥΣΑ ΝΑ ΕΙΧΑ ΝΙΩΣΕΙ ΠΕΡΙΣΣΟΤΕΡΗ
ΕΥΓΝΩΜΟΣΥΝΗ ΣΗΜΕΡΑ

Η ΠΡΟΘΕΣΗ ΜΟΥ ΓΙΑ ΑΥΡΙΟ

ΗΜΕΡΑ   ΜΗΝΑΣ   ΕΤΟΣ

ΤΡΙΑ ΠΡΑΓΜΑΤΑ ΓΙΑ ΤΑ ΟΠΟΙΑ ΝΙΩΘΩ ΕΥΓΝΩΜΟΣΥΝΗ

ΚΑΤΙ ΠΟΥ ΘΕΛΩ ΝΑ ΘΥΜΑΜΑΙ ΓΙΑ ΣΗΜΕΡΑ

Η ΒΑΘΜΟΛΟΓΙΑ ΜΟΥ ΓΙΑ ΣΗΜΕΡΑ

Η ΠΡΟΘΕΣΗ ΜΟΥ ΓΙΑ ΑΥΡΙΟ

ΚΑΤΙ ΓΙΑ ΤΟ ΟΠΟΙΟ ΘΑ ΜΠΟΡΟΥΣΑ ΝΑ ΕΙΧΑ ΝΙΩΣΕΙ ΠΕΡΙΣΣΟΤΕΡΗ ΕΥΓΝΩΜΟΣΥΝΗ ΣΗΜΕΡΑ

ΗΜΕΡΑ   ΜΗΝΑΣ   ΕΤΟΣ

ΤΡΙΑ ΠΡΑΓΜΑΤΑ ΓΙΑ ΤΑ ΟΠΟΙΑ ΝΙΩΘΩ ΕΥΓΝΩΜΟΣΥΝΗ

Η ΒΑΘΜΟΛΟΓΙΑ ΜΟΥ ΓΙΑ ΣΗΜΕΡΑ

ΚΑΤΙ ΠΟΥ ΘΕΛΩ ΝΑ ΘΥΜΑΜΑΙ ΓΙΑ ΣΗΜΕΡΑ

ΚΑΤΙ ΓΙΑ ΤΟ ΟΠΟΙΟ ΘΑ ΜΠΟΡΟΥΣΑ ΝΑ ΕΙΧΑ ΝΙΩΣΕΙ ΠΕΡΙΣΣΟΤΕΡΗ ΕΥΓΝΩΜΟΣΥΝΗ ΣΗΜΕΡΑ

Η ΠΡΟΘΕΣΗ ΜΟΥ ΓΙΑ ΑΥΡΙΟ

ΗΜΕΡΑ   ΜΗΝΑΣ   ΕΤΟΣ

ΤΡΙΑ ΠΡΑΓΜΑΤΑ ΓΙΑ ΤΑ ΟΠΟΙΑ ΝΙΩΘΩ ΕΥΓΝΩΜΟΣΥΝΗ

ΚΑΤΙ ΠΟΥ ΘΕΛΩ ΝΑ ΘΥΜΑΜΑΙ ΓΙΑ ΣΗΜΕΡΑ

Η ΒΑΘΜΟΛΟΓΙΑ ΜΟΥ ΓΙΑ ΣΗΜΕΡΑ

Η ΠΡΟΘΕΣΗ ΜΟΥ ΓΙΑ ΑΥΡΙΟ

ΚΑΤΙ ΓΙΑ ΤΟ ΟΠΟΙΟ ΘΑ ΜΠΟΡΟΥΣΑ ΝΑ ΕΙΧΑ ΝΙΩΣΕΙ ΠΕΡΙΣΣΟΤΕΡΗ ΕΥΓΝΩΜΟΣΥΝΗ ΣΗΜΕΡΑ

ΗΜΕΡΑ   ΜΗΝΑΣ   ΕΤΟΣ

ΤΡΙΑ ΠΡΑΓΜΑΤΑ ΓΙΑ ΤΑ ΟΠΟΙΑ ΝΙΩΘΩ ΕΥΓΝΩΜΟΣΥΝΗ

Η ΒΑΘΜΟΛΟΓΙΑ ΜΟΥ ΓΙΑ
ΣΗΜΕΡΑ

ΚΑΤΙ ΠΟΥ ΘΕΛΩ ΝΑ ΘΥΜΑΜΑΙ ΓΙΑ ΣΗΜΕΡΑ

ΚΑΤΙ ΓΙΑ ΤΟ ΟΠΟΙΟ ΘΑ ΜΠΟΡΟΥΣΑ ΝΑ ΕΙΧΑ ΝΙΩΣΕΙ ΠΕΡΙΣΣΟΤΕΡΗ
ΕΥΓΝΩΜΟΣΥΝΗ ΣΗΜΕΡΑ

Η ΠΡΟΘΕΣΗ ΜΟΥ ΓΙΑ ΑΥΡΙΟ

HMEPA   MHNAΣ   ETOΣ

TΡIA ΠΡAΓMATA ΓIA TA OΠOIA NIΩΘΩ EYΓNΩMOΣYNH

KATI ΠOY ΘEΛΩ NA ΘYMAMAI ΓIA ΣHMEPA

H BAΘMOΛOΓIA MOY ΓIA ΣHMEPA

H ΠΡOΘEΣH MOY ΓIA AYPIO

KATI ΓIA TO OΠOIO ΘA MΠOPOYΣA NA EIXA NIΩΣEI ΠEPIΣΣOTEPH EYΓNΩMOΣYNH ΣHMEPA

ΗΜΕΡΑ 175

ΤΡΙΑ ΠΡΑΓΜΑΤΑ ΓΙΑ ΤΑ ΟΠΟΙΑ ΝΙΩΘΩ ΕΥΓΝΩΜΟΣΥΝΗ

Η ΒΑΘΜΟΛΟΓΙΑ ΜΟΥ ΓΙΑ ΣΗΜΕΡΑ

ΚΑΤΙ ΠΟΥ ΘΕΛΩ ΝΑ ΘΥΜΑΜΑΙ ΓΙΑ ΣΗΜΕΡΑ

ΚΑΤΙ ΓΙΑ ΤΟ ΟΠΟΙΟ ΘΑ ΜΠΟΡΟΥΣΑ ΝΑ ΕΙΧΑ ΝΙΩΣΕΙ ΠΕΡΙΣΣΟΤΕΡΗ ΕΥΓΝΩΜΟΣΥΝΗ ΣΗΜΕΡΑ

Η ΠΡΟΘΕΣΗ ΜΟΥ ΓΙΑ ΑΥΡΙΟ

Η ΕΥΓΝΩΜΟΣΥΝΗ ΕΙΝΑΙ ΤΟ ΓΟΝΙΜΟ ΕΔΑΦΟΣ
ΟΠΟΥ ΦΥΤΕΥΕΙS ΤΟ ΜΕΛΛΟΝ ΣΟΥ.

LISA NICHOLS

ΚΑΤΙ ΓΙΑ ΤΟ ΟΠΟΙΟ ΘΑ ΜΠΟΡΟΥΣΑ ΝΑ ΕΙΧΑ ΝΙΩΣΕΙ ΠΕΡΙΣΣΟΤΕΡΗ ΕΥΓΝΩΜΟΣΥΝΗ ΑΥΤΗ ΤΗ ΒΔΟΜΑΔΑ

Η ΒΑΘΜΟΛΟΓΙΑ ΜΟΥ ΓΙΑ ΑΥΤΗ ΤΗ ΒΔΟΜΑΔΑ

ΚΑΤΙ ΤΟ ΟΠΟΙΟ ΘΕΛΩ ΝΑ ΘΥΜΑΜΑΙ ΓΙΑ ΑΥΤΗ ΤΗΝ ΕΒΔΟΜΑΔΑ

Η ΠΡΟΘΕΣΗ ΜΟΥ ΓΙΑ ΤΗΝ ΕΠΟΜΕΝΗ ΕΒΔΟΜΑΔΑ

ΚΑΠΟΙΟΝ ΓΙΑ ΤΟΝ ΟΠΟΙΟ ΘΑ ΜΠΟΡΟΥΣΑ ΝΑ ΕΙΧΑ ΝΙΩΣΕΙ ΠΕΡΙΣΣΟΤΕΡΗ ΕΥΓΝΩΜΟΣΥΝΗ ΑΥΤΗΝ ΤΗΝ ΕΒΔΟΜΑΔΑ

ΗΜΕΡΑ   ΜΗΝΑΣ   ΕΤΟΣ

ΤΡΙΑ ΠΡΑΓΜΑΤΑ ΓΙΑ ΤΑ ΟΠΟΙΑ ΝΙΩΘΩ ΕΥΓΝΩΜΟΣΥΝΗ

Η ΒΑΘΜΟΛΟΓΙΑ ΜΟΥ ΓΙΑ ΣΗΜΕΡΑ

ΚΑΤΙ ΠΟΥ ΘΕΛΩ ΝΑ ΘΥΜΑΜΑΙ ΓΙΑ ΣΗΜΕΡΑ

ΚΑΤΙ ΓΙΑ ΤΟ ΟΠΟΙΟ ΘΑ ΜΠΟΡΟΥΣΑ ΝΑ ΕΙΧΑ ΝΙΩΣΕΙ ΠΕΡΙΣΣΟΤΕΡΗ ΕΥΓΝΩΜΟΣΥΝΗ ΣΗΜΕΡΑ

Η ΠΡΟΘΕΣΗ ΜΟΥ ΓΙΑ ΑΥΡΙΟ

ΗΜΕΡΑ   ΜΗΝΑΣ   ΕΤΟΣ

ΤΡΙΑ ΠΡΑΓΜΑΤΑ ΓΙΑ ΤΑ ΟΠΟΙΑ ΝΙΩΘΩ ΕΥΓΝΩΜΟΣΥΝΗ

ΚΑΤΙ ΠΟΥ ΘΕΛΩ ΝΑ ΘΥΜΑΜΑΙ ΓΙΑ ΣΗΜΕΡΑ

Η ΒΑΘΜΟΛΟΓΙΑ ΜΟΥ ΓΙΑ ΣΗΜΕΡΑ

Η ΠΡΟΘΕΣΗ ΜΟΥ ΓΙΑ ΑΥΡΙΟ

ΚΑΤΙ ΓΙΑ ΤΟ ΟΠΟΙΟ ΘΑ ΜΠΟΡΟΥΣΑ ΝΑ ΕΙΧΑ ΝΙΩΣΕΙ ΠΕΡΙΣΣΟΤΕΡΗ ΕΥΓΝΩΜΟΣΥΝΗ ΣΗΜΕΡΑ

ΗΜΕΡΑ 178

ΗΜΕΡΑ   ΜΗΝΑΣ   ΕΤΟΣ

ΤΡΙΑ ΠΡΑΓΜΑΤΑ ΓΙΑ ΤΑ ΟΠΟΙΑ ΝΙΩΘΩ ΕΥΓΝΩΜΟΣΥΝΗ

Η ΒΑΘΜΟΛΟΓΙΑ ΜΟΥ ΓΙΑ ΣΗΜΕΡΑ

ΚΑΤΙ ΠΟΥ ΘΕΛΩ ΝΑ ΘΥΜΑΜΑΙ ΓΙΑ ΣΗΜΕΡΑ

ΚΑΤΙ ΓΙΑ ΤΟ ΟΠΟΙΟ ΘΑ ΜΠΟΡΟΥΣΑ ΝΑ ΕΙΧΑ ΝΙΩΣΕΙ ΠΕΡΙΣΣΟΤΕΡΗ ΕΥΓΝΩΜΟΣΥΝΗ ΣΗΜΕΡΑ

Η ΠΡΟΘΕΣΗ ΜΟΥ ΓΙΑ ΑΥΡΙΟ

ΗΜΕΡΑ   ΜΗΝΑΣ   ΕΤΟΣ

ΤΡΙΑ ΠΡΑΓΜΑΤΑ ΓΙΑ ΤΑ ΟΠΟΙΑ ΝΙΩΘΩ ΕΥΓΝΩΜΟΣΥΝΗ

ΚΑΤΙ ΠΟΥ ΘΕΛΩ ΝΑ ΘΥΜΑΜΑΙ ΓΙΑ ΣΗΜΕΡΑ

Η ΒΑΘΜΟΛΟΓΙΑ ΜΟΥ ΓΙΑ ΣΗΜΕΡΑ

Η ΠΡΟΘΕΣΗ ΜΟΥ ΓΙΑ ΑΥΡΙΟ

ΚΑΤΙ ΓΙΑ ΤΟ ΟΠΟΙΟ ΘΑ ΜΠΟΡΟΥΣΑ ΝΑ ΕΙΧΑ ΝΙΩΣΕΙ ΠΕΡΙΣΣΟΤΕΡΗ ΕΥΓΝΩΜΟΣΥΝΗ ΣΗΜΕΡΑ

ΗΜΕΡΑ   ΜΗΝΑΣ   ΕΤΟΣ

ΤΡΙΑ ΠΡΑΓΜΑΤΑ ΓΙΑ ΤΑ ΟΠΟΙΑ ΝΙΩΘΩ ΕΥΓΝΩΜΟΣΥΝΗ

Η ΒΑΘΜΟΛΟΓΙΑ ΜΟΥ ΓΙΑ
ΣΗΜΕΡΑ

ΚΑΤΙ ΠΟΥ ΘΕΛΩ ΝΑ ΘΥΜΑΜΑΙ ΓΙΑ ΣΗΜΕΡΑ

ΚΑΤΙ ΓΙΑ ΤΟ ΟΠΟΙΟ ΘΑ ΜΠΟΡΟΥΣΑ ΝΑ ΕΙΧΑ ΝΙΩΣΕΙ ΠΕΡΙΣΣΟΤΕΡΗ
ΕΥΓΝΩΜΟΣΥΝΗ ΣΗΜΕΡΑ

Η ΠΡΟΘΕΣΗ ΜΟΥ ΓΙΑ ΑΥΡΙΟ

ΗΜΕΡΑ   ΜΗΝΑΣ   ΕΤΟΣ

ΤΡΙΑ ΠΡΑΓΜΑΤΑ ΓΙΑ ΤΑ ΟΠΟΙΑ ΝΙΩΘΩ ΕΥΓΝΩΜΟΣΥΝΗ

ΚΑΤΙ ΠΟΥ ΘΕΛΩ ΝΑ ΘΥΜΑΜΑΙ ΓΙΑ ΣΗΜΕΡΑ

Η ΒΑΘΜΟΛΟΓΙΑ ΜΟΥ ΓΙΑ ΣΗΜΕΡΑ

Η ΠΡΟΘΕΣΗ ΜΟΥ ΓΙΑ ΑΥΡΙΟ

ΚΑΤΙ ΓΙΑ ΤΟ ΟΠΟΙΟ ΘΑ ΜΠΟΡΟΥΣΑ ΝΑ ΕΙΧΑ ΝΙΩΣΕΙ ΠΕΡΙΣΣΟΤΕΡΗ ΕΥΓΝΩΜΟΣΥΝΗ ΣΗΜΕΡΑ

ΗΜΕΡΑ   ΜΗΝΑΣ   ΕΤΟΣ

ΤΡΙΑ ΠΡΑΓΜΑΤΑ ΓΙΑ ΤΑ ΟΠΟΙΑ ΝΙΩΘΩ ΕΥΓΝΩΜΟΣΥΝΗ

Η ΒΑΘΜΟΛΟΓΙΑ ΜΟΥ ΓΙΑ ΣΗΜΕΡΑ

ΚΑΤΙ ΠΟΥ ΘΕΛΩ ΝΑ ΘΥΜΑΜΑΙ ΓΙΑ ΣΗΜΕΡΑ

ΚΑΤΙ ΓΙΑ ΤΟ ΟΠΟΙΟ ΘΑ ΜΠΟΡΟΥΣΑ ΝΑ ΕΙΧΑ ΝΙΩΣΕΙ ΠΕΡΙΣΣΟΤΕΡΗ ΕΥΓΝΩΜΟΣΥΝΗ ΣΗΜΕΡΑ

Η ΠΡΟΘΕΣΗ ΜΟΥ ΓΙΑ ΑΥΡΙΟ

ΣΗΜΕΡΑ ΚΑΝΤΕ ΕΝΑ ΒΗΜΑ ΠΙΣΩ.
ΚΟΙΤΑΞΤΕ ΟΛΑ ΑΥΤΑ ΤΑ ΟΜΟΡΦΑ ΠΡΑΓΜΑΤΑ ΠΟΥ ΕΧΕΤΕ.

ΑΝΩΝΥΜΟ

ΚΑΤΙ ΓΙΑ ΤΟ ΟΠΟΙΟ ΘΑ ΜΠΟΡΟΥΣΑ ΝΑ ΕΙΧΑ ΝΙΩΣΕΙ ΠΕΡΙΣΣΟΤΕΡΗ ΕΥΓΝΩΜΟΣΥΝΗ ΑΥΤΗ ΤΗ ΒΔΟΜΑΔΑ

Η ΒΑΘΜΟΛΟΓΙΑ ΜΟΥ ΓΙΑ ΑΥΤΗ ΤΗ ΒΔΟΜΑΔΑ

ΚΑΤΙ ΤΟ ΟΠΟΙΟ ΘΕΛΩ ΝΑ ΘΥΜΑΜΑΙ ΓΙΑ ΑΥΤΗ ΤΗΝ ΕΒΔΟΜΑΔΑ

Η ΠΡΟΘΕΣΗ ΜΟΥ ΓΙΑ ΤΗΝ ΕΠΟΜΕΝΗ ΕΒΔΟΜΑΔΑ

ΚΑΠΟΙΟΝ ΓΙΑ ΤΟΝ ΟΠΟΙΟ ΘΑ ΜΠΟΡΟΥΣΑ ΝΑ ΕΙΧΑ ΝΙΩΣΕΙ ΠΕΡΙΣΣΟΤΕΡΗ ΕΥΓΝΩΜΟΣΥΝΗ ΑΥΤΗΝ ΤΗΝ ΕΒΔΟΜΑΔΑ

ΑΝΑΤΡΕΧΟΝΤΑΣ ΣΤΟ ΠΑΡΕΛΘΟΝ ΚΑΙ ΤΙΣ ΠΕΡΑΣΜΕΝΕΣ ΔΕΚΑΤΡΕΙΣ ΕΒΔΟΜΑΔΕΣ, ΑΠΑΝΤΗΣΤΕ ΣΤΑ ΑΚΟΛΟΥΘΑ:

ΚΑΤΙ ΤΟ ΟΠΟΙΟ ΘΕΛΩ ΝΑ ΘΥΜΑΜΑΙ ΠΟΥ ΣΥΝΕΒΗ ΤΟΥΣ ΤΕΛΕΥΤΑΙΟΥΣ ΤΡΕΙΣ ΜΗΝΕΣ

ΑΝΑΤΡΕΧΟΝΤΑΣ ΠΙΣΩ ΣΤΟΥΣ ΤΕΛΕΥΤΑΙΟΥΣ ΤΡΕΙΣ ΜΗΝΕΣ, ΑΥΤΟ ΓΙΑ ΤΟ ΟΠΟΙΟ ΕΙΜΑΙ ΠΕΡΙΣΣΟΤΕΡΟ ΕΥΓΝΩΜΩΝ

ΤΟ ΜΕΓΑΛΥΤΕΡΟ ΜΑΘΗΜΑ ΤΩΝ ΤΡΙΩΝ ΠΕΡΑΣΜΕΝΩΝ ΜΗΝΩΝ

ΚΑΠΟΙΟΣ Η ΚΑΤΙ ΓΙΑ ΤΟ ΟΠΟΙΟ ΘΑ ΜΠΟΡΟΥΣΑ ΝΑ ΕΙΧΑ ΝΙΩΣΕΙ ΠΕΡΙΣΣΟΤΕΡΗ ΕΥΓΝΩΜΟΣΥΝΗ ΤΟΥΣ ΤΕΛΕΥΤΑΙΟΥΣ ΤΡΕΙΣ ΜΗΝΕΣ

Η ΒΑΘΜΟΛΟΓΙΑ ΜΟΥ ΓΙΑ ΤΟΥΣ ΠΕΡΑΣΜΕΝΟΥΣ ΤΡΕΙΣ ΜΗΝΕΣ

ΓΙΑ ΠΟΙΟΝ ΔΕΝ ΚΑΤΑΦΕΡΑ ΝΑ ΝΙΩΣΩ ΕΥΓΝΩΜΟΣΥΝΗ ΤΟΥΣ ΠΕΡΑΣΜΕΝΟΥΣ ΤΡΕΙΣ ΜΗΝΕΣ; ΜΠΟΡΩ ΝΑ ΒΡΩ ΚΑΠΟΙΟ ΑΛΛΟ ΤΡΟΠΟ ΝΑ ΑΝΑΔΙΑΤΥΠΩΣΩ ΤΗ ΣΚΕΨΗ ΑΥΤΗ;

ΕΙΜΑΙ ΕΥΓΝΩΜΩΝ...

ΑΝΑΤΡΕΧΟΝΤΑΣ ΠΙΣΩ ΣΤΙΣ ΒΑΘΜΟΛΟΓΙΕΣ ΠΡΟΗΓΟΥΜΕΝΩΝ ΕΒΔΟΜΑΔΩΝ, ΟΙ ΑΡΙΘΜΟΙ ΜΟΥ ΦΑΝΕΡΩΝΟΥΝ ΟΤΙ

Η ΠΡΟΘΕΣΗ ΜΟΥ ΓΙΑ ΤΟΥΣ ΕΠΟΜΕΝΟΥΣ ΤΡΕΙΣ ΜΗΝΕΣ

ΓΙΑ ΠΟΙΟ ΠΡΑΓΜΑ ΔΕΝ ΚΑΤΑΦΕΡΑ ΝΑ ΝΙΩΣΩ ΕΥΓΝΩΜΟΣΥΝΗ ΤΟΥΣ ΠΕΡΑΣΜΕΝΟΥΣ ΤΡΕΙΣ ΜΗΝΕΣ; ΜΠΟΡΩ ΝΑ ΒΡΩ ΚΑΠΟΙΟ ΑΛΛΟ ΤΡΟΠΟ ΝΑ ΑΝΑΔΙΑΤΥΠΩΣΩ ΤΗ ΣΚΕΨΗ ΑΥΤΗ; ΕΙΜΑΙ ΕΥΓΝΩΜΩΝ...

ΗΜΕΡΑ   ΜΗΝΑΣ   ΕΤΟΣ

ΤΡΙΑ ΠΡΑΓΜΑΤΑ ΓΙΑ ΤΑ ΟΠΟΙΑ ΝΙΩΘΩ ΕΥΓΝΩΜΟΣΥΝΗ

Η ΒΑΘΜΟΛΟΓΙΑ ΜΟΥ ΓΙΑ   ΚΑΤΙ ΠΟΥ ΘΕΛΩ ΝΑ ΘΥΜΑΜΑΙ ΓΙΑ ΣΗΜΕΡΑ
ΣΗΜΕΡΑ

ΚΑΤΙ ΓΙΑ ΤΟ ΟΠΟΙΟ ΘΑ ΜΠΟΡΟΥΣΑ ΝΑ ΕΙΧΑ ΝΙΩΣΕΙ ΠΕΡΙΣΣΟΤΕΡΗ   Η ΠΡΟΘΕΣΗ ΜΟΥ ΓΙΑ ΑΥΡΙΟ
ΕΥΓΝΩΜΟΣΥΝΗ ΣΗΜΕΡΑ

ΗΜΕΡΑ   ΜΗΝΑΣ   ΕΤΟΣ

ΤΡΙΑ ΠΡΑΓΜΑΤΑ ΓΙΑ ΤΑ ΟΠΟΙΑ ΝΙΩΘΩ ΕΥΓΝΩΜΟΣΥΝΗ

ΚΑΤΙ ΠΟΥ ΘΕΛΩ ΝΑ ΘΥΜΑΜΑΙ ΓΙΑ ΣΗΜΕΡΑ

Η ΒΑΘΜΟΛΟΓΙΑ ΜΟΥ ΓΙΑ ΣΗΜΕΡΑ

Η ΠΡΟΘΕΣΗ ΜΟΥ ΓΙΑ ΑΥΡΙΟ

ΚΑΤΙ ΓΙΑ ΤΟ ΟΠΟΙΟ ΘΑ ΜΠΟΡΟΥΣΑ ΝΑ ΕΙΧΑ ΝΙΩΣΕΙ ΠΕΡΙΣΣΟΤΕΡΗ ΕΥΓΝΩΜΟΣΥΝΗ ΣΗΜΕΡΑ

ΗΜΕΡΑ ΜΗΝΑΣ ΕΤΟΣ

ΤΡΙΑ ΠΡΑΓΜΑΤΑ ΓΙΑ ΤΑ ΟΠΟΙΑ ΝΙΩΘΩ ΕΥΓΝΩΜΟΣΥΝΗ

Η ΒΑΘΜΟΛΟΓΙΑ ΜΟΥ ΓΙΑ ΣΗΜΕΡΑ

ΚΑΤΙ ΠΟΥ ΘΕΛΩ ΝΑ ΘΥΜΑΜΑΙ ΓΙΑ ΣΗΜΕΡΑ

ΚΑΤΙ ΓΙΑ ΤΟ ΟΠΟΙΟ ΘΑ ΜΠΟΡΟΥΣΑ ΝΑ ΕΙΧΑ ΝΙΩΣΕΙ ΠΕΡΙΣΣΟΤΕΡΗ ΕΥΓΝΩΜΟΣΥΝΗ ΣΗΜΕΡΑ

Η ΠΡΟΘΕΣΗ ΜΟΥ ΓΙΑ ΑΥΡΙΟ

ΗΜΕΡΑ   ΜΗΝΑΣ   ΕΤΟΣ

ΤΡΙΑ ΠΡΑΓΜΑΤΑ ΓΙΑ ΤΑ ΟΠΟΙΑ ΝΙΩΘΩ ΕΥΓΝΩΜΟΣΥΝΗ

ΚΑΤΙ ΠΟΥ ΘΕΛΩ ΝΑ ΘΥΜΑΜΑΙ ΓΙΑ ΣΗΜΕΡΑ

Η ΒΑΘΜΟΛΟΓΙΑ ΜΟΥ ΓΙΑ ΣΗΜΕΡΑ

Η ΠΡΟΘΕΣΗ ΜΟΥ ΓΙΑ ΑΥΡΙΟ

ΚΑΤΙ ΓΙΑ ΤΟ ΟΠΟΙΟ ΘΑ ΜΠΟΡΟΥΣΑ ΝΑ ΕΙΧΑ ΝΙΩΣΕΙ ΠΕΡΙΣΣΟΤΕΡΗ ΕΥΓΝΩΜΟΣΥΝΗ ΣΗΜΕΡΑ

ΗΜΕΡΑ   ΜΗΝΑΣ   ΕΤΟΣ

ΤΡΙΑ ΠΡΑΓΜΑΤΑ ΓΙΑ ΤΑ ΟΠΟΙΑ ΝΙΩΘΩ ΕΥΓΝΩΜΟΣΥΝΗ

Η ΒΑΘΜΟΛΟΓΙΑ ΜΟΥ ΓΙΑ
ΣΗΜΕΡΑ

ΚΑΤΙ ΠΟΥ ΘΕΛΩ ΝΑ ΘΥΜΑΜΑΙ ΓΙΑ ΣΗΜΕΡΑ

ΚΑΤΙ ΓΙΑ ΤΟ ΟΠΟΙΟ ΘΑ ΜΠΟΡΟΥΣΑ ΝΑ ΕΙΧΑ ΝΙΩΣΕΙ ΠΕΡΙΣΣΟΤΕΡΗ
ΕΥΓΝΩΜΟΣΥΝΗ ΣΗΜΕΡΑ

Η ΠΡΟΘΕΣΗ ΜΟΥ ΓΙΑ ΑΥΡΙΟ

ΗΜΕΡΑ   ΜΗΝΑΣ   ΕΤΟΣ

ΤΡΙΑ ΠΡΑΓΜΑΤΑ ΓΙΑ ΤΑ ΟΠΟΙΑ ΝΙΩΘΩ ΕΥΓΝΩΜΟΣΥΝΗ

ΚΑΤΙ ΠΟΥ ΘΕΛΩ ΝΑ ΘΥΜΑΜΑΙ ΓΙΑ ΣΗΜΕΡΑ

Η ΒΑΘΜΟΛΟΓΙΑ ΜΟΥ ΓΙΑ ΣΗΜΕΡΑ

Η ΠΡΟΘΕΣΗ ΜΟΥ ΓΙΑ ΑΥΡΙΟ

ΚΑΤΙ ΓΙΑ ΤΟ ΟΠΟΙΟ ΘΑ ΜΠΟΡΟΥΣΑ ΝΑ ΕΙΧΑ ΝΙΩΣΕΙ ΠΕΡΙΣΣΟΤΕΡΗ ΕΥΓΝΩΜΟΣΥΝΗ ΣΗΜΕΡΑ

ΗΜΕΡΑ   ΜΗΝΑΣ   ΕΤΟΣ

ΤΡΙΑ ΠΡΑΓΜΑΤΑ ΓΙΑ ΤΑ ΟΠΟΙΑ ΝΙΩΘΩ ΕΥΓΝΩΜΟΣΥΝΗ

Η ΒΑΘΜΟΛΟΓΙΑ ΜΟΥ ΓΙΑ ΣΗΜΕΡΑ

ΚΑΤΙ ΠΟΥ ΘΕΛΩ ΝΑ ΘΥΜΑΜΑΙ ΓΙΑ ΣΗΜΕΡΑ

ΚΑΤΙ ΓΙΑ ΤΟ ΟΠΟΙΟ ΘΑ ΜΠΟΡΟΥΣΑ ΝΑ ΕΙΧΑ ΝΙΩΣΕΙ ΠΕΡΙΣΣΟΤΕΡΗ ΕΥΓΝΩΜΟΣΥΝΗ ΣΗΜΕΡΑ

Η ΠΡΟΘΕΣΗ ΜΟΥ ΓΙΑ ΑΥΡΙΟ

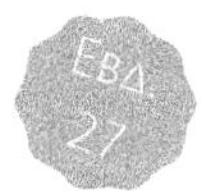

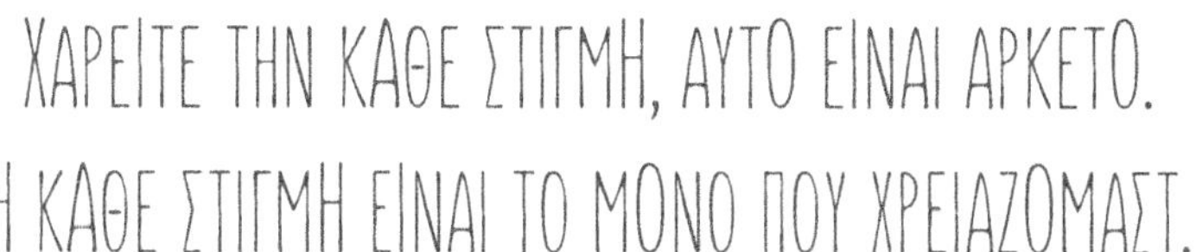

ΧΑΡΕΙΤΕ ΤΗΝ ΚΑΘΕ ΣΤΙΓΜΗ, ΑΥΤΟ ΕΙΝΑΙ ΑΡΚΕΤΟ.
Η ΚΑΘΕ ΣΤΙΓΜΗ ΕΙΝΑΙ ΤΟ ΜΟΝΟ ΠΟΥ ΧΡΕΙΑΖΟΜΑΣΤ.

ΜΗΤΕΡΑ ΤΕΡΕΖΑ

ΚΑΤΙ ΓΙΑ ΤΟ ΟΠΟΙΟ ΘΑ ΜΠΟΡΟΥΣΑ ΝΑ ΕΙΧΑ ΝΙΩΣΕΙ ΠΕΡΙΣΣΟΤΕΡΗ ΕΥΓΝΩΜΟΣΥΝΗ ΑΥΤΗ ΤΗ ΒΔΟΜΑΔΑ

Η ΒΑΘΜΟΛΟΓΙΑ ΜΟΥ ΓΙΑ ΑΥΤΗ ΤΗ ΒΔΟΜΑΔΑ

ΚΑΤΙ ΤΟ ΟΠΟΙΟ ΘΕΛΩ ΝΑ ΘΥΜΑΜΑΙ ΓΙΑ ΑΥΤΗ ΤΗΝ ΕΒΔΟΜΑΔΑ

Η ΠΡΟΘΕΣΗ ΜΟΥ ΓΙΑ ΤΗΝ ΕΠΟΜΕΝΗ ΕΒΔΟΜΑΔΑ

ΚΑΠΟΙΟΝ ΓΙΑ ΤΟΝ ΟΠΟΙΟ ΘΑ ΜΠΟΡΟΥΣΑ ΝΑ ΕΙΧΑ ΝΙΩΣΕΙ ΠΕΡΙΣΣΟΤΕΡΗ ΕΥΓΝΩΜΟΣΥΝΗ ΑΥΤΗΝ ΤΗΝ ΕΒΔΟΜΑΔΑ

ΗΜΕΡΑ ΜΗΝΑΣ ΕΤΟΣ

ΤΡΙΑ ΠΡΑΓΜΑΤΑ ΓΙΑ ΤΑ ΟΠΟΙΑ ΝΙΩΘΩ ΕΥΓΝΩΜΟΣΥΝΗ

Η ΒΑΘΜΟΛΟΓΙΑ ΜΟΥ ΓΙΑ ΣΗΜΕΡΑ

ΚΑΤΙ ΠΟΥ ΘΕΛΩ ΝΑ ΘΥΜΑΜΑΙ ΓΙΑ ΣΗΜΕΡΑ

ΚΑΤΙ ΓΙΑ ΤΟ ΟΠΟΙΟ ΘΑ ΜΠΟΡΟΥΣΑ ΝΑ ΕΙΧΑ ΝΙΩΣΕΙ ΠΕΡΙΣΣΟΤΕΡΗ ΕΥΓΝΩΜΟΣΥΝΗ ΣΗΜΕΡΑ

Η ΠΡΟΘΕΣΗ ΜΟΥ ΓΙΑ ΑΥΡΙΟ

ΗΜΕΡΑ 191

ΗΜΕΡΑ   ΜΗΝΑΣ   ΕΤΟΣ

ΤΡΙΑ ΠΡΑΓΜΑΤΑ ΓΙΑ ΤΑ ΟΠΟΙΑ ΝΙΩΘΩ ΕΥΓΝΩΜΟΣΥΝΗ

ΚΑΤΙ ΠΟΥ ΘΕΛΩ ΝΑ ΘΥΜΑΜΑΙ ΓΙΑ ΣΗΜΕΡΑ

Η ΒΑΘΜΟΛΟΓΙΑ ΜΟΥ ΓΙΑ ΣΗΜΕΡΑ

Η ΠΡΟΘΕΣΗ ΜΟΥ ΓΙΑ ΑΥΡΙΟ

ΚΑΤΙ ΓΙΑ ΤΟ ΟΠΟΙΟ ΘΑ ΜΠΟΡΟΥΣΑ ΝΑ ΕΙΧΑ ΝΙΩΣΕΙ ΠΕΡΙΣΣΟΤΕΡΗ ΕΥΓΝΩΜΟΣΥΝΗ ΣΗΜΕΡΑ

ΗΜΕΡΑ 192

ΗΜΕΡΑ   ΜΗΝΑΣ   ΕΤΟΣ

ΤΡΙΑ ΠΡΑΓΜΑΤΑ ΓΙΑ ΤΑ ΟΠΟΙΑ ΝΙΩΘΩ ΕΥΓΝΩΜΟΣΥΝΗ

Η ΒΑΘΜΟΛΟΓΙΑ ΜΟΥ ΓΙΑ ΣΗΜΕΡΑ

ΚΑΤΙ ΠΟΥ ΘΕΛΩ ΝΑ ΘΥΜΑΜΑΙ ΓΙΑ ΣΗΜΕΡΑ

ΚΑΤΙ ΓΙΑ ΤΟ ΟΠΟΙΟ ΘΑ ΜΠΟΡΟΥΣΑ ΝΑ ΕΙΧΑ ΝΙΩΣΕΙ ΠΕΡΙΣΣΟΤΕΡΗ ΕΥΓΝΩΜΟΣΥΝΗ ΣΗΜΕΡΑ

Η ΠΡΟΘΕΣΗ ΜΟΥ ΓΙΑ ΑΥΡΙΟ

ΗΜΕΡΑ 193

ΗΜΕΡΑ   ΜΗΝΑΣ   ΕΤΟΣ

ΤΡΙΑ ΠΡΑΓΜΑΤΑ ΓΙΑ ΤΑ ΟΠΟΙΑ ΝΙΩΘΩ ΕΥΓΝΩΜΟΣΥΝΗ

ΚΑΤΙ ΠΟΥ ΘΕΛΩ ΝΑ ΘΥΜΑΜΑΙ ΓΙΑ ΣΗΜΕΡΑ

Η ΒΑΘΜΟΛΟΓΙΑ ΜΟΥ ΓΙΑ ΣΗΜΕΡΑ

Η ΠΡΟΘΕΣΗ ΜΟΥ ΓΙΑ ΑΥΡΙΟ

ΚΑΤΙ ΓΙΑ ΤΟ ΟΠΟΙΟ ΘΑ ΜΠΟΡΟΥΣΑ ΝΑ ΕΙΧΑ ΝΙΩΣΕΙ ΠΕΡΙΣΣΟΤΕΡΗ ΕΥΓΝΩΜΟΣΥΝΗ ΣΗΜΕΡΑ

ΗΜΕΡΑ   ΜΗΝΑΣ   ΕΤΟΣ

ΤΡΙΑ ΠΡΑΓΜΑΤΑ ΓΙΑ ΤΑ ΟΠΟΙΑ ΝΙΩΘΩ ΕΥΓΝΩΜΟΣΥΝΗ

Η ΒΑΘΜΟΛΟΓΙΑ ΜΟΥ ΓΙΑ ΣΗΜΕΡΑ

ΚΑΤΙ ΠΟΥ ΘΕΛΩ ΝΑ ΘΥΜΑΜΑΙ ΓΙΑ ΣΗΜΕΡΑ

ΚΑΤΙ ΓΙΑ ΤΟ ΟΠΟΙΟ ΘΑ ΜΠΟΡΟΥΣΑ ΝΑ ΕΙΧΑ ΝΙΩΣΕΙ ΠΕΡΙΣΣΟΤΕΡΗ ΕΥΓΝΩΜΟΣΥΝΗ ΣΗΜΕΡΑ

Η ΠΡΟΘΕΣΗ ΜΟΥ ΓΙΑ ΑΥΡΙΟ

ΗΜΕΡΑ 195

ΗΜΕΡΑ   ΜΗΝΑΣ   ΕΤΟΣ

ΤΡΙΑ ΠΡΑΓΜΑΤΑ ΓΙΑ ΤΑ ΟΠΟΙΑ ΝΙΩΘΩ ΕΥΓΝΩΜΟΣΥΝΗ

ΚΑΤΙ ΠΟΥ ΘΕΛΩ ΝΑ ΘΥΜΑΜΑΙ ΓΙΑ ΣΗΜΕΡΑ

Η ΒΑΘΜΟΛΟΓΙΑ ΜΟΥ ΓΙΑ ΣΗΜΕΡΑ

Η ΠΡΟΘΕΣΗ ΜΟΥ ΓΙΑ ΑΥΡΙΟ

ΚΑΤΙ ΓΙΑ ΤΟ ΟΠΟΙΟ ΘΑ ΜΠΟΡΟΥΣΑ ΝΑ ΕΙΧΑ ΝΙΩΣΕΙ ΠΕΡΙΣΣΟΤΕΡΗ ΕΥΓΝΩΜΟΣΥΝΗ ΣΗΜΕΡΑ

ΗΜΕΡΑ   ΜΗΝΑΣ   ΕΤΟΣ

ΤΡΙΑ ΠΡΑΓΜΑΤΑ ΓΙΑ ΤΑ ΟΠΟΙΑ ΝΙΩΘΩ ΕΥΓΝΩΜΟΣΥΝΗ

Η ΒΑΘΜΟΛΟΓΙΑ ΜΟΥ ΓΙΑ
ΣΗΜΕΡΑ

ΚΑΤΙ ΠΟΥ ΘΕΛΩ ΝΑ ΘΥΜΑΜΑΙ ΓΙΑ ΣΗΜΕΡΑ

ΚΑΤΙ ΓΙΑ ΤΟ ΟΠΟΙΟ ΘΑ ΜΠΟΡΟΥΣΑ ΝΑ ΕΙΧΑ ΝΙΩΣΕΙ ΠΕΡΙΣΣΟΤΕΡΗ
ΕΥΓΝΩΜΟΣΥΝΗ ΣΗΜΕΡΑ

Η ΠΡΟΘΕΣΗ ΜΟΥ ΓΙΑ ΑΥΡΙΟ

# ΗΜΕΡΑ 196

ΟΤΑΝ ΑΡΧΙΣΑ ΝΑ ΜΕΤΡΩ ΤΙΣ ΕΥΛΟΓΙΕΣ ΜΟΥ,
Η ΖΩΗ ΜΟΥ ΠΗΡΕ ΑΛΛΟ ΝΟΗΜΑ.

Willie Nelson

ΚΑΤΙ ΓΙΑ ΤΟ ΟΠΟΙΟ ΘΑ ΜΠΟΡΟΥΣΑ ΝΑ ΕΙΧΑ ΝΙΩΣΕΙ ΠΕΡΙΣΣΟΤΕΡΗ ΕΥΓΝΩΜΟΣΥΝΗ ΤΙΣ ΤΕΛΕΥΤΑΙΕΣ ΤΕΣΣΕΡΙΣ ΕΒΔΟΜΑΔΕΣ

Η ΒΑΘΜΟΛΟΓΙΑ ΜΟΥ ΓΙΑ ΤΙΣ ΠΕΡΑΣΜΕΝΕΣ ΤΕΣΣΕΡΙΣ ΕΒΔΟΜΑΔΕΣ

ΚΑΤΙ ΤΟ ΟΠΟΙΟ ΘΕΛΩ ΝΑ ΘΥΜΑΜΑΙ ΓΙΑ ΤΙΣ ΤΕΛΕΥΤΑΙΕΣ ΤΕΣΣΕΡΙΣ ΕΒΔΟΜΑΔΕΣ

Η ΠΡΟΘΕΣΗ ΜΟΥ ΓΙΑ ΤΙΣ ΕΠΟΜΕΝΕΣ ΤΕΣΣΕΡΙΣ ΕΒΔΟΜΑΔΕΣ

ΚΑΠΟΙΟΝ ΓΙΑ ΤΟΝ ΟΠΟΙΟ ΘΑ ΜΠΟΡΟΥΣΑ ΝΑ ΕΙΧΑ ΝΙΩΣΕΙ ΠΕΡΙΣΣΟΤΕΡΗ ΕΥΓΝΩΜΟΣΥΝΗ ΤΙΣ ΤΕΛΕΥΤΑΙΕΣ ΤΕΣΣΕΡΙΣ ΕΒΔΟΜΑΔΕΣ

ΗΜΕΡΑ   ΜΗΝΑΣ   ΕΤΟΣ

ΤΡΙΑ ΠΡΑΓΜΑΤΑ ΓΙΑ ΤΑ ΟΠΟΙΑ ΝΙΩΘΩ ΕΥΓΝΩΜΟΣΥΝΗ

Η ΒΑΘΜΟΛΟΓΙΑ ΜΟΥ ΓΙΑ ΣΗΜΕΡΑ

ΚΑΤΙ ΠΟΥ ΘΕΛΩ ΝΑ ΘΥΜΑΜΑΙ ΓΙΑ ΣΗΜΕΡΑ

ΚΑΤΙ ΓΙΑ ΤΟ ΟΠΟΙΟ ΘΑ ΜΠΟΡΟΥΣΑ ΝΑ ΕΙΧΑ ΝΙΩΣΕΙ ΠΕΡΙΣΣΟΤΕΡΗ ΕΥΓΝΩΜΟΣΥΝΗ ΣΗΜΕΡΑ

Η ΠΡΟΘΕΣΗ ΜΟΥ ΓΙΑ ΑΥΡΙΟ

ΗΜΕΡΑ 198

ΗΜΕΡΑ   ΜΗΝΑΣ   ΕΤΟΣ

ΤΡΙΑ ΠΡΑΓΜΑΤΑ ΓΙΑ ΤΑ ΟΠΟΙΑ ΝΙΩΘΩ ΕΥΓΝΩΜΟΣΥΝΗ

ΚΑΤΙ ΠΟΥ ΘΕΛΩ ΝΑ ΘΥΜΑΜΑΙ ΓΙΑ ΣΗΜΕΡΑ

Η ΒΑΘΜΟΛΟΓΙΑ ΜΟΥ ΓΙΑ ΣΗΜΕΡΑ

Η ΠΡΟΘΕΣΗ ΜΟΥ ΓΙΑ ΑΥΡΙΟ

ΚΑΤΙ ΓΙΑ ΤΟ ΟΠΟΙΟ ΘΑ ΜΠΟΡΟΥΣΑ ΝΑ ΕΙΧΑ ΝΙΩΣΕΙ ΠΕΡΙΣΣΟΤΕΡΗ ΕΥΓΝΩΜΟΣΥΝΗ ΣΗΜΕΡΑ

ΗΜΕΡΑ 199

<table>
<tr><td>ΗΜΕΡΑ</td><td>ΜΗΝΑΣ</td><td>ΕΤΟΣ</td></tr>
</table>

ΤΡΙΑ ΠΡΑΓΜΑΤΑ ΓΙΑ ΤΑ ΟΠΟΙΑ ΝΙΩΘΩ ΕΥΓΝΩΜΟΣΥΝΗ

Η ΒΑΘΜΟΛΟΓΙΑ ΜΟΥ ΓΙΑ ΣΗΜΕΡΑ

ΚΑΤΙ ΠΟΥ ΘΕΛΩ ΝΑ ΘΥΜΑΜΑΙ ΓΙΑ ΣΗΜΕΡΑ

ΚΑΤΙ ΓΙΑ ΤΟ ΟΠΟΙΟ ΘΑ ΜΠΟΡΟΥΣΑ ΝΑ ΕΙΧΑ ΝΙΩΣΕΙ ΠΕΡΙΣΣΟΤΕΡΗ ΕΥΓΝΩΜΟΣΥΝΗ ΣΗΜΕΡΑ

Η ΠΡΟΘΕΣΗ ΜΟΥ ΓΙΑ ΑΥΡΙΟ

Ημερα 200

Ημερα   Μηνας   Ετος

Τρια πραγματα για τα οποια νιωθω ευγνωμοσυνη

Κατι που θελω να θυμαμαι για σημερα

Η βαθμολογια μου για σημερα

Η προθεση μου για αυριο

Κατι για το οποιο θα μπορουσα να ειχα νιωσει περισσοτερη ευγνωμοσυνη σημερα

ΗΜΕΡΑ 201

ΗΜΕΡΑ   ΜΗΝΑΣ   ΕΤΟΣ

ΤΡΙΑ ΠΡΑΓΜΑΤΑ ΓΙΑ ΤΑ ΟΠΟΙΑ ΝΙΩΘΩ ΕΥΓΝΩΜΟΣΥΝΗ

Η ΒΑΘΜΟΛΟΓΙΑ ΜΟΥ ΓΙΑ ΣΗΜΕΡΑ

ΚΑΤΙ ΠΟΥ ΘΕΛΩ ΝΑ ΘΥΜΑΜΑΙ ΓΙΑ ΣΗΜΕΡΑ

ΚΑΤΙ ΓΙΑ ΤΟ ΟΠΟΙΟ ΘΑ ΜΠΟΡΟΥΣΑ ΝΑ ΕΙΧΑ ΝΙΩΣΕΙ ΠΕΡΙΣΣΟΤΕΡΗ ΕΥΓΝΩΜΟΣΥΝΗ ΣΗΜΕΡΑ

Η ΠΡΟΘΕΣΗ ΜΟΥ ΓΙΑ ΑΥΡΙΟ

Ημερα 202

Τρια πραγματα για τα οποια νιωθω ευγνωμοσυνη

Κατι που θελω να θυμαμαι για σημερα

Η βαθμολογια μου για σημερα

Η προθεση μου για αυριο

Κατι για το οποιο θα μπορουσα να ειχα νιωσει περισσοτερη ευγνωμοσυνη σημερα

ΗΜΕΡΑ 203

ΤΡΙΑ ΠΡΑΓΜΑΤΑ ΓΙΑ ΤΑ ΟΠΟΙΑ ΝΙΩΘΩ ΕΥΓΝΩΜΟΣΥΝΗ

Η ΒΑΘΜΟΛΟΓΙΑ ΜΟΥ ΓΙΑ ΣΗΜΕΡΑ

ΚΑΤΙ ΠΟΥ ΘΕΛΩ ΝΑ ΘΥΜΑΜΑΙ ΓΙΑ ΣΗΜΕΡΑ

ΚΑΤΙ ΓΙΑ ΤΟ ΟΠΟΙΟ ΘΑ ΜΠΟΡΟΥΣΑ ΝΑ ΕΙΧΑ ΝΙΩΣΕΙ ΠΕΡΙΣΣΟΤΕΡΗ ΕΥΓΝΩΜΟΣΥΝΗ ΣΗΜΕΡΑ

Η ΠΡΟΘΕΣΗ ΜΟΥ ΓΙΑ ΑΥΡΙΟ

ΟΤΑΝ ΜΕ ΡΩΤΗΣΑΝ ΑΝ ΤΟ ΠΟΤΗΡΙ ΜΟΥ ΕΙΝΑΙ ΜΙΣΟΑΔΕΙΟ Η ΜΙΣΟΓΕΜΑΤΟ, ΤΟΥΣ ΕΙΠΑ ΠΩΣ ΕΙΜΑΙ ΕΥΓΝΩΜΩΝ ΠΟΥ ΕΧΩ ΠΟΤΗΡΙ.

Sam Lefkowitz

ΚΑΤΙ ΓΙΑ ΤΟ ΟΠΟΙΟ ΘΑ ΜΠΟΡΟΥΣΑ ΝΑ ΕΙΧΑ ΝΙΩΣΕΙ ΠΕΡΙΣΣΟΤΕΡΗ ΕΥΓΝΩΜΟΣΥΝΗ ΑΥΤΗ ΤΗ ΒΔΟΜΑΔΑ

Η ΒΑΘΜΟΛΟΓΙΑ ΜΟΥ ΓΙΑ ΑΥΤΗ ΤΗ ΒΔΟΜΑΔΑ

ΚΑΤΙ ΤΟ ΟΠΟΙΟ ΘΕΛΩ ΝΑ ΘΥΜΑΜΑΙ ΓΙΑ ΑΥΤΗ ΤΗΝ ΕΒΔΟΜΑΔΑ

Η ΠΡΟΘΕΣΗ ΜΟΥ ΓΙΑ ΤΗΝ ΕΠΟΜΕΝΗ ΕΒΔΟΜΑΔΑ

ΚΑΠΟΙΟΝ ΓΙΑ ΤΟΝ ΟΠΟΙΟ ΘΑ ΜΠΟΡΟΥΣΑ ΝΑ ΕΙΧΑ ΝΙΩΣΕΙ ΠΕΡΙΣΣΟΤΕΡΗ ΕΥΓΝΩΜΟΣΥΝΗ ΑΥΤΗΝ ΤΗΝ ΕΒΔΟΜΑΔΑ

ΗΜΕΡΑ   ΜΗΝΑΣ   ΕΤΟΣ

ΤΡΙΑ ΠΡΑΓΜΑΤΑ ΓΙΑ ΤΑ ΟΠΟΙΑ ΝΙΩΘΩ ΕΥΓΝΩΜΟΣΥΝΗ

Η ΒΑΘΜΟΛΟΓΙΑ ΜΟΥ ΓΙΑ ΣΗΜΕΡΑ

ΚΑΤΙ ΠΟΥ ΘΕΛΩ ΝΑ ΘΥΜΑΜΑΙ ΓΙΑ ΣΗΜΕΡΑ

ΚΑΤΙ ΓΙΑ ΤΟ ΟΠΟΙΟ ΘΑ ΜΠΟΡΟΥΣΑ ΝΑ ΕΙΧΑ ΝΙΩΣΕΙ ΠΕΡΙΣΣΟΤΕΡΗ ΕΥΓΝΩΜΟΣΥΝΗ ΣΗΜΕΡΑ

Η ΠΡΟΘΕΣΗ ΜΟΥ ΓΙΑ ΑΥΡΙΟ

ΗΜΕΡΑ 205

ΗΜΕΡΑ   ΜΗΝΑΣ   ΕΤΟΣ

ΤΡΙΑ ΠΡΑΓΜΑΤΑ ΓΙΑ ΤΑ ΟΠΟΙΑ ΝΙΩΘΩ ΕΥΓΝΩΜΟΣΥΝΗ

ΚΑΤΙ ΠΟΥ ΘΕΛΩ ΝΑ ΘΥΜΑΜΑΙ ΓΙΑ ΣΗΜΕΡΑ

Η ΒΑΘΜΟΛΟΓΙΑ ΜΟΥ ΓΙΑ ΣΗΜΕΡΑ

Η ΠΡΟΘΕΣΗ ΜΟΥ ΓΙΑ ΑΥΡΙΟ

ΚΑΤΙ ΓΙΑ ΤΟ ΟΠΟΙΟ ΘΑ ΜΠΟΡΟΥΣΑ ΝΑ ΕΙΧΑ ΝΙΩΣΕΙ ΠΕΡΙΣΣΟΤΕΡΗ ΕΥΓΝΩΜΟΣΥΝΗ ΣΗΜΕΡΑ

ΗΜΕΡΑ 206

ΗΜΕΡΑ   ΜΗΝΑΣ   ΕΤΟΣ

ΤΡΙΑ ΠΡΑΓΜΑΤΑ ΓΙΑ ΤΑ ΟΠΟΙΑ ΝΙΩΘΩ ΕΥΓΝΩΜΟΣΥΝΗ

Η ΒΑΘΜΟΛΟΓΙΑ ΜΟΥ ΓΙΑ
ΣΗΜΕΡΑ

ΚΑΤΙ ΠΟΥ ΘΕΛΩ ΝΑ ΘΥΜΑΜΑΙ ΓΙΑ ΣΗΜΕΡΑ

ΚΑΤΙ ΓΙΑ ΤΟ ΟΠΟΙΟ ΘΑ ΜΠΟΡΟΥΣΑ ΝΑ ΕΙΧΑ ΝΙΩΣΕΙ ΠΕΡΙΣΣΟΤΕΡΗ
ΕΥΓΝΩΜΟΣΥΝΗ ΣΗΜΕΡΑ

Η ΠΡΟΘΕΣΗ ΜΟΥ ΓΙΑ ΑΥΡΙΟ

ΗΜΕΡΑ	ΜΗΝΑΣ	ΕΤΟΣ

ΤΡΙΑ ΠΡΑΓΜΑΤΑ ΓΙΑ ΤΑ ΟΠΟΙΑ ΝΙΩΘΩ ΕΥΓΝΩΜΟΣΥΝΗ

ΚΑΤΙ ΠΟΥ ΘΕΛΩ ΝΑ ΘΥΜΑΜΑΙ ΓΙΑ ΣΗΜΕΡΑ

Η ΒΑΘΜΟΛΟΓΙΑ ΜΟΥ ΓΙΑ ΣΗΜΕΡΑ

Η ΠΡΟΘΕΣΗ ΜΟΥ ΓΙΑ ΑΥΡΙΟ

ΚΑΤΙ ΓΙΑ ΤΟ ΟΠΟΙΟ ΘΑ ΜΠΟΡΟΥΣΑ ΝΑ ΕΙΧΑ ΝΙΩΣΕΙ ΠΕΡΙΣΣΟΤΕΡΗ ΕΥΓΝΩΜΟΣΥΝΗ ΣΗΜΕΡΑ

ΗΜΕΡΑ   ΜΗΝΑΣ   ΕΤΟΣ

ΤΡΙΑ ΠΡΑΓΜΑΤΑ ΓΙΑ ΤΑ ΟΠΟΙΑ ΝΙΩΘΩ ΕΥΓΝΩΜΟΣΥΝΗ

Η ΒΑΘΜΟΛΟΓΙΑ ΜΟΥ ΓΙΑ ΣΗΜΕΡΑ

ΚΑΤΙ ΠΟΥ ΘΕΛΩ ΝΑ ΘΥΜΑΜΑΙ ΓΙΑ ΣΗΜΕΡΑ

ΚΑΤΙ ΓΙΑ ΤΟ ΟΠΟΙΟ ΘΑ ΜΠΟΡΟΥΣΑ ΝΑ ΕΙΧΑ ΝΙΩΣΕΙ ΠΕΡΙΣΣΟΤΕΡΗ ΕΥΓΝΩΜΟΣΥΝΗ ΣΗΜΕΡΑ

Η ΠΡΟΘΕΣΗ ΜΟΥ ΓΙΑ ΑΥΡΙΟ

ΗΜΕΡΑ   ΜΗΝΑΣ   ΕΤΟΣ

ΤΡΙΑ ΠΡΑΓΜΑΤΑ ΓΙΑ ΤΑ ΟΠΟΙΑ ΝΙΩΘΩ ΕΥΓΝΩΜΟΣΥΝΗ

ΚΑΤΙ ΠΟΥ ΘΕΛΩ ΝΑ ΘΥΜΑΜΑΙ ΓΙΑ ΣΗΜΕΡΑ

Η ΒΑΘΜΟΛΟΓΙΑ ΜΟΥ ΓΙΑ ΣΗΜΕΡΑ

Η ΠΡΟΘΕΣΗ ΜΟΥ ΓΙΑ ΑΥΡΙΟ

ΚΑΤΙ ΓΙΑ ΤΟ ΟΠΟΙΟ ΘΑ ΜΠΟΡΟΥΣΑ ΝΑ ΕΙΧΑ ΝΙΩΣΕΙ ΠΕΡΙΣΣΟΤΕΡΗ ΕΥΓΝΩΜΟΣΥΝΗ ΣΗΜΕΡΑ

ΗΜΕΡΑ   ΜΗΝΑΣ   ΕΤΟΣ

ΤΡΙΑ ΠΡΑΓΜΑΤΑ ΓΙΑ ΤΑ ΟΠΟΙΑ ΝΙΩΘΩ ΕΥΓΝΩΜΟΣΥΝΗ

Η ΒΑΘΜΟΛΟΓΙΑ ΜΟΥ ΓΙΑ ΣΗΜΕΡΑ

ΚΑΤΙ ΠΟΥ ΘΕΛΩ ΝΑ ΘΥΜΑΜΑΙ ΓΙΑ ΣΗΜΕΡΑ

ΚΑΤΙ ΓΙΑ ΤΟ ΟΠΟΙΟ ΘΑ ΜΠΟΡΟΥΣΑ ΝΑ ΕΙΧΑ ΝΙΩΣΕΙ ΠΕΡΙΣΣΟΤΕΡΗ ΕΥΓΝΩΜΟΣΥΝΗ ΣΗΜΕΡΑ

Η ΠΡΟΘΕΣΗ ΜΟΥ ΓΙΑ ΑΥΡΙΟ

ΜΟΛΙΣ ΑΡΧΙΣΕΙΣ ΝΑ ΣΥΜΠΕΡΙΦΕΡΕΣΑΙ ΣΑΝ ΝΑ ΕΙΝΑΙ ΕΥΛΟΓΙΑ Η ΖΩΗ ΣΟΥ, ΑΡΧΙΖΕΙΣ ΚΑΙ ΝΑ ΤΟ ΝΙΩΘΕΙΣ.

ΑΝΩΝΥΜΟ

ΚΑΤΙ ΓΙΑ ΤΟ ΟΠΟΙΟ ΘΑ ΜΠΟΡΟΥΣΑ ΝΑ ΕΙΧΑ ΝΙΩΣΕΙ ΠΕΡΙΣΣΟΤΕΡΗ ΕΥΓΝΩΜΟΣΥΝΗ ΑΥΤΗ ΤΗ ΒΔΟΜΑΔΑ

Η ΒΑΘΜΟΛΟΓΙΑ ΜΟΥ ΓΙΑ ΑΥΤΗ ΤΗ ΒΔΟΜΑΔΑ

ΚΑΤΙ ΤΟ ΟΠΟΙΟ ΘΕΛΩ ΝΑ ΘΥΜΑΜΑΙ ΓΙΑ ΑΥΤΗ ΤΗΝ ΕΒΔΟΜΑΔΑ

Η ΠΡΟΘΕΣΗ ΜΟΥ ΓΙΑ ΤΗΝ ΕΠΟΜΕΝΗ ΕΒΔΟΜΑΔΑ

ΚΑΠΟΙΟΝ ΓΙΑ ΤΟΝ ΟΠΟΙΟ ΘΑ ΜΠΟΡΟΥΣΑ ΝΑ ΕΙΧΑ ΝΙΩΣΕΙ ΠΕΡΙΣΣΟΤΕΡΗ ΕΥΓΝΩΜΟΣΥΝΗ ΑΥΤΗΝ ΤΗΝ ΕΒΔΟΜΑΔΑ

Ημερα   Μηνας   Ετος

Τρια πραγματα για τα οποια νιωθω ευγνωμοσυνη

Η βαθμολογια μου για
σημερα

Κατι που θελω να θυμαμαι για σημερα

Κατι για το οποιο θα μπορουσα να ειχα νιωσει περισσοτερη
ευγνωμοσυνη σημερα

Η προθεση μου για αυριο

ΗΜΕΡΑ   ΜΗΝΑΣ   ΕΤΟΣ

ΤΡΙΑ ΠΡΑΓΜΑΤΑ ΓΙΑ ΤΑ ΟΠΟΙΑ ΝΙΩΘΩ ΕΥΓΝΩΜΟΣΥΝΗ

ΚΑΤΙ ΠΟΥ ΘΕΛΩ ΝΑ ΘΥΜΑΜΑΙ ΓΙΑ ΣΗΜΕΡΑ

Η ΒΑΘΜΟΛΟΓΙΑ ΜΟΥ ΓΙΑ ΣΗΜΕΡΑ

Η ΠΡΟΘΕΣΗ ΜΟΥ ΓΙΑ ΑΥΡΙΟ

ΚΑΤΙ ΓΙΑ ΤΟ ΟΠΟΙΟ ΘΑ ΜΠΟΡΟΥΣΑ ΝΑ ΕΙΧΑ ΝΙΩΣΕΙ ΠΕΡΙΣΣΟΤΕΡΗ ΕΥΓΝΩΜΟΣΥΝΗ ΣΗΜΕΡΑ

HMEPA   ΜΗΝΑΣ   ΕΤΟΣ

ΤΡΙΑ ΠΡΑΓΜΑΤΑ ΓΙΑ ΤΑ ΟΠΟΙΑ ΝΙΩΘΩ ΕΥΓΝΩΜΟΣΥΝΗ

Η ΒΑΘΜΟΛΟΓΙΑ ΜΟΥ ΓΙΑ
ΣΗΜΕΡΑ

ΚΑΤΙ ΠΟΥ ΘΕΛΩ ΝΑ ΘΥΜΑΜΑΙ ΓΙΑ ΣΗΜΕΡΑ

ΚΑΤΙ ΓΙΑ ΤΟ ΟΠΟΙΟ ΘΑ ΜΠΟΡΟΥΣΑ ΝΑ ΕΙΧΑ ΝΙΩΣΕΙ ΠΕΡΙΣΣΟΤΕΡΗ
ΕΥΓΝΩΜΟΣΥΝΗ ΣΗΜΕΡΑ

Η ΠΡΟΘΕΣΗ ΜΟΥ ΓΙΑ ΑΥΡΙΟ

ΗΜΕΡΑ   ΜΗΝΑΣ   ΕΤΟΣ

ΤΡΙΑ ΠΡΑΓΜΑΤΑ ΓΙΑ ΤΑ ΟΠΟΙΑ ΝΙΩΘΩ ΕΥΓΝΩΜΟΣΥΝΗ

ΚΑΤΙ ΠΟΥ ΘΕΛΩ ΝΑ ΘΥΜΑΜΑΙ ΓΙΑ ΣΗΜΕΡΑ

Η ΒΑΘΜΟΛΟΓΙΑ ΜΟΥ ΓΙΑ ΣΗΜΕΡΑ

Η ΠΡΟΘΕΣΗ ΜΟΥ ΓΙΑ ΑΥΡΙΟ

ΚΑΤΙ ΓΙΑ ΤΟ ΟΠΟΙΟ ΘΑ ΜΠΟΡΟΥΣΑ ΝΑ ΕΙΧΑ ΝΙΩΣΕΙ ΠΕΡΙΣΣΟΤΕΡΗ ΕΥΓΝΩΜΟΣΥΝΗ ΣΗΜΕΡΑ

ΗΜΕΡΑ   ΜΗΝΑΣ   ΕΤΟΣ

ΤΡΙΑ ΠΡΑΓΜΑΤΑ ΓΙΑ ΤΑ ΟΠΟΙΑ ΝΙΩΘΩ ΕΥΓΝΩΜΟΣΥΝΗ

Η ΒΑΘΜΟΛΟΓΙΑ ΜΟΥ ΓΙΑ   ΚΑΤΙ ΠΟΥ ΘΕΛΩ ΝΑ ΘΥΜΑΜΑΙ ΓΙΑ ΣΗΜΕΡΑ
ΣΗΜΕΡΑ

ΚΑΤΙ ΓΙΑ ΤΟ ΟΠΟΙΟ ΘΑ ΜΠΟΡΟΥΣΑ ΝΑ ΕΙΧΑ ΝΙΩΣΕΙ ΠΕΡΙΣΣΟΤΕΡΗ   Η ΠΡΟΘΕΣΗ ΜΟΥ ΓΙΑ ΑΥΡΙΟ
ΕΥΓΝΩΜΟΣΥΝΗ ΣΗΜΕΡΑ

ΗΜΕΡΑ   ΜΗΝΑΣ   ΕΤΟΣ

ΤΡΙΑ ΠΡΑΓΜΑΤΑ ΓΙΑ ΤΑ ΟΠΟΙΑ ΝΙΩΘΩ ΕΥΓΝΩΜΟΣΥΝΗ

ΚΑΤΙ ΠΟΥ ΘΕΛΩ ΝΑ ΘΥΜΑΜΑΙ ΓΙΑ ΣΗΜΕΡΑ

Η ΒΑΘΜΟΛΟΓΙΑ ΜΟΥ ΓΙΑ ΣΗΜΕΡΑ

Η ΠΡΟΘΕΣΗ ΜΟΥ ΓΙΑ ΑΥΡΙΟ

ΚΑΤΙ ΓΙΑ ΤΟ ΟΠΟΙΟ ΘΑ ΜΠΟΡΟΥΣΑ ΝΑ ΕΙΧΑ ΝΙΩΣΕΙ ΠΕΡΙΣΣΟΤΕΡΗ ΕΥΓΝΩΜΟΣΥΝΗ ΣΗΜΕΡΑ

ΗΜΕΡΑ   ΜΗΝΑΣ   ΕΤΟΣ

ΤΡΙΑ ΠΡΑΓΜΑΤΑ ΓΙΑ ΤΑ ΟΠΟΙΑ ΝΙΩΘΩ ΕΥΓΝΩΜΟΣΥΝΗ

Η ΒΑΘΜΟΛΟΓΙΑ ΜΟΥ ΓΙΑ ΣΗΜΕΡΑ   ΚΑΤΙ ΠΟΥ ΘΕΛΩ ΝΑ ΘΥΜΑΜΑΙ ΓΙΑ ΣΗΜΕΡΑ

ΚΑΤΙ ΓΙΑ ΤΟ ΟΠΟΙΟ ΘΑ ΜΠΟΡΟΥΣΑ ΝΑ ΕΙΧΑ ΝΙΩΣΕΙ ΠΕΡΙΣΣΟΤΕΡΗ ΕΥΓΝΩΜΟΣΥΝΗ ΣΗΜΕΡΑ   Η ΠΡΟΘΕΣΗ ΜΟΥ ΓΙΑ ΑΥΡΙΟ

ΕΥΤΥΧΊΑ ΕΊΝΑΙ ΤΟ ΝΑ ΑΠΟΔΕΣΜΕΎΕΣΑΙ ΑΠΌ ΑΥΤΌ ΠΟΥ ΝΟΜΊΖΕΙΣ ΌΤΙ Η ΖΩΉ ΣΟΥ
ΘΑ ΈΠΡΕΠΕ ΝΑ ΕΊΝΑΙ ΚΑΙ ΤΟ ΝΑ ΤΗΝ ΑΠΟΛΑΜΒΆΝΕΙΣ ΓΙΑ ΌΛΑ ΌΣΑ ΠΡΑΓΜΑΤΙΚΆ ΕΊΝΑΙ.

MANDY HALE

ΚΑΤΙ ΓΙΑ ΤΟ ΟΠΟΙΟ ΘΑ ΜΠΟΡΟΥΣΑ ΝΑ ΕΙΧΑ ΝΙΩΣΕΙ ΠΕΡΙΣΣΟΤΕΡΗ
ΕΥΓΝΩΜΟΣΥΝΗ ΑΥΤΗ ΤΗ ΒΔΟΜΑΔΑ

Η ΒΑΘΜΟΛΟΓΙΑ ΜΟΥ ΓΙΑ ΑΥΤΗ
ΤΗ ΒΔΟΜΑΔΑ

ΚΑΤΙ ΤΟ ΟΠΟΙΟ ΘΕΛΩ ΝΑ ΘΥΜΑΜΑΙ ΓΙΑ ΑΥΤΗ ΤΗΝ ΕΒΔΟΜΑΔΑ

Η ΠΡΟΘΕΣΗ ΜΟΥ ΓΙΑ ΤΗΝ
ΕΠΟΜΕΝΗ ΕΒΔΟΜΑΔΑ

ΚΑΠΟΙΟΝ ΓΙΑ ΤΟΝ ΟΠΟΙΟ ΘΑ ΜΠΟΡΟΥΣΑ ΝΑ ΕΙΧΑ ΝΙΩΣΕΙ
ΠΕΡΙΣΣΟΤΕΡΗ ΕΥΓΝΩΜΟΣΥΝΗ ΑΥΤΗΝ ΤΗΝ ΕΒΔΟΜΑΔΑ

ΗΜΕΡΑ 218

ΗΜΕΡΑ   ΜΗΝΑΣ   ΕΤΟΣ

ΤΡΙΑ ΠΡΑΓΜΑΤΑ ΓΙΑ ΤΑ ΟΠΟΙΑ ΝΙΩΘΩ ΕΥΓΝΩΜΟΣΥΝΗ

Η ΒΑΘΜΟΛΟΓΙΑ ΜΟΥ ΓΙΑ ΣΗΜΕΡΑ

ΚΑΤΙ ΠΟΥ ΘΕΛΩ ΝΑ ΘΥΜΑΜΑΙ ΓΙΑ ΣΗΜΕΡΑ

ΚΑΤΙ ΓΙΑ ΤΟ ΟΠΟΙΟ ΘΑ ΜΠΟΡΟΥΣΑ ΝΑ ΕΙΧΑ ΝΙΩΣΕΙ ΠΕΡΙΣΣΟΤΕΡΗ ΕΥΓΝΩΜΟΣΥΝΗ ΣΗΜΕΡΑ

Η ΠΡΟΘΕΣΗ ΜΟΥ ΓΙΑ ΑΥΡΙΟ

ΗΜΕΡΑ   ΜΗΝΑΣ   ΕΤΟΣ

ΤΡΙΑ ΠΡΑΓΜΑΤΑ ΓΙΑ ΤΑ ΟΠΟΙΑ ΝΙΩΘΩ ΕΥΓΝΩΜΟΣΥΝΗ

ΚΑΤΙ ΠΟΥ ΘΕΛΩ ΝΑ ΘΥΜΑΜΑΙ ΓΙΑ ΣΗΜΕΡΑ

Η ΒΑΘΜΟΛΟΓΙΑ ΜΟΥ ΓΙΑ ΣΗΜΕΡΑ

Η ΠΡΟΘΕΣΗ ΜΟΥ ΓΙΑ ΑΥΡΙΟ

ΚΑΤΙ ΓΙΑ ΤΟ ΟΠΟΙΟ ΘΑ ΜΠΟΡΟΥΣΑ ΝΑ ΕΙΧΑ ΝΙΩΣΕΙ ΠΕΡΙΣΣΟΤΕΡΗ ΕΥΓΝΩΜΟΣΥΝΗ ΣΗΜΕΡΑ

ΗΜΕΡΑ 220

ΗΜΕΡΑ   ΜΗΝΑΣ   ΕΤΟΣ

ΤΡΙΑ ΠΡΑΓΜΑΤΑ ΓΙΑ ΤΑ ΟΠΟΙΑ ΝΙΩΘΩ ΕΥΓΝΩΜΟΣΥΝΗ

Η ΒΑΘΜΟΛΟΓΙΑ ΜΟΥ ΓΙΑ ΣΗΜΕΡΑ

ΚΑΤΙ ΠΟΥ ΘΕΛΩ ΝΑ ΘΥΜΑΜΑΙ ΓΙΑ ΣΗΜΕΡΑ

ΚΑΤΙ ΓΙΑ ΤΟ ΟΠΟΙΟ ΘΑ ΜΠΟΡΟΥΣΑ ΝΑ ΕΙΧΑ ΝΙΩΣΕΙ ΠΕΡΙΣΣΟΤΕΡΗ ΕΥΓΝΩΜΟΣΥΝΗ ΣΗΜΕΡΑ

Η ΠΡΟΘΕΣΗ ΜΟΥ ΓΙΑ ΑΥΡΙΟ

ΗΜΕΡΑ	ΜΗΝΑΣ	ΕΤΟΣ

ΤΡΙΑ ΠΡΑΓΜΑΤΑ ΓΙΑ ΤΑ ΟΠΟΙΑ ΝΙΩΘΩ ΕΥΓΝΩΜΟΣΥΝΗ

ΚΑΤΙ ΠΟΥ ΘΕΛΩ ΝΑ ΘΥΜΑΜΑΙ ΓΙΑ ΣΗΜΕΡΑ

Η ΒΑΘΜΟΛΟΓΙΑ ΜΟΥ ΓΙΑ ΣΗΜΕΡΑ

Η ΠΡΟΘΕΣΗ ΜΟΥ ΓΙΑ ΑΥΡΙΟ

ΚΑΤΙ ΓΙΑ ΤΟ ΟΠΟΙΟ ΘΑ ΜΠΟΡΟΥΣΑ ΝΑ ΕΙΧΑ ΝΙΩΣΕΙ ΠΕΡΙΣΣΟΤΕΡΗ ΕΥΓΝΩΜΟΣΥΝΗ ΣΗΜΕΡΑ

ΗΜΕΡΑ 222

ΗΜΕΡΑ   ΜΗΝΑΣ   ΕΤΟΣ

ΤΡΙΑ ΠΡΑΓΜΑΤΑ ΓΙΑ ΤΑ ΟΠΟΙΑ ΝΙΩΘΩ ΕΥΓΝΩΜΟΣΥΝΗ

Η ΒΑΘΜΟΛΟΓΙΑ ΜΟΥ ΓΙΑ
ΣΗΜΕΡΑ

ΚΑΤΙ ΠΟΥ ΘΕΛΩ ΝΑ ΘΥΜΑΜΑΙ ΓΙΑ ΣΗΜΕΡΑ

ΚΑΤΙ ΓΙΑ ΤΟ ΟΠΟΙΟ ΘΑ ΜΠΟΡΟΥΣΑ ΝΑ ΕΙΧΑ ΝΙΩΣΕΙ ΠΕΡΙΣΣΟΤΕΡΗ
ΕΥΓΝΩΜΟΣΥΝΗ ΣΗΜΕΡΑ

Η ΠΡΟΘΕΣΗ ΜΟΥ ΓΙΑ ΑΥΡΙΟ

ΗΜΕΡΑ   ΜΗΝΑΣ   ΕΤΟΣ

ΤΡΙΑ ΠΡΑΓΜΑΤΑ ΓΙΑ ΤΑ ΟΠΟΙΑ ΝΙΩΘΩ ΕΥΓΝΩΜΟΣΥΝΗ

ΚΑΤΙ ΠΟΥ ΘΕΛΩ ΝΑ ΘΥΜΑΜΑΙ ΓΙΑ ΣΗΜΕΡΑ

Η ΒΑΘΜΟΛΟΓΙΑ ΜΟΥ ΓΙΑ ΣΗΜΕΡΑ

Η ΠΡΟΘΕΣΗ ΜΟΥ ΓΙΑ ΑΥΡΙΟ

ΚΑΤΙ ΓΙΑ ΤΟ ΟΠΟΙΟ ΘΑ ΜΠΟΡΟΥΣΑ ΝΑ ΕΙΧΑ ΝΙΩΣΕΙ ΠΕΡΙΣΣΟΤΕΡΗ ΕΥΓΝΩΜΟΣΥΝΗ ΣΗΜΕΡΑ

ΗΜΕΡΑ   ΜΗΝΑΣ   ΕΤΟΣ

ΤΡΙΑ ΠΡΑΓΜΑΤΑ ΓΙΑ ΤΑ ΟΠΟΙΑ ΝΙΩΘΩ ΕΥΓΝΩΜΟΣΥΝΗ

Η ΒΑΘΜΟΛΟΓΙΑ ΜΟΥ ΓΙΑ ΣΗΜΕΡΑ

ΚΑΤΙ ΠΟΥ ΘΕΛΩ ΝΑ ΘΥΜΑΜΑΙ ΓΙΑ ΣΗΜΕΡΑ

ΚΑΤΙ ΓΙΑ ΤΟ ΟΠΟΙΟ ΘΑ ΜΠΟΡΟΥΣΑ ΝΑ ΕΙΧΑ ΝΙΩΣΕΙ ΠΕΡΙΣΣΟΤΕΡΗ ΕΥΓΝΩΜΟΣΥΝΗ ΣΗΜΕΡΑ

Η ΠΡΟΘΕΣΗ ΜΟΥ ΓΙΑ ΑΥΡΙΟ

ΗΜΕΡΑ 224

ΕΧΩ ΠΑΡΑΤΗΡΗΣΕΙ ΟΤΙ ΤΟ ΣΥΜΠΑΝ ΑΓΑΠΑ ΤΗΝ ΕΥΓΝΩΜΟΣΥΝΗ. ΟΣΟ ΠΙΟ ΕΥΓΝΩΜΩΝ ΕΙΣΑΙ ΤΟΣΑ ΠΙΟ ΠΟΛΛΑ ΑΓΑΘΑ ΠΑΙΡΝΕΙΣ. ΟΤΑΝ ΛΕΩ 'ΑΓΑΘΑ' ΔΕΝ ΕΝΝΟΩ ΜΟΝΟ ΥΛΙΚΑ ΠΡΑΓΜΑΤΑ. ΕΝΝΟΩ ΤΟΥΣ ΑΝΘΡΩΠΟΥΣ, ΤΑ ΜΕΡΗ ΚΑΙ ΤΙΣ ΕΜΠΕΙΡΙΕΣ ΠΟΥ ΚΑΝΟΥΝ ΤΗ ΖΩΗ ΤΟΣΟ ΥΠΕΡΟΧΗ ΠΟΥ ΑΞΙΖΕΙ ΝΑ ΤΗ ΖΕΙΣ.

LOUISE HAY

ΚΑΤΙ ΓΙΑ ΤΟ ΟΠΟΙΟ ΘΑ ΜΠΟΡΟΥΣΑ ΝΑ ΕΙΧΑ ΝΙΩΣΕΙ ΠΕΡΙΣΣΟΤΕΡΗ ΕΥΓΝΩΜΟΣΥΝΗ ΤΙΣ ΤΕΛΕΥΤΑΙΕΣ ΤΕΣΣΕΡΙΣ ΕΒΔΟΜΑΔΕΣ

Η ΒΑΘΜΟΛΟΓΙΑ ΜΟΥ ΓΙΑ ΤΙΣ ΠΕΡΑΣΜΕΝΕΣ ΤΕΣΣΕΡΙΣ ΕΒΔΟΜΑΔΕΣ

ΚΑΤΙ ΤΟ ΟΠΟΙΟ ΘΕΛΩ ΝΑ ΘΥΜΑΜΑΙ ΓΙΑ ΤΙΣ ΤΕΛΕΥΤΑΙΕΣ ΤΕΣΣΕΡΙΣ ΕΒΔΟΜΑΔΕΣ

Η ΠΡΟΘΕΣΗ ΜΟΥ ΓΙΑ ΤΙΣ ΕΠΟΜΕΝΕΣ ΤΕΣΣΕΡΙΣ ΕΒΔΟΜΑΔΕΣ

ΚΑΠΟΙΟΝ ΓΙΑ ΤΟΝ ΟΠΟΙΟ ΘΑ ΜΠΟΡΟΥΣΑ ΝΑ ΕΙΧΑ ΝΙΩΣΕΙ ΠΕΡΙΣΣΟΤΕΡΗ ΕΥΓΝΩΜΟΣΥΝΗ ΤΙΣ ΤΕΛΕΥΤΑΙΕΣ ΤΕΣΣΕΡΙΣ ΕΒΔΟΜΑΔΕΣ

ΗΜΕΡΑ   ΜΗΝΑΣ   ΕΤΟΣ

ΤΡΙΑ ΠΡΑΓΜΑΤΑ ΓΙΑ ΤΑ ΟΠΟΙΑ ΝΙΩΘΩ ΕΥΓΝΩΜΟΣΥΝΗ

Η ΒΑΘΜΟΛΟΓΙΑ ΜΟΥ ΓΙΑ
ΣΗΜΕΡΑ

ΚΑΤΙ ΠΟΥ ΘΕΛΩ ΝΑ ΘΥΜΑΜΑΙ ΓΙΑ ΣΗΜΕΡΑ

ΚΑΤΙ ΓΙΑ ΤΟ ΟΠΟΙΟ ΘΑ ΜΠΟΡΟΥΣΑ ΝΑ ΕΙΧΑ ΝΙΩΣΕΙ ΠΕΡΙΣΣΟΤΕΡΗ
ΕΥΓΝΩΜΟΣΥΝΗ ΣΗΜΕΡΑ

Η ΠΡΟΘΕΣΗ ΜΟΥ ΓΙΑ ΑΥΡΙΟ

ΗΜΕΡΑ 226

ΗΜΕΡΑ   ΜΗΝΑΣ   ΕΤΟΣ

ΤΡΙΑ ΠΡΑΓΜΑΤΑ ΓΙΑ ΤΑ ΟΠΟΙΑ ΝΙΩΘΩ ΕΥΓΝΩΜΟΣΥΝΗ

ΚΑΤΙ ΠΟΥ ΘΕΛΩ ΝΑ ΘΥΜΑΜΑΙ ΓΙΑ ΣΗΜΕΡΑ

Η ΒΑΘΜΟΛΟΓΙΑ ΜΟΥ ΓΙΑ ΣΗΜΕΡΑ

Η ΠΡΟΘΕΣΗ ΜΟΥ ΓΙΑ ΑΥΡΙΟ

ΚΑΤΙ ΓΙΑ ΤΟ ΟΠΟΙΟ ΘΑ ΜΠΟΡΟΥΣΑ ΝΑ ΕΙΧΑ ΝΙΩΣΕΙ ΠΕΡΙΣΣΟΤΕΡΗ ΕΥΓΝΩΜΟΣΥΝΗ ΣΗΜΕΡΑ

ΗΜΕΡΑ 227

ΗΜΕΡΑ   ΜΗΝΑΣ   ΕΤΟΣ

ΤΡΙΑ ΠΡΑΓΜΑΤΑ ΓΙΑ ΤΑ ΟΠΟΙΑ ΝΙΩΘΩ ΕΥΓΝΩΜΟΣΥΝΗ

Η ΒΑΘΜΟΛΟΓΙΑ ΜΟΥ ΓΙΑ ΣΗΜΕΡΑ

ΚΑΤΙ ΠΟΥ ΘΕΛΩ ΝΑ ΘΥΜΑΜΑΙ ΓΙΑ ΣΗΜΕΡΑ

ΚΑΤΙ ΓΙΑ ΤΟ ΟΠΟΙΟ ΘΑ ΜΠΟΡΟΥΣΑ ΝΑ ΕΙΧΑ ΝΙΩΣΕΙ ΠΕΡΙΣΣΟΤΕΡΗ ΕΥΓΝΩΜΟΣΥΝΗ ΣΗΜΕΡΑ

Η ΠΡΟΘΕΣΗ ΜΟΥ ΓΙΑ ΑΥΡΙΟ

ΗΜΕΡΑ   ΜΗΝΑΣ   ΕΤΟΣ

ΤΡΙΑ ΠΡΑΓΜΑΤΑ ΓΙΑ ΤΑ ΟΠΟΙΑ ΝΙΩΘΩ ΕΥΓΝΩΜΟΣΥΝΗ

ΚΑΤΙ ΠΟΥ ΘΕΛΩ ΝΑ ΘΥΜΑΜΑΙ ΓΙΑ ΣΗΜΕΡΑ

Η ΒΑΘΜΟΛΟΓΙΑ ΜΟΥ ΓΙΑ ΣΗΜΕΡΑ

Η ΠΡΟΘΕΣΗ ΜΟΥ ΓΙΑ ΑΥΡΙΟ

ΚΑΤΙ ΓΙΑ ΤΟ ΟΠΟΙΟ ΘΑ ΜΠΟΡΟΥΣΑ ΝΑ ΕΙΧΑ ΝΙΩΣΕΙ ΠΕΡΙΣΣΟΤΕΡΗ ΕΥΓΝΩΜΟΣΥΝΗ ΣΗΜΕΡΑ

ΗΜΕΡΑ   ΜΗΝΑΣ   ΕΤΟΣ

ΤΡΙΑ ΠΡΑΓΜΑΤΑ ΓΙΑ ΤΑ ΟΠΟΙΑ ΝΙΩΘΩ ΕΥΓΝΩΜΟΣΥΝΗ

Η ΒΑΘΜΟΛΟΓΙΑ ΜΟΥ ΓΙΑ ΣΗΜΕΡΑ

ΚΑΤΙ ΠΟΥ ΘΕΛΩ ΝΑ ΘΥΜΑΜΑΙ ΓΙΑ ΣΗΜΕΡΑ

ΚΑΤΙ ΓΙΑ ΤΟ ΟΠΟΙΟ ΘΑ ΜΠΟΡΟΥΣΑ ΝΑ ΕΙΧΑ ΝΙΩΣΕΙ ΠΕΡΙΣΣΟΤΕΡΗ ΕΥΓΝΩΜΟΣΥΝΗ ΣΗΜΕΡΑ

Η ΠΡΟΘΕΣΗ ΜΟΥ ΓΙΑ ΑΥΡΙΟ

ΗΜΕΡΑ 230

ΗΜΕΡΑ   ΜΗΝΑΣ   ΕΤΟΣ

ΤΡΙΑ ΠΡΑΓΜΑΤΑ ΓΙΑ ΤΑ ΟΠΟΙΑ ΝΙΩΘΩ ΕΥΓΝΩΜΟΣΥΝΗ

ΚΑΤΙ ΠΟΥ ΘΕΛΩ ΝΑ ΘΥΜΑΜΑΙ ΓΙΑ ΣΗΜΕΡΑ

Η ΒΑΘΜΟΛΟΓΙΑ ΜΟΥ ΓΙΑ ΣΗΜΕΡΑ

Η ΠΡΟΘΕΣΗ ΜΟΥ ΓΙΑ ΑΥΡΙΟ

ΚΑΤΙ ΓΙΑ ΤΟ ΟΠΟΙΟ ΘΑ ΜΠΟΡΟΥΣΑ ΝΑ ΕΙΧΑ ΝΙΩΣΕΙ ΠΕΡΙΣΣΟΤΕΡΗ ΕΥΓΝΩΜΟΣΥΝΗ ΣΗΜΕΡΑ

ΗΜΕΡΑ 231

ΗΜΕΡΑ   ΜΗΝΑΣ   ΕΤΟΣ

ΤΡΙΑ ΠΡΑΓΜΑΤΑ ΓΙΑ ΤΑ ΟΠΟΙΑ ΝΙΩΘΩ ΕΥΓΝΩΜΟΣΥΝΗ

Η ΒΑΘΜΟΛΟΓΙΑ ΜΟΥ ΓΙΑ ΣΗΜΕΡΑ

ΚΑΤΙ ΠΟΥ ΘΕΛΩ ΝΑ ΘΥΜΑΜΑΙ ΓΙΑ ΣΗΜΕΡΑ

ΚΑΤΙ ΓΙΑ ΤΟ ΟΠΟΙΟ ΘΑ ΜΠΟΡΟΥΣΑ ΝΑ ΕΙΧΑ ΝΙΩΣΕΙ ΠΕΡΙΣΣΟΤΕΡΗ ΕΥΓΝΩΜΟΣΥΝΗ ΣΗΜΕΡΑ

Η ΠΡΟΘΕΣΗ ΜΟΥ ΓΙΑ ΑΥΡΙΟ

ΕΒΔ 33

ΑΝ ΔΕΝ ΕΙΣΑΙ ΕΥΓΝΩΜΩΝ ΓΙΑ ΑΥΤΑ ΠΟΥ ΗΔΗ ΕΧΕΙΣ, ΤΙ ΣΕ ΚΑΝΕΙ ΝΑ ΠΙΣΤΕΥΕΙΣ ΟΤΙ ΘΑ ΗΣΟΥΝ ΕΥΤΥΧΗΣ ΜΕ ΠΕΡΙΣΣΟΤΕΡΑ?

ROY T. BENNETT

ΚΑΤΙ ΓΙΑ ΤΟ ΟΠΟΙΟ ΘΑ ΜΠΟΡΟΥΣΑ ΝΑ ΕΙΧΑ ΝΙΩΣΕΙ ΠΕΡΙΣΣΟΤΕΡΗ ΕΥΓΝΩΜΟΣΥΝΗ ΑΥΤΗ ΤΗ ΒΔΟΜΑΔΑ

Η ΒΑΘΜΟΛΟΓΙΑ ΜΟΥ ΓΙΑ ΑΥΤΗ ΤΗ ΒΔΟΜΑΔΑ

ΚΑΤΙ ΤΟ ΟΠΟΙΟ ΘΕΛΩ ΝΑ ΘΥΜΑΜΑΙ ΓΙΑ ΑΥΤΗ ΤΗΝ ΕΒΔΟΜΑΔΑ

Η ΠΡΟΘΕΣΗ ΜΟΥ ΓΙΑ ΤΗΝ ΕΠΟΜΕΝΗ ΕΒΔΟΜΑΔΑ

ΚΑΠΟΙΟΝ ΓΙΑ ΤΟΝ ΟΠΟΙΟ ΘΑ ΜΠΟΡΟΥΣΑ ΝΑ ΕΙΧΑ ΝΙΩΣΕΙ ΠΕΡΙΣΣΟΤΕΡΗ ΕΥΓΝΩΜΟΣΥΝΗ ΑΥΤΗΝ ΤΗΝ ΕΒΔΟΜΑΔΑ

ΗΜΕΡΑ   ΜΗΝΑΣ   ΕΤΟΣ

ΤΡΙΑ ΠΡΑΓΜΑΤΑ ΓΙΑ ΤΑ ΟΠΟΙΑ ΝΙΩΘΩ ΕΥΓΝΩΜΟΣΥΝΗ

Η ΒΑΘΜΟΛΟΓΙΑ ΜΟΥ ΓΙΑ
ΣΗΜΕΡΑ

ΚΑΤΙ ΠΟΥ ΘΕΛΩ ΝΑ ΘΥΜΑΜΑΙ ΓΙΑ ΣΗΜΕΡΑ

ΚΑΤΙ ΓΙΑ ΤΟ ΟΠΟΙΟ ΘΑ ΜΠΟΡΟΥΣΑ ΝΑ ΕΙΧΑ ΝΙΩΣΕΙ ΠΕΡΙΣΣΟΤΕΡΗ
ΕΥΓΝΩΜΟΣΥΝΗ ΣΗΜΕΡΑ

Η ΠΡΟΘΕΣΗ ΜΟΥ ΓΙΑ ΑΥΡΙΟ

ΗΜΕΡΑ   ΜΗΝΑΣ   ΕΤΟΣ

ΤΡΙΑ ΠΡΑΓΜΑΤΑ ΓΙΑ ΤΑ ΟΠΟΙΑ ΝΙΩΘΩ ΕΥΓΝΩΜΟΣΥΝΗ

ΚΑΤΙ ΠΟΥ ΘΕΛΩ ΝΑ ΘΥΜΑΜΑΙ ΓΙΑ ΣΗΜΕΡΑ

Η ΒΑΘΜΟΛΟΓΙΑ ΜΟΥ ΓΙΑ ΣΗΜΕΡΑ

Η ΠΡΟΘΕΣΗ ΜΟΥ ΓΙΑ ΑΥΡΙΟ

ΚΑΤΙ ΓΙΑ ΤΟ ΟΠΟΙΟ ΘΑ ΜΠΟΡΟΥΣΑ ΝΑ ΕΙΧΑ ΝΙΩΣΕΙ ΠΕΡΙΣΣΟΤΕΡΗ ΕΥΓΝΩΜΟΣΥΝΗ ΣΗΜΕΡΑ

ΗΜΕΡΑ   ΜΗΝΑΣ   ΕΤΟΣ

ΤΡΙΑ ΠΡΑΓΜΑΤΑ ΓΙΑ ΤΑ ΟΠΟΙΑ ΝΙΩΘΩ ΕΥΓΝΩΜΟΣΥΝΗ

Η ΒΑΘΜΟΛΟΓΙΑ ΜΟΥ ΓΙΑ ΣΗΜΕΡΑ

ΚΑΤΙ ΠΟΥ ΘΕΛΩ ΝΑ ΘΥΜΑΜΑΙ ΓΙΑ ΣΗΜΕΡΑ

ΚΑΤΙ ΓΙΑ ΤΟ ΟΠΟΙΟ ΘΑ ΜΠΟΡΟΥΣΑ ΝΑ ΕΙΧΑ ΝΙΩΣΕΙ ΠΕΡΙΣΣΟΤΕΡΗ ΕΥΓΝΩΜΟΣΥΝΗ ΣΗΜΕΡΑ

Η ΠΡΟΘΕΣΗ ΜΟΥ ΓΙΑ ΑΥΡΙΟ

ΗΜΕΡΑ 235

ΗΜΕΡΑ   ΜΗΝΑΣ   ΕΤΟΣ

ΤΡΙΑ ΠΡΑΓΜΑΤΑ ΓΙΑ ΤΑ ΟΠΟΙΑ ΝΙΩΘΩ ΕΥΓΝΩΜΟΣΥΝΗ

ΚΑΤΙ ΠΟΥ ΘΕΛΩ ΝΑ ΘΥΜΑΜΑΙ ΓΙΑ ΣΗΜΕΡΑ

Η ΒΑΘΜΟΛΟΓΙΑ ΜΟΥ ΓΙΑ ΣΗΜΕΡΑ

Η ΠΡΟΘΕΣΗ ΜΟΥ ΓΙΑ ΑΥΡΙΟ

ΚΑΤΙ ΓΙΑ ΤΟ ΟΠΟΙΟ ΘΑ ΜΠΟΡΟΥΣΑ ΝΑ ΕΙΧΑ ΝΙΩΣΕΙ ΠΕΡΙΣΣΟΤΕΡΗ ΕΥΓΝΩΜΟΣΥΝΗ ΣΗΜΕΡΑ

ΗΜΕΡΑ 236

ΗΜΕΡΑ   ΜΗΝΑΣ   ΕΤΟΣ

ΤΡΙΑ ΠΡΑΓΜΑΤΑ ΓΙΑ ΤΑ ΟΠΟΙΑ ΝΙΩΘΩ ΕΥΓΝΩΜΟΣΥΝΗ

Η ΒΑΘΜΟΛΟΓΙΑ ΜΟΥ ΓΙΑ
ΣΗΜΕΡΑ

ΚΑΤΙ ΠΟΥ ΘΕΛΩ ΝΑ ΘΥΜΑΜΑΙ ΓΙΑ ΣΗΜΕΡΑ

ΚΑΤΙ ΓΙΑ ΤΟ ΟΠΟΙΟ ΘΑ ΜΠΟΡΟΥΣΑ ΝΑ ΕΙΧΑ ΝΙΩΣΕΙ ΠΕΡΙΣΣΟΤΕΡΗ
ΕΥΓΝΩΜΟΣΥΝΗ ΣΗΜΕΡΑ

Η ΠΡΟΘΕΣΗ ΜΟΥ ΓΙΑ ΑΥΡΙΟ

ΗΜΕΡΑ   ΜΗΝΑΣ   ΕΤΟΣ

ΤΡΙΑ ΠΡΑΓΜΑΤΑ ΓΙΑ ΤΑ ΟΠΟΙΑ ΝΙΩΘΩ ΕΥΓΝΩΜΟΣΥΝΗ

ΚΑΤΙ ΠΟΥ ΘΕΛΩ ΝΑ ΘΥΜΑΜΑΙ ΓΙΑ ΣΗΜΕΡΑ

Η ΒΑΘΜΟΛΟΓΙΑ ΜΟΥ ΓΙΑ ΣΗΜΕΡΑ

Η ΠΡΟΘΕΣΗ ΜΟΥ ΓΙΑ ΑΥΡΙΟ

ΚΑΤΙ ΓΙΑ ΤΟ ΟΠΟΙΟ ΘΑ ΜΠΟΡΟΥΣΑ ΝΑ ΕΙΧΑ ΝΙΩΣΕΙ ΠΕΡΙΣΣΟΤΕΡΗ ΕΥΓΝΩΜΟΣΥΝΗ ΣΗΜΕΡΑ

ΗΜΕΡΑ   ΜΗΝΑΣ   .   ΕΤΟΣ

ΤΡΙΑ ΠΡΑΓΜΑΤΑ ΓΙΑ ΤΑ ΟΠΟΙΑ ΝΙΩΘΩ ΕΥΓΝΩΜΟΣΥΝΗ

Η ΒΑΘΜΟΛΟΓΙΑ ΜΟΥ ΓΙΑ
ΣΗΜΕΡΑ

ΚΑΤΙ ΠΟΥ ΘΕΛΩ ΝΑ ΘΥΜΑΜΑΙ ΓΙΑ ΣΗΜΕΡΑ

ΚΑΤΙ ΓΙΑ ΤΟ ΟΠΟΙΟ ΘΑ ΜΠΟΡΟΥΣΑ ΝΑ ΕΙΧΑ ΝΙΩΣΕΙ ΠΕΡΙΣΣΟΤΕΡΗ
ΕΥΓΝΩΜΟΣΥΝΗ ΣΗΜΕΡΑ

Η ΠΡΟΘΕΣΗ ΜΟΥ ΓΙΑ ΑΥΡΙΟ

ΕΥΤΥΧΙΣΜΕΝΟΙ ΕΙΝΑΙ ΕΚΕΙΝΟΙ ΠΟΥ ΞΕΡΟΥΝ ΟΤΙ ΤΑ ΜΙΚΡΑ ΠΡΑΓΜΑΤΑ ΕΧΟΥΝ ΤΗΝ ΜΕΓΑΛΥΤΕΡΗ ΑΞΙΑ.

ΑΝΩΝΥΜΟ

ΚΑΤΙ ΓΙΑ ΤΟ ΟΠΟΙΟ ΘΑ ΜΠΟΡΟΥΣΑ ΝΑ ΕΙΧΑ ΝΙΩΣΕΙ ΠΕΡΙΣΣΟΤΕΡΗ ΕΥΓΝΩΜΟΣΥΝΗ ΑΥΤΗ ΤΗ ΒΔΟΜΑΔΑ

Η ΒΑΘΜΟΛΟΓΙΑ ΜΟΥ ΓΙΑ ΑΥΤΗ ΤΗ ΒΔΟΜΑΔΑ

ΚΑΤΙ ΤΟ ΟΠΟΙΟ ΘΕΛΩ ΝΑ ΘΥΜΑΜΑΙ ΓΙΑ ΑΥΤΗ ΤΗΝ ΕΒΔΟΜΑΔΑ

Η ΠΡΟΘΕΣΗ ΜΟΥ ΓΙΑ ΤΗΝ ΕΠΟΜΕΝΗ ΕΒΔΟΜΑΔΑ

ΚΑΠΟΙΟΝ ΓΙΑ ΤΟΝ ΟΠΟΙΟ ΘΑ ΜΠΟΡΟΥΣΑ ΝΑ ΕΙΧΑ ΝΙΩΣΕΙ ΠΕΡΙΣΣΟΤΕΡΗ ΕΥΓΝΩΜΟΣΥΝΗ ΑΥΤΗΝ ΤΗΝ ΕΒΔΟΜΑΔΑ

ΗΜΕΡΑ   ΜΗΝΑΣ   ΕΤΟΣ

ΤΡΙΑ ΠΡΑΓΜΑΤΑ ΓΙΑ ΤΑ ΟΠΟΙΑ ΝΙΩΘΩ ΕΥΓΝΩΜΟΣΥΝΗ

Η ΒΑΘΜΟΛΟΓΙΑ ΜΟΥ ΓΙΑ
ΣΗΜΕΡΑ

ΚΑΤΙ ΠΟΥ ΘΕΛΩ ΝΑ ΘΥΜΑΜΑΙ ΓΙΑ ΣΗΜΕΡΑ

ΚΑΤΙ ΓΙΑ ΤΟ ΟΠΟΙΟ ΘΑ ΜΠΟΡΟΥΣΑ ΝΑ ΕΙΧΑ ΝΙΩΣΕΙ ΠΕΡΙΣΣΟΤΕΡΗ
ΕΥΓΝΩΜΟΣΥΝΗ ΣΗΜΕΡΑ

Η ΠΡΟΘΕΣΗ ΜΟΥ ΓΙΑ ΑΥΡΙΟ

ΗΜΕΡΑ   ΜΗΝΑΣ   ΕΤΟΣ

ΤΡΙΑ ΠΡΑΓΜΑΤΑ ΓΙΑ ΤΑ ΟΠΟΙΑ ΝΙΩΘΩ ΕΥΓΝΩΜΟΣΥΝΗ

ΚΑΤΙ ΠΟΥ ΘΕΛΩ ΝΑ ΘΥΜΑΜΑΙ ΓΙΑ ΣΗΜΕΡΑ

Η ΒΑΘΜΟΛΟΓΙΑ ΜΟΥ ΓΙΑ ΣΗΜΕΡΑ

Η ΠΡΟΘΕΣΗ ΜΟΥ ΓΙΑ ΑΥΡΙΟ

ΚΑΤΙ ΓΙΑ ΤΟ ΟΠΟΙΟ ΘΑ ΜΠΟΡΟΥΣΑ ΝΑ ΕΙΧΑ ΝΙΩΣΕΙ ΠΕΡΙΣΣΟΤΕΡΗ ΕΥΓΝΩΜΟΣΥΝΗ ΣΗΜΕΡΑ

HMEPA   MHNAΣ   ETOΣ

ΤΡΙΑ ΠΡΑΓΜΑΤΑ ΓΙΑ ΤΑ ΟΠΟΙΑ ΝΙΩΘΩ ΕΥΓΝΩΜΟΣΥΝΗ

Η ΒΑΘΜΟΛΟΓΙΑ ΜΟΥ ΓΙΑ
ΣΗΜΕΡΑ

ΚΑΤΙ ΠΟΥ ΘΕΛΩ ΝΑ ΘΥΜΑΜΑΙ ΓΙΑ ΣΗΜΕΡΑ

ΚΑΤΙ ΓΙΑ ΤΟ ΟΠΟΙΟ ΘΑ ΜΠΟΡΟΥΣΑ ΝΑ ΕΙΧΑ ΝΙΩΣΕΙ ΠΕΡΙΣΣΟΤΕΡΗ
ΕΥΓΝΩΜΟΣΥΝΗ ΣΗΜΕΡΑ

Η ΠΡΟΘΕΣΗ ΜΟΥ ΓΙΑ ΑΥΡΙΟ

ΗΜΕΡΑ   ΜΗΝΑΣ   ΕΤΟΣ

ΤΡΙΑ ΠΡΑΓΜΑΤΑ ΓΙΑ ΤΑ ΟΠΟΙΑ ΝΙΩΘΩ ΕΥΓΝΩΜΟΣΥΝΗ

ΚΑΤΙ ΠΟΥ ΘΕΛΩ ΝΑ ΘΥΜΑΜΑΙ ΓΙΑ ΣΗΜΕΡΑ

Η ΒΑΘΜΟΛΟΓΙΑ ΜΟΥ ΓΙΑ ΣΗΜΕΡΑ

Η ΠΡΟΘΕΣΗ ΜΟΥ ΓΙΑ ΑΥΡΙΟ

ΚΑΤΙ ΓΙΑ ΤΟ ΟΠΟΙΟ ΘΑ ΜΠΟΡΟΥΣΑ ΝΑ ΕΙΧΑ ΝΙΩΣΕΙ ΠΕΡΙΣΣΟΤΕΡΗ ΕΥΓΝΩΜΟΣΥΝΗ ΣΗΜΕΡΑ

ΗΜΕΡΑ 243

ΗΜΕΡΑ   ΜΗΝΑΣ   ΕΤΟΣ

ΤΡΙΑ ΠΡΑΓΜΑΤΑ ΓΙΑ ΤΑ ΟΠΟΙΑ ΝΙΩΘΩ ΕΥΓΝΩΜΟΣΥΝΗ

Η ΒΑΘΜΟΛΟΓΙΑ ΜΟΥ ΓΙΑ ΣΗΜΕΡΑ

ΚΑΤΙ ΠΟΥ ΘΕΛΩ ΝΑ ΘΥΜΑΜΑΙ ΓΙΑ ΣΗΜΕΡΑ

ΚΑΤΙ ΓΙΑ ΤΟ ΟΠΟΙΟ ΘΑ ΜΠΟΡΟΥΣΑ ΝΑ ΕΙΧΑ ΝΙΩΣΕΙ ΠΕΡΙΣΣΟΤΕΡΗ ΕΥΓΝΩΜΟΣΥΝΗ ΣΗΜΕΡΑ

Η ΠΡΟΘΕΣΗ ΜΟΥ ΓΙΑ ΑΥΡΙΟ

ΗΜΕΡΑ   ΜΗΝΑΣ   ΕΤΟΣ

ΤΡΙΑ ΠΡΑΓΜΑΤΑ ΓΙΑ ΤΑ ΟΠΟΙΑ ΝΙΩΘΩ ΕΥΓΝΩΜΟΣΥΝΗ

ΚΑΤΙ ΠΟΥ ΘΕΛΩ ΝΑ ΘΥΜΑΜΑΙ ΓΙΑ ΣΗΜΕΡΑ

Η ΒΑΘΜΟΛΟΓΙΑ ΜΟΥ ΓΙΑ ΣΗΜΕΡΑ

Η ΠΡΟΘΕΣΗ ΜΟΥ ΓΙΑ ΑΥΡΙΟ

ΚΑΤΙ ΓΙΑ ΤΟ ΟΠΟΙΟ ΘΑ ΜΠΟΡΟΥΣΑ ΝΑ ΕΙΧΑ ΝΙΩΣΕΙ ΠΕΡΙΣΣΟΤΕΡΗ ΕΥΓΝΩΜΟΣΥΝΗ ΣΗΜΕΡΑ

ΗΜΕΡΑ   ΜΗΝΑΣ   ΕΤΟΣ

ΤΡΙΑ ΠΡΑΓΜΑΤΑ ΓΙΑ ΤΑ ΟΠΟΙΑ ΝΙΩΘΩ ΕΥΓΝΩΜΟΣΥΝΗ

Η ΒΑΘΜΟΛΟΓΙΑ ΜΟΥ ΓΙΑ
ΣΗΜΕΡΑ

ΚΑΤΙ ΠΟΥ ΘΕΛΩ ΝΑ ΘΥΜΑΜΑΙ ΓΙΑ ΣΗΜΕΡΑ

ΚΑΤΙ ΓΙΑ ΤΟ ΟΠΟΙΟ ΘΑ ΜΠΟΡΟΥΣΑ ΝΑ ΕΙΧΑ ΝΙΩΣΕΙ ΠΕΡΙΣΣΟΤΕΡΗ
ΕΥΓΝΩΜΟΣΥΝΗ ΣΗΜΕΡΑ

Η ΠΡΟΘΕΣΗ ΜΟΥ ΓΙΑ ΑΥΡΙΟ

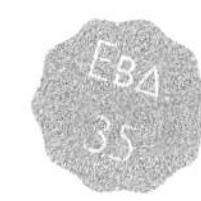

ΜΕ ΤΗΝ ΕΥΓΝΩΜΟΣΥΝΗ ΑΝΑΓΝΩΡΙΖΟΥΜΕ ΟΤΙ ΥΠΑΡΧΟΥΝ ΑΡΚΕΤΑ ΚΑΙ ΟΤΙ ΕΜΕΙΣ ΕΙΜΑΣΤΕ ΑΡΚΕΤΟΙ.

Brené Brown

KATI ΓΙΑ ΤΟ ΟΠΟΙΟ ΘΑ ΜΠΟΡΟΥΣΑ ΝΑ ΕΙΧΑ ΝΙΩΣΕΙ ΠΕΡΙΣΣΟΤΕΡΗ ΕΥΓΝΩΜΟΣΥΝΗ ΑΥΤΗ ΤΗ ΒΔΟΜΑΔΑ

Η ΒΑΘΜΟΛΟΓΙΑ ΜΟΥ ΓΙΑ ΑΥΤΗ ΤΗ ΒΔΟΜΑΔΑ

KATI ΤΟ ΟΠΟΙΟ ΘΕΛΩ ΝΑ ΘΥΜΑΜΑΙ ΓΙΑ ΑΥΤΗ ΤΗΝ ΕΒΔΟΜΑΔΑ

Η ΠΡΟΘΕΣΗ ΜΟΥ ΓΙΑ ΤΗΝ ΕΠΟΜΕΝΗ ΕΒΔΟΜΑΔΑ

ΚΑΠΟΙΟΝ ΓΙΑ ΤΟΝ ΟΠΟΙΟ ΘΑ ΜΠΟΡΟΥΣΑ ΝΑ ΕΙΧΑ ΝΙΩΣΕΙ ΠΕΡΙΣΣΟΤΕΡΗ ΕΥΓΝΩΜΟΣΥΝΗ ΑΥΤΗΝ ΤΗΝ ΕΒΔΟΜΑΔΑ

ΗΜΕΡΑ 246

ΗΜΕΡΑ ΜΗΝΑΣ ΕΤΟΣ

ΤΡΙΑ ΠΡΑΓΜΑΤΑ ΓΙΑ ΤΑ ΟΠΟΙΑ ΝΙΩΘΩ ΕΥΓΝΩΜΟΣΥΝΗ

Η ΒΑΘΜΟΛΟΓΙΑ ΜΟΥ ΓΙΑ ΣΗΜΕΡΑ

ΚΑΤΙ ΠΟΥ ΘΕΛΩ ΝΑ ΘΥΜΑΜΑΙ ΓΙΑ ΣΗΜΕΡΑ

ΚΑΤΙ ΓΙΑ ΤΟ ΟΠΟΙΟ ΘΑ ΜΠΟΡΟΥΣΑ ΝΑ ΕΙΧΑ ΝΙΩΣΕΙ ΠΕΡΙΣΣΟΤΕΡΗ ΕΥΓΝΩΜΟΣΥΝΗ ΣΗΜΕΡΑ

Η ΠΡΟΘΕΣΗ ΜΟΥ ΓΙΑ ΑΥΡΙΟ

ΗΜΕΡΑ 247

ΗΜΕΡΑ　　ΜΗΝΑΣ　　ΕΤΟΣ

ΤΡΙΑ ΠΡΑΓΜΑΤΑ ΓΙΑ ΤΑ ΟΠΟΙΑ ΝΙΩΘΩ ΕΥΓΝΩΜΟΣΥΝΗ

ΚΑΤΙ ΠΟΥ ΘΕΛΩ ΝΑ ΘΥΜΑΜΑΙ ΓΙΑ ΣΗΜΕΡΑ

Η ΒΑΘΜΟΛΟΓΙΑ ΜΟΥ ΓΙΑ ΣΗΜΕΡΑ

Η ΠΡΟΘΕΣΗ ΜΟΥ ΓΙΑ ΑΥΡΙΟ

ΚΑΤΙ ΓΙΑ ΤΟ ΟΠΟΙΟ ΘΑ ΜΠΟΡΟΥΣΑ ΝΑ ΕΙΧΑ ΝΙΩΣΕΙ ΠΕΡΙΣΣΟΤΕΡΗ ΕΥΓΝΩΜΟΣΥΝΗ ΣΗΜΕΡΑ

ΗΜΕΡΑ 248

ΤΡΙΑ ΠΡΑΓΜΑΤΑ ΓΙΑ ΤΑ ΟΠΟΙΑ ΝΙΩΘΩ ΕΥΓΝΩΜΟΣΥΝΗ

Η ΒΑΘΜΟΛΟΓΙΑ ΜΟΥ ΓΙΑ ΣΗΜΕΡΑ

ΚΑΤΙ ΠΟΥ ΘΕΛΩ ΝΑ ΘΥΜΑΜΑΙ ΓΙΑ ΣΗΜΕΡΑ

ΚΑΤΙ ΓΙΑ ΤΟ ΟΠΟΙΟ ΘΑ ΜΠΟΡΟΥΣΑ ΝΑ ΕΙΧΑ ΝΙΩΣΕΙ ΠΕΡΙΣΣΟΤΕΡΗ ΕΥΓΝΩΜΟΣΥΝΗ ΣΗΜΕΡΑ

Η ΠΡΟΘΕΣΗ ΜΟΥ ΓΙΑ ΑΥΡΙΟ

ΗΜΕΡΑ   ΜΗΝΑΣ   ΕΤΟΣ

ΤΡΙΑ ΠΡΑΓΜΑΤΑ ΓΙΑ ΤΑ ΟΠΟΙΑ ΝΙΩΘΩ ΕΥΓΝΩΜΟΣΥΝΗ

ΚΑΤΙ ΠΟΥ ΘΕΛΩ ΝΑ ΘΥΜΑΜΑΙ ΓΙΑ ΣΗΜΕΡΑ

Η ΒΑΘΜΟΛΟΓΙΑ ΜΟΥ ΓΙΑ ΣΗΜΕΡΑ

Η ΠΡΟΘΕΣΗ ΜΟΥ ΓΙΑ ΑΥΡΙΟ

ΚΑΤΙ ΓΙΑ ΤΟ ΟΠΟΙΟ ΘΑ ΜΠΟΡΟΥΣΑ ΝΑ ΕΙΧΑ ΝΙΩΣΕΙ ΠΕΡΙΣΣΟΤΕΡΗ ΕΥΓΝΩΜΟΣΥΝΗ ΣΗΜΕΡΑ

ΗΜΕΡΑ 250

ΗΜΕΡΑ　　　　ΜΗΝΑΣ　　　　ΕΤΟΣ

ΤΡΙΑ ΠΡΑΓΜΑΤΑ ΓΙΑ ΤΑ ΟΠΟΙΑ ΝΙΩΘΩ ΕΥΓΝΩΜΟΣΥΝΗ

Η ΒΑΘΜΟΛΟΓΙΑ ΜΟΥ ΓΙΑ ΣΗΜΕΡΑ

ΚΑΤΙ ΠΟΥ ΘΕΛΩ ΝΑ ΘΥΜΑΜΑΙ ΓΙΑ ΣΗΜΕΡΑ

ΚΑΤΙ ΓΙΑ ΤΟ ΟΠΟΙΟ ΘΑ ΜΠΟΡΟΥΣΑ ΝΑ ΕΙΧΑ ΝΙΩΣΕΙ ΠΕΡΙΣΣΟΤΕΡΗ ΕΥΓΝΩΜΟΣΥΝΗ ΣΗΜΕΡΑ

Η ΠΡΟΘΕΣΗ ΜΟΥ ΓΙΑ ΑΥΡΙΟ

ΗΜΕΡΑ 251

ΗΜΕΡΑ   ΜΗΝΑΣ   ΕΤΟΣ

ΤΡΙΑ ΠΡΑΓΜΑΤΑ ΓΙΑ ΤΑ ΟΠΟΙΑ ΝΙΩΘΩ ΕΥΓΝΩΜΟΣΥΝΗ

ΚΑΤΙ ΠΟΥ ΘΕΛΩ ΝΑ ΘΥΜΑΜΑΙ ΓΙΑ ΣΗΜΕΡΑ

Η ΒΑΘΜΟΛΟΓΙΑ ΜΟΥ ΓΙΑ ΣΗΜΕΡΑ

Η ΠΡΟΘΕΣΗ ΜΟΥ ΓΙΑ ΑΥΡΙΟ

ΚΑΤΙ ΓΙΑ ΤΟ ΟΠΟΙΟ ΘΑ ΜΠΟΡΟΥΣΑ ΝΑ ΕΙΧΑ ΝΙΩΣΕΙ ΠΕΡΙΣΣΟΤΕΡΗ ΕΥΓΝΩΜΟΣΥΝΗ ΣΗΜΕΡΑ

ΗΜΕΡΑ 252

ΗΜΕΡΑ   ΜΗΝΑΣ   ΕΤΟΣ

ΤΡΙΑ ΠΡΑΓΜΑΤΑ ΓΙΑ ΤΑ ΟΠΟΙΑ ΝΙΩΘΩ ΕΥΓΝΩΜΟΣΥΝΗ

Η ΒΑΘΜΟΛΟΓΙΑ ΜΟΥ ΓΙΑ
ΣΗΜΕΡΑ

ΚΑΤΙ ΠΟΥ ΘΕΛΩ ΝΑ ΘΥΜΑΜΑΙ ΓΙΑ ΣΗΜΕΡΑ

ΚΑΤΙ ΓΙΑ ΤΟ ΟΠΟΙΟ ΘΑ ΜΠΟΡΟΥΣΑ ΝΑ ΕΙΧΑ ΝΙΩΣΕΙ ΠΕΡΙΣΣΟΤΕΡΗ
ΕΥΓΝΩΜΟΣΥΝΗ ΣΗΜΕΡΑ

Η ΠΡΟΘΕΣΗ ΜΟΥ ΓΙΑ ΑΥΡΙΟ

ΗΜΕΡΑ 252

ΝΑ ΦΟΡΑΣ ΤΗΝ ΕΥΓΝΩΜΟΣΥΝΗ ΣΑΝ ΜΑΝΔΥΑ ΚΑΙ
ΘΑ ΘΡΕΨΕΙ ΚΑΘΕ ΠΤΥΧΗ ΤΗΣ ΖΩΗΣ ΣΟΥ.

RUMI

ΚΑΤΙ ΓΙΑ ΤΟ ΟΠΟΙΟ ΘΑ ΜΠΟΡΟΥΣΑ ΝΑ ΕΙΧΑ ΝΙΩΣΕΙ ΠΕΡΙΣΣΟΤΕΡΗ ΕΥΓΝΩΜΟΣΥΝΗ ΤΙΣ ΤΕΛΕΥΤΑΙΕΣ ΤΕΣΣΕΡΙΣ ΕΒΔΟΜΑΔΕΣ

Η ΒΑΘΜΟΛΟΓΙΑ ΜΟΥ ΓΙΑ ΤΙΣ ΠΕΡΑΣΜΕΝΕΣ ΤΕΣΣΕΡΙΣ ΕΒΔΟΜΑΔΕΣ

ΚΑΤΙ ΤΟ ΟΠΟΙΟ ΘΕΛΩ ΝΑ ΘΥΜΑΜΑΙ ΓΙΑ ΤΙΣ ΤΕΛΕΥΤΑΙΕΣ ΤΕΣΣΕΡΙΣ ΕΒΔΟΜΑΔΕΣ

Η ΠΡΟΘΕΣΗ ΜΟΥ ΓΙΑ ΤΙΣ ΕΠΟΜΕΝΕΣ ΤΕΣΣΕΡΙΣ ΕΒΔΟΜΑΔΕΣ

ΚΑΠΟΙΟΝ ΓΙΑ ΤΟΝ ΟΠΟΙΟ ΘΑ ΜΠΟΡΟΥΣΑ ΝΑ ΕΙΧΑ ΝΙΩΣΕΙ ΠΕΡΙΣΣΟΤΕΡΗ ΕΥΓΝΩΜΟΣΥΝΗ ΤΙΣ ΤΕΛΕΥΤΑΙΕΣ ΤΕΣΣΕΡΙΣ ΕΒΔΟΜΑΔΕΣ

ΗΜΕΡΑ 253

ΗΜΕΡΑ   ΜΗΝΑΣ   ΕΤΟΣ

ΤΡΙΑ ΠΡΑΓΜΑΤΑ ΓΙΑ ΤΑ ΟΠΟΙΑ ΝΙΩΘΩ ΕΥΓΝΩΜΟΣΥΝΗ

Η ΒΑΘΜΟΛΟΓΙΑ ΜΟΥ ΓΙΑ ΣΗΜΕΡΑ

ΚΑΤΙ ΠΟΥ ΘΕΛΩ ΝΑ ΘΥΜΑΜΑΙ ΓΙΑ ΣΗΜΕΡΑ

ΚΑΤΙ ΓΙΑ ΤΟ ΟΠΟΙΟ ΘΑ ΜΠΟΡΟΥΣΑ ΝΑ ΕΙΧΑ ΝΙΩΣΕΙ ΠΕΡΙΣΣΟΤΕΡΗ ΕΥΓΝΩΜΟΣΥΝΗ ΣΗΜΕΡΑ

Η ΠΡΟΘΕΣΗ ΜΟΥ ΓΙΑ ΑΥΡΙΟ

ΗΜΕΡΑ 254

ΗΜΕΡΑ   ΜΗΝΑΣ   ΕΤΟΣ

ΤΡΙΑ ΠΡΑΓΜΑΤΑ ΓΙΑ ΤΑ ΟΠΟΙΑ ΝΙΩΘΩ ΕΥΓΝΩΜΟΣΥΝΗ

ΚΑΤΙ ΠΟΥ ΘΕΛΩ ΝΑ ΘΥΜΑΜΑΙ ΓΙΑ ΣΗΜΕΡΑ

Η ΒΑΘΜΟΛΟΓΙΑ ΜΟΥ ΓΙΑ ΣΗΜΕΡΑ

Η ΠΡΟΘΕΣΗ ΜΟΥ ΓΙΑ ΑΥΡΙΟ

ΚΑΤΙ ΓΙΑ ΤΟ ΟΠΟΙΟ ΘΑ ΜΠΟΡΟΥΣΑ ΝΑ ΕΙΧΑ ΝΙΩΣΕΙ ΠΕΡΙΣΣΟΤΕΡΗ ΕΥΓΝΩΜΟΣΥΝΗ ΣΗΜΕΡΑ

ΗΜΕΡΑ   ΜΗΝΑΣ   ΕΤΟΣ

ΤΡΙΑ ΠΡΑΓΜΑΤΑ ΓΙΑ ΤΑ ΟΠΟΙΑ ΝΙΩΘΩ ΕΥΓΝΩΜΟΣΥΝΗ

Η ΒΑΘΜΟΛΟΓΙΑ ΜΟΥ ΓΙΑ ΣΗΜΕΡΑ

ΚΑΤΙ ΠΟΥ ΘΕΛΩ ΝΑ ΘΥΜΑΜΑΙ ΓΙΑ ΣΗΜΕΡΑ

ΚΑΤΙ ΓΙΑ ΤΟ ΟΠΟΙΟ ΘΑ ΜΠΟΡΟΥΣΑ ΝΑ ΕΙΧΑ ΝΙΩΣΕΙ ΠΕΡΙΣΣΟΤΕΡΗ ΕΥΓΝΩΜΟΣΥΝΗ ΣΗΜΕΡΑ

Η ΠΡΟΘΕΣΗ ΜΟΥ ΓΙΑ ΑΥΡΙΟ

HΜΕΡΑ   ΜΗΝΑΣ   ΕΤΟΣ

ΤΡΙΑ ΠΡΑΓΜΑΤΑ ΓΙΑ ΤΑ ΟΠΟΙΑ ΝΙΩΘΩ ΕΥΓΝΩΜΟΣΥΝΗ

KATI ΠΟΥ ΘΕΛΩ ΝΑ ΘΥΜΑΜΑΙ ΓΙΑ ΣΗΜΕΡΑ

Η ΒΑΘΜΟΛΟΓΙΑ ΜΟΥ ΓΙΑ ΣΗΜΕΡΑ

Η ΠΡΟΘΕΣΗ ΜΟΥ ΓΙΑ ΑΥΡΙΟ

KATI ΓΙΑ ΤΟ ΟΠΟΙΟ ΘΑ ΜΠΟΡΟΥΣΑ ΝΑ ΕΙΧΑ ΝΙΩΣΕΙ ΠΕΡΙΣΣΟΤΕΡΗ ΕΥΓΝΩΜΟΣΥΝΗ ΣΗΜΕΡΑ

ΗΜΕΡΑ 257

ΤΡΙΑ ΠΡΑΓΜΑΤΑ ΓΙΑ ΤΑ ΟΠΟΙΑ ΝΙΩΘΩ ΕΥΓΝΩΜΟΣΥΝΗ

Η ΒΑΘΜΟΛΟΓΙΑ ΜΟΥ ΓΙΑ ΣΗΜΕΡΑ

ΚΑΤΙ ΠΟΥ ΘΕΛΩ ΝΑ ΘΥΜΑΜΑΙ ΓΙΑ ΣΗΜΕΡΑ

ΚΑΤΙ ΓΙΑ ΤΟ ΟΠΟΙΟ ΘΑ ΜΠΟΡΟΥΣΑ ΝΑ ΕΙΧΑ ΝΙΩΣΕΙ ΠΕΡΙΣΣΟΤΕΡΗ ΕΥΓΝΩΜΟΣΥΝΗ ΣΗΜΕΡΑ

Η ΠΡΟΘΕΣΗ ΜΟΥ ΓΙΑ ΑΥΡΙΟ

ΗΜΕΡΑ   ΜΗΝΑΣ   ΕΤΟΣ

ΤΡΙΑ ΠΡΑΓΜΑΤΑ ΓΙΑ ΤΑ ΟΠΟΙΑ ΝΙΩΘΩ ΕΥΓΝΩΜΟΣΥΝΗ

ΚΑΤΙ ΠΟΥ ΘΕΛΩ ΝΑ ΘΥΜΑΜΑΙ ΓΙΑ ΣΗΜΕΡΑ

Η ΒΑΘΜΟΛΟΓΙΑ ΜΟΥ ΓΙΑ ΣΗΜΕΡΑ

Η ΠΡΟΘΕΣΗ ΜΟΥ ΓΙΑ ΑΥΡΙΟ

ΚΑΤΙ ΓΙΑ ΤΟ ΟΠΟΙΟ ΘΑ ΜΠΟΡΟΥΣΑ ΝΑ ΕΙΧΑ ΝΙΩΣΕΙ ΠΕΡΙΣΣΟΤΕΡΗ ΕΥΓΝΩΜΟΣΥΝΗ ΣΗΜΕΡΑ

ΗΜΕΡΑ 259

ΗΜΕΡΑ   ΜΗΝΑΣ   ΕΤΟΣ

ΤΡΙΑ ΠΡΑΓΜΑΤΑ ΓΙΑ ΤΑ ΟΠΟΙΑ ΝΙΩΘΩ ΕΥΓΝΩΜΟΣΥΝΗ

Η ΒΑΘΜΟΛΟΓΙΑ ΜΟΥ ΓΙΑ
ΣΗΜΕΡΑ

ΚΑΤΙ ΠΟΥ ΘΕΛΩ ΝΑ ΘΥΜΑΜΑΙ ΓΙΑ ΣΗΜΕΡΑ

ΚΑΤΙ ΓΙΑ ΤΟ ΟΠΟΙΟ ΘΑ ΜΠΟΡΟΥΣΑ ΝΑ ΕΙΧΑ ΝΙΩΣΕΙ ΠΕΡΙΣΣΟΤΕΡΗ
ΕΥΓΝΩΜΟΣΥΝΗ ΣΗΜΕΡΑ

Η ΠΡΟΟΣΗ ΜΟΥ ΓΙΑ ΑΥΡΙΟ

ΕΒΔ 37

Η ΕΥΓΝΩΜΟΣΥΝΗ ΕΙΝΑΙ ΤΟ ΠΙΟ ΥΓΙΕΣ ΑΝΘΡΩΠΙΝΟ ΣΥΝΑΙΣΘΗΜΑ. ΟΣΟ ΠΙΟ ΠΟΛΛΗ ΕΥΓΝΩΜΟΣΥΝΗ ΕΚΦΡΑΖΕΙΣ ΓΙ'ΑΥΤΑ ΠΟΥ ΕΧΕΙΣ ΤΟΣΟ ΠΙΟ ΠΙΘΑΝΟ ΕΙΝΑΙ ΝΑ ΠΟΛΛΑΠΛΑΣΙΑΣΤΟΥΝ ΑΥΤΑ ΓΙΑ ΤΑ ΟΠΟΙΑ ΕΙΣΑΙ ΕΥΓΝΩΜΩΝ.

ZIG ZIGLAR

ΚΑΤΙ ΓΙΑ ΤΟ ΟΠΟΙΟ ΘΑ ΜΠΟΡΟΥΣΑ ΝΑ ΕΙΧΑ ΝΙΩΣΕΙ ΠΕΡΙΣΣΟΤΕΡΗ ΕΥΓΝΩΜΟΣΥΝΗ ΑΥΤΗ ΤΗ ΒΔΟΜΑΔΑ

Η ΒΑΘΜΟΛΟΓΙΑ ΜΟΥ ΓΙΑ ΑΥΤΗ ΤΗ ΒΔΟΜΑΔΑ

ΚΑΤΙ ΤΟ ΟΠΟΙΟ ΘΕΛΩ ΝΑ ΘΥΜΑΜΑΙ ΓΙΑ ΑΥΤΗ ΤΗΝ ΕΒΔΟΜΑΔΑ

Η ΠΡΟΘΕΣΗ ΜΟΥ ΓΙΑ ΤΗΝ ΕΠΟΜΕΝΗ ΕΒΔΟΜΑΔΑ

ΚΑΠΟΙΟΝ ΓΙΑ ΤΟΝ ΟΠΟΙΟ ΘΑ ΜΠΟΡΟΥΣΑ ΝΑ ΕΙΧΑ ΝΙΩΣΕΙ ΠΕΡΙΣΣΟΤΕΡΗ ΕΥΓΝΩΜΟΣΥΝΗ ΑΥΤΗΝ ΤΗΝ ΕΒΔΟΜΑΔΑ

ΗΜΕΡΑ   ΜΗΝΑΣ   ΕΤΟΣ

ΤΡΙΑ ΠΡΑΓΜΑΤΑ ΓΙΑ ΤΑ ΟΠΟΙΑ ΝΙΩΘΩ ΕΥΓΝΩΜΟΣΥΝΗ

Η ΒΑΘΜΟΛΟΓΙΑ ΜΟΥ ΓΙΑ
ΣΗΜΕΡΑ

ΚΑΤΙ ΠΟΥ ΘΕΛΩ ΝΑ ΘΥΜΑΜΑΙ ΓΙΑ ΣΗΜΕΡΑ

ΚΑΤΙ ΓΙΑ ΤΟ ΟΠΟΙΟ ΘΑ ΜΠΟΡΟΥΣΑ ΝΑ ΕΙΧΑ ΝΙΩΣΕΙ ΠΕΡΙΣΣΟΤΕΡΗ
ΕΥΓΝΩΜΟΣΥΝΗ ΣΗΜΕΡΑ

Η ΠΡΟΘΕΣΗ ΜΟΥ ΓΙΑ ΑΥΡΙΟ

ΗΜΕΡΑ ΜΗΝΑΣ ΕΤΟΣ

ΤΡΙΑ ΠΡΑΓΜΑΤΑ ΓΙΑ ΤΑ ΟΠΟΙΑ ΝΙΩΘΩ ΕΥΓΝΩΜΟΣΥΝΗ

ΚΑΤΙ ΠΟΥ ΘΕΛΩ ΝΑ ΘΥΜΑΜΑΙ ΓΙΑ ΣΗΜΕΡΑ

Η ΒΑΘΜΟΛΟΓΙΑ ΜΟΥ ΓΙΑ ΣΗΜΕΡΑ

Η ΠΡΟΘΕΣΗ ΜΟΥ ΓΙΑ ΑΥΡΙΟ

ΚΑΤΙ ΓΙΑ ΤΟ ΟΠΟΙΟ ΘΑ ΜΠΟΡΟΥΣΑ ΝΑ ΕΙΧΑ ΝΙΩΣΕΙ ΠΕΡΙΣΣΟΤΕΡΗ ΕΥΓΝΩΜΟΣΥΝΗ ΣΗΜΕΡΑ

ΗΜΕΡΑ   ΜΗΝΑΣ   ΕΤΟΣ

ΤΡΙΑ ΠΡΑΓΜΑΤΑ ΓΙΑ ΤΑ ΟΠΟΙΑ ΝΙΩΘΩ ΕΥΓΝΩΜΟΣΥΝΗ

Η ΒΑΘΜΟΛΟΓΙΑ ΜΟΥ ΓΙΑ ΣΗΜΕΡΑ

ΚΑΤΙ ΠΟΥ ΘΕΛΩ ΝΑ ΘΥΜΑΜΑΙ ΓΙΑ ΣΗΜΕΡΑ

ΚΑΤΙ ΓΙΑ ΤΟ ΟΠΟΙΟ ΘΑ ΜΠΟΡΟΥΣΑ ΝΑ ΕΙΧΑ ΝΙΩΣΕΙ ΠΕΡΙΣΣΟΤΕΡΗ ΕΥΓΝΩΜΟΣΥΝΗ ΣΗΜΕΡΑ

Η ΠΡΟΘΕΣΗ ΜΟΥ ΓΙΑ ΑΥΡΙΟ

ΗΜΕΡΑ   ΜΗΝΑΣ   ΕΤΟΣ

ΤΡΙΑ ΠΡΑΓΜΑΤΑ ΓΙΑ ΤΑ ΟΠΟΙΑ ΝΙΩΘΩ ΕΥΓΝΩΜΟΣΥΝΗ

ΚΑΤΙ ΠΟΥ ΘΕΛΩ ΝΑ ΘΥΜΑΜΑΙ ΓΙΑ ΣΗΜΕΡΑ

Η ΒΑΘΜΟΛΟΓΙΑ ΜΟΥ ΓΙΑ ΣΗΜΕΡΑ

Η ΠΡΟΘΕΣΗ ΜΟΥ ΓΙΑ ΑΥΡΙΟ

ΚΑΤΙ ΓΙΑ ΤΟ ΟΠΟΙΟ ΘΑ ΜΠΟΡΟΥΣΑ ΝΑ ΕΙΧΑ ΝΙΩΣΕΙ ΠΕΡΙΣΣΟΤΕΡΗ ΕΥΓΝΩΜΟΣΥΝΗ ΣΗΜΕΡΑ

ΗΜΕΡΑ 264

ΗΜΕΡΑ   ΜΗΝΑΣ   ΕΤΟΣ

ΤΡΙΑ ΠΡΑΓΜΑΤΑ ΓΙΑ ΤΑ ΟΠΟΙΑ ΝΙΩΘΩ ΕΥΓΝΩΜΟΣΥΝΗ

Η ΒΑΘΜΟΛΟΓΙΑ ΜΟΥ ΓΙΑ ΣΗΜΕΡΑ

ΚΑΤΙ ΠΟΥ ΘΕΛΩ ΝΑ ΘΥΜΑΜΑΙ ΓΙΑ ΣΗΜΕΡΑ

ΚΑΤΙ ΓΙΑ ΤΟ ΟΠΟΙΟ ΘΑ ΜΠΟΡΟΥΣΑ ΝΑ ΕΙΧΑ ΝΙΩΣΕΙ ΠΕΡΙΣΣΟΤΕΡΗ ΕΥΓΝΩΜΟΣΥΝΗ ΣΗΜΕΡΑ

Η ΠΡΟΘΕΣΗ ΜΟΥ ΓΙΑ ΑΥΡΙΟ

ΗΜΕΡΑ 265

ΗΜΕΡΑ   ΜΗΝΑΣ   ΕΤΟΣ

ΤΡΙΑ ΠΡΑΓΜΑΤΑ ΓΙΑ ΤΑ ΟΠΟΙΑ ΝΙΩΘΩ ΕΥΓΝΩΜΟΣΥΝΗ

ΚΑΤΙ ΠΟΥ ΘΕΛΩ ΝΑ ΘΥΜΑΜΑΙ ΓΙΑ ΣΗΜΕΡΑ

Η ΒΑΘΜΟΛΟΓΙΑ ΜΟΥ ΓΙΑ ΣΗΜΕΡΑ

Η ΠΡΟΘΕΣΗ ΜΟΥ ΓΙΑ ΑΥΡΙΟ

ΚΑΤΙ ΓΙΑ ΤΟ ΟΠΟΙΟ ΘΑ ΜΠΟΡΟΥΣΑ ΝΑ ΕΙΧΑ ΝΙΩΣΕΙ ΠΕΡΙΣΣΟΤΕΡΗ ΕΥΓΝΩΜΟΣΥΝΗ ΣΗΜΕΡΑ

ΗΜΕΡΑ 266

ΗΜΕΡΑ   ΜΗΝΑΣ   ΕΤΟΣ

TΡΙΑ ΠΡΑΓΜΑΤΑ ΓΙΑ ΤΑ ΟΠΟΙΑ ΝΙΩΘΩ ΕΥΓΝΩΜΟΣΥΝΗ

Η ΒΑΘΜΟΛΟΓΙΑ ΜΟΥ ΓΙΑ ΣΗΜΕΡΑ

ΚΑΤΙ ΠΟΥ ΘΕΛΩ ΝΑ ΘΥΜΑΜΑΙ ΓΙΑ ΣΗΜΕΡΑ

ΚΑΤΙ ΓΙΑ ΤΟ ΟΠΟΙΟ ΘΑ ΜΠΟΡΟΥΣΑ ΝΑ ΕΙΧΑ ΝΙΩΣΕΙ ΠΕΡΙΣΣΟΤΕΡΗ ΕΥΓΝΩΜΟΣΥΝΗ ΣΗΜΕΡΑ

Η ΠΡΟΘΕΣΗ ΜΟΥ ΓΙΑ ΑΥΡΙΟ

ΕΑΝ ΔΕΝ ΜΠΟΡΕΙS ΝΑ ΕΙSΑΙ ΙΚΑΝΟΠΟΙΗΜΕΝΟS ΜΕ ΑΥΤΑ ΠΟΥ ΕΧΕΙS ΛΑΒΕΙ, ΝΑ ΕΙSΑΙ ΕΥΓΝΩΜΩΝ ΓΙΑ ΟSΑ ΔΙΕΦΕΥΓΕS.

ΑΝΩΝΥΜΟ

ΚΑΤΙ ΓΙΑ ΤΟ ΟΠΟΙΟ ΘΑ ΜΠΟΡΟΥΣΑ ΝΑ ΕΙΧΑ ΝΙΩΣΕΙ ΠΕΡΙΣΣΟΤΕΡΗ ΕΥΓΝΩΜΟΣΥΝΗ ΑΥΤΗ ΤΗ ΒΔΟΜΑΔΑ

Η ΒΑΘΜΟΛΟΓΙΑ ΜΟΥ ΓΙΑ ΑΥΤΗ ΤΗ ΒΔΟΜΑΔΑ

ΚΑΤΙ ΤΟ ΟΠΟΙΟ ΘΕΛΩ ΝΑ ΘΥΜΑΜΑΙ ΓΙΑ ΑΥΤΗ ΤΗΝ ΕΒΔΟΜΑΔΑ

Η ΠΡΟΘΕΣΗ ΜΟΥ ΓΙΑ ΤΗΝ ΕΠΟΜΕΝΗ ΕΒΔΟΜΑΔΑ

ΚΑΠΟΙΟΝ ΓΙΑ ΤΟΝ ΟΠΟΙΟ ΘΑ ΜΠΟΡΟΥΣΑ ΝΑ ΕΙΧΑ ΝΙΩΣΕΙ ΠΕΡΙΣΣΟΤΕΡΗ ΕΥΓΝΩΜΟΣΥΝΗ ΑΥΤΗΝ ΤΗΝ ΕΒΔΟΜΑΔΑ

ΗΜΕΡΑ   ΜΗΝΑΣ   ΕΤΟΣ

ΤΡΙΑ ΠΡΑΓΜΑΤΑ ΓΙΑ ΤΑ ΟΠΟΙΑ ΝΙΩΘΩ ΕΥΓΝΩΜΟΣΥΝΗ

Η ΒΑΘΜΟΛΟΓΙΑ ΜΟΥ ΓΙΑ
ΣΗΜΕΡΑ

ΚΑΤΙ ΠΟΥ ΘΕΛΩ ΝΑ ΘΥΜΑΜΑΙ ΓΙΑ ΣΗΜΕΡΑ

ΚΑΤΙ ΓΙΑ ΤΟ ΟΠΟΙΟ ΘΑ ΜΠΟΡΟΥΣΑ ΝΑ ΕΙΧΑ ΝΙΩΣΕΙ ΠΕΡΙΣΣΟΤΕΡΗ
ΕΥΓΝΩΜΟΣΥΝΗ ΣΗΜΕΡΑ

Η ΠΡΟΘΕΣΗ ΜΟΥ ΓΙΑ ΑΥΡΙΟ

ΗΜΕΡΑ   ΜΗΝΑΣ   ΕΤΟΣ

ΤΡΙΑ ΠΡΑΓΜΑΤΑ ΓΙΑ ΤΑ ΟΠΟΙΑ ΝΙΩΘΩ ΕΥΓΝΩΜΟΣΥΝΗ

ΚΑΤΙ ΠΟΥ ΘΕΛΩ ΝΑ ΘΥΜΑΜΑΙ ΓΙΑ ΣΗΜΕΡΑ

Η ΒΑΘΜΟΛΟΓΙΑ ΜΟΥ ΓΙΑ ΣΗΜΕΡΑ

Η ΠΡΟΘΕΣΗ ΜΟΥ ΓΙΑ ΑΥΡΙΟ

ΚΑΤΙ ΓΙΑ ΤΟ ΟΠΟΙΟ ΘΑ ΜΠΟΡΟΥΣΑ ΝΑ ΕΙΧΑ ΝΙΩΣΕΙ ΠΕΡΙΣΣΟΤΕΡΗ ΕΥΓΝΩΜΟΣΥΝΗ ΣΗΜΕΡΑ

ΗΜΕΡΑ   ΜΗΝΑΣ   ΕΤΟΣ

ΤΡΙΑ ΠΡΑΓΜΑΤΑ ΓΙΑ ΤΑ ΟΠΟΙΑ ΝΙΩΘΩ ΕΥΓΝΩΜΟΣΥΝΗ

Η ΒΑΘΜΟΛΟΓΙΑ ΜΟΥ ΓΙΑ
ΣΗΜΕΡΑ

ΚΑΤΙ ΠΟΥ ΘΕΛΩ ΝΑ ΘΥΜΑΜΑΙ ΓΙΑ ΣΗΜΕΡΑ

ΚΑΤΙ ΓΙΑ ΤΟ ΟΠΟΙΟ ΘΑ ΜΠΟΡΟΥΣΑ ΝΑ ΕΙΧΑ ΝΙΩΣΕΙ ΠΕΡΙΣΣΟΤΕΡΗ
ΕΥΓΝΩΜΟΣΥΝΗ ΣΗΜΕΡΑ

Η ΠΡΟΘΕΣΗ ΜΟΥ ΓΙΑ ΑΥΡΙΟ

ΗΜΕΡΑ   ΜΗΝΑΣ   ΕΤΟΣ

ΤΡΙΑ ΠΡΑΓΜΑΤΑ ΓΙΑ ΤΑ ΟΠΟΙΑ ΝΙΩΘΩ ΕΥΓΝΩΜΟΣΥΝΗ

ΚΑΤΙ ΠΟΥ ΘΕΛΩ ΝΑ ΘΥΜΑΜΑΙ ΓΙΑ ΣΗΜΕΡΑ

Η ΒΑΘΜΟΛΟΓΙΑ ΜΟΥ ΓΙΑ ΣΗΜΕΡΑ

Η ΠΡΟΘΕΣΗ ΜΟΥ ΓΙΑ ΑΥΡΙΟ

ΚΑΤΙ ΓΙΑ ΤΟ ΟΠΟΙΟ ΘΑ ΜΠΟΡΟΥΣΑ ΝΑ ΕΙΧΑ ΝΙΩΣΕΙ ΠΕΡΙΣΣΟΤΕΡΗ ΕΥΓΝΩΜΟΣΥΝΗ ΣΗΜΕΡΑ

ΗΜΕΡΑ　　　　ΜΗΝΑΣ　　　　ΕΤΟΣ

ΤΡΙΑ ΠΡΑΓΜΑΤΑ ΓΙΑ ΤΑ ΟΠΟΙΑ ΝΙΩΘΩ ΕΥΓΝΩΜΟΣΥΝΗ

Η ΒΑΘΜΟΛΟΓΙΑ ΜΟΥ ΓΙΑ ΣΗΜΕΡΑ

ΚΑΤΙ ΠΟΥ ΘΕΛΩ ΝΑ ΘΥΜΑΜΑΙ ΓΙΑ ΣΗΜΕΡΑ

ΚΑΤΙ ΓΙΑ ΤΟ ΟΠΟΙΟ ΘΑ ΜΠΟΡΟΥΣΑ ΝΑ ΕΙΧΑ ΝΙΩΣΕΙ ΠΕΡΙΣΣΟΤΕΡΗ ΕΥΓΝΩΜΟΣΥΝΗ ΣΗΜΕΡΑ

Η ΠΡΟΘΕΣΗ ΜΟΥ ΓΙΑ ΑΥΡΙΟ

ΗΜΕΡΑ   ΜΗΝΑΣ   ΕΤΟΣ

ΤΡΙΑ ΠΡΑΓΜΑΤΑ ΓΙΑ ΤΑ ΟΠΟΙΑ ΝΙΩΘΩ ΕΥΓΝΩΜΟΣΥΝΗ

ΚΑΤΙ ΠΟΥ ΘΕΛΩ ΝΑ ΘΥΜΑΜΑΙ ΓΙΑ ΣΗΜΕΡΑ

Η ΒΑΘΜΟΛΟΓΙΑ ΜΟΥ ΓΙΑ ΣΗΜΕΡΑ

Η ΠΡΟΘΕΣΗ ΜΟΥ ΓΙΑ ΑΥΡΙΟ

ΚΑΤΙ ΓΙΑ ΤΟ ΟΠΟΙΟ ΘΑ ΜΠΟΡΟΥΣΑ ΝΑ ΕΙΧΑ ΝΙΩΣΕΙ ΠΕΡΙΣΣΟΤΕΡΗ ΕΥΓΝΩΜΟΣΥΝΗ ΣΗΜΕΡΑ

Ημερα   Μηνας   Ετος

Τρια πραγματα για τα οποια νιωθω ευγνωμοσυνη

Η βαθμολογια μου για
σημερα

Κατι που θελω να θυμαμαι για σημερα

Κατι για το οποιο θα μπορουσα να ειχα νιωσει περισσοτερη
ευγνωμοσυνη σημερα

Η προθεση μου για αυριο

Η ΕΥΓΝΩΜΟΣΥΝΗ ΜΠΟΡΕΙ ΝΑ ΜΕΤΑΤΡΕΨΕΙ ΤΙΣ ΚΟΙΝΕΣ ΗΜΕΡΕΣ ΣΕ ΗΜΕΡΕΣ ΕΥΧΑΡΙΣΤΙΩΝ, ΝΑ ΜΕΤΑΤΡΕΨΕΙ ΤΙΣ ΕΡΓΑΣΙΕΣ ΡΟΥΤΙΝΑΣ ΣΕ ΧΑΡΑ ΚΑΙ ΝΑ ΜΕΤΑΜΟΡΦΩΝΕΙ ΤΙΣ ΣΥΝΗΘΙΣΜΕΝΕΣ ΕΥΚΑΙΡΙΕΣ ΣΕ ΕΥΛΟΓΙΕΣ.

William Arthur Ward

ΚΑΤΙ ΓΙΑ ΤΟ ΟΠΟΙΟ ΘΑ ΜΠΟΡΟΥΣΑ ΝΑ ΕΙΧΑ ΝΙΩΣΕΙ ΠΕΡΙΣΣΟΤΕΡΗ ΕΥΓΝΩΜΟΣΥΝΗ ΑΥΤΗ ΤΗ ΒΔΟΜΑΔΑ

Η ΒΑΘΜΟΛΟΓΙΑ ΜΟΥ ΓΙΑ ΑΥΤΗ ΤΗ ΒΔΟΜΑΔΑ

ΚΑΤΙ ΤΟ ΟΠΟΙΟ ΘΕΛΩ ΝΑ ΘΥΜΑΜΑΙ ΓΙΑ ΑΥΤΗ ΤΗΝ ΕΒΔΟΜΑΔΑ

Η ΠΡΟΘΕΣΗ ΜΟΥ ΓΙΑ ΤΗΝ ΕΠΟΜΕΝΗ ΕΒΔΟΜΑΔΑ

ΚΑΠΟΙΟΝ ΓΙΑ ΤΟΝ ΟΠΟΙΟ ΘΑ ΜΠΟΡΟΥΣΑ ΝΑ ΕΙΧΑ ΝΙΩΣΕΙ ΠΕΡΙΣΣΟΤΕΡΗ ΕΥΓΝΩΜΟΣΥΝΗ ΑΥΤΗΝ ΤΗΝ ΕΒΔΟΜΑΔΑ

9 ΜΗΝΕΣ

Συνεχιζοντας και εμβαθυνοντας την ανασκοπηση, εξεταστε τις δεκατρεις περασμενες εβδομαδες και απαντηστε στα ακολουθα:

Κατι το οποιο θελω να θυμαμαι που συνεβη τους τελευταιους τρεις μηνες

Ανατρεχοντας πισω στους τελευταιους τρεις μηνες, αυτο για το οποιο ειμαι περισσοτερο ευγνωμων

Το μεγαλυτερο μαθημα των τριων περασμενων μηνων

Καποιος η κατι για το οποιο θα μπορουσα να ειχα νιωσει περισσοτερη ευγνωμοσυνη τους τελευταιους τρεις μηνες

9 ΜΗΝΕΣ

Η ΒΑΘΜΟΛΟΓΙΑ ΜΟΥ ΓΙΑ ΤΟΥΣ ΠΕΡΑΣΜΕΝΟΥΣ ΤΡΕΙΣ ΜΗΝΕΣ

ΓΙΑ ΠΟΙΟΝ ΔΕΝ ΚΑΤΑΦΕΡΑ ΝΑ ΝΙΩΣΩ ΕΥΓΝΩΜΟΣΥΝΗ ΤΟΥΣ ΠΕΡΑΣΜΕΝΟΥΣ ΤΡΕΙΣ ΜΗΝΕΣ; ΜΠΟΡΩ ΝΑ ΒΡΩ ΚΑΠΟΙΟ ΑΛΛΟ ΤΡΟΠΟ ΝΑ ΑΝΑΔΙΑΤΥΠΩΣΩ ΤΗ ΣΚΕΨΗ ΑΥΤΗ;

ΕΙΜΑΙ ΕΥΓΝΩΜΩΝ...

ΑΝΑΤΡΕΧΟΝΤΑΣ ΠΙΣΩ ΣΤΙΣ ΒΑΘΜΟΛΟΓΙΕΣ ΠΡΟΗΓΟΥΜΕΝΩΝ ΕΒΔΟΜΑΔΩΝ, ΟΙ ΑΡΙΘΜΟΙ ΜΟΥ ΦΑΝΕΡΩΝΟΥΝ ΟΤΙ

Η ΠΡΟΘΕΣΗ ΜΟΥ ΓΙΑ ΤΟΥΣ ΕΠΟΜΕΝΟΥΣ ΤΡΕΙΣ ΜΗΝΕΣ

ΓΙΑ ΠΟΙΟ ΠΡΑΓΜΑ ΔΕΝ ΚΑΤΑΦΕΡΑ ΝΑ ΝΙΩΣΩ ΕΥΓΝΩΜΟΣΥΝΗ ΤΟΥΣ ΠΕΡΑΣΜΕΝΟΥΣ ΤΡΕΙΣ ΜΗΝΕΣ; ΜΠΟΡΩ ΝΑ ΒΡΩ ΚΑΠΟΙΟ ΑΛΛΟ ΤΡΟΠΟ ΝΑ ΑΝΑΔΙΑΤΥΠΩΣΩ ΤΗ ΣΚΕΨΗ ΑΥΤΗ; ΕΙΜΑΙ ΕΥΓΝΩΜΩΝ...

ΗΜΕΡΑ   ΜΗΝΑΣ   ΕΤΟΣ

ΤΡΙΑ ΠΡΑΓΜΑΤΑ ΓΙΑ ΤΑ ΟΠΟΙΑ ΝΙΩΘΩ ΕΥΓΝΩΜΟΣΥΝΗ

Η ΒΑΘΜΟΛΟΓΙΑ ΜΟΥ ΓΙΑ ΣΗΜΕΡΑ

ΚΑΤΙ ΠΟΥ ΘΕΛΩ ΝΑ ΘΥΜΑΜΑΙ ΓΙΑ ΣΗΜΕΡΑ

ΚΑΤΙ ΓΙΑ ΤΟ ΟΠΟΙΟ ΘΑ ΜΠΟΡΟΥΣΑ ΝΑ ΕΙΧΑ ΝΙΩΣΕΙ ΠΕΡΙΣΣΟΤΕΡΗ ΕΥΓΝΩΜΟΣΥΝΗ ΣΗΜΕΡΑ

Η ΠΡΟΘΕΣΗ ΜΟΥ ΓΙΑ ΑΥΡΙΟ

ΗΜΕΡΑ 275

ΗΜΕΡΑ　　　　ΜΗΝΑΣ　　　　ΕΤΟΣ

ΤΡΙΑ ΠΡΑΓΜΑΤΑ ΓΙΑ ΤΑ ΟΠΟΙΑ ΝΙΩΘΩ ΕΥΓΝΩΜΟΣΥΝΗ

ΚΑΤΙ ΠΟΥ ΘΕΛΩ ΝΑ ΘΥΜΑΜΑΙ ΓΙΑ ΣΗΜΕΡΑ

Η ΒΑΘΜΟΛΟΓΙΑ ΜΟΥ ΓΙΑ ΣΗΜΕΡΑ

Η ΠΡΟΘΕΣΗ ΜΟΥ ΓΙΑ ΑΥΡΙΟ

ΚΑΤΙ ΓΙΑ ΤΟ ΟΠΟΙΟ ΘΑ ΜΠΟΡΟΥΣΑ ΝΑ ΕΙΧΑ ΝΙΩΣΕΙ ΠΕΡΙΣΣΟΤΕΡΗ ΕΥΓΝΩΜΟΣΥΝΗ ΣΗΜΕΡΑ

ΗΜΕΡΑ   ΜΗΝΑΣ   ΕΤΟΣ

ΤΡΙΑ ΠΡΑΓΜΑΤΑ ΓΙΑ ΤΑ ΟΠΟΙΑ ΝΙΩΘΩ ΕΥΓΝΩΜΟΣΥΝΗ

Η ΒΑΘΜΟΛΟΓΙΑ ΜΟΥ ΓΙΑ ΣΗΜΕΡΑ

ΚΑΤΙ ΠΟΥ ΘΕΛΩ ΝΑ ΘΥΜΑΜΑΙ ΓΙΑ ΣΗΜΕΡΑ

ΚΑΤΙ ΓΙΑ ΤΟ ΟΠΟΙΟ ΘΑ ΜΠΟΡΟΥΣΑ ΝΑ ΕΙΧΑ ΝΙΩΣΕΙ ΠΕΡΙΣΣΟΤΕΡΗ ΕΥΓΝΩΜΟΣΥΝΗ ΣΗΜΕΡΑ

Η ΠΡΟΘΕΣΗ ΜΟΥ ΓΙΑ ΑΥΡΙΟ

ΗΜΕΡΑ 277

ΗΜΕΡΑ   ΜΗΝΑΣ   ΕΤΟΣ

ΤΡΙΑ ΠΡΑΓΜΑΤΑ ΓΙΑ ΤΑ ΟΠΟΙΑ ΝΙΩΘΩ ΕΥΓΝΩΜΟΣΥΝΗ

ΚΑΤΙ ΠΟΥ ΘΕΛΩ ΝΑ ΘΥΜΑΜΑΙ ΓΙΑ ΣΗΜΕΡΑ

Η ΒΑΘΜΟΛΟΓΙΑ ΜΟΥ ΓΙΑ ΣΗΜΕΡΑ

Η ΠΡΟΘΕΣΗ ΜΟΥ ΓΙΑ ΑΥΡΙΟ

ΚΑΤΙ ΓΙΑ ΤΟ ΟΠΟΙΟ ΘΑ ΜΠΟΡΟΥΣΑ ΝΑ ΕΙΧΑ ΝΙΩΣΕΙ ΠΕΡΙΣΣΟΤΕΡΗ ΕΥΓΝΩΜΟΣΥΝΗ ΣΗΜΕΡΑ

ΗΜΕΡΑ 278

<table>
<tr><td>ΗΜΕΡΑ</td><td>ΜΗΝΑΣ</td><td>ΕΤΟΣ</td></tr>
</table>

ΤΡΙΑ ΠΡΑΓΜΑΤΑ ΓΙΑ ΤΑ ΟΠΟΙΑ ΝΙΩΘΩ ΕΥΓΝΩΜΟΣΥΝΗ

Η ΒΑΘΜΟΛΟΓΙΑ ΜΟΥ ΓΙΑ ΣΗΜΕΡΑ

ΚΑΤΙ ΠΟΥ ΘΕΛΩ ΝΑ ΘΥΜΑΜΑΙ ΓΙΑ ΣΗΜΕΡΑ

ΚΑΤΙ ΓΙΑ ΤΟ ΟΠΟΙΟ ΘΑ ΜΠΟΡΟΥΣΑ ΝΑ ΕΙΧΑ ΝΙΩΣΕΙ ΠΕΡΙΣΣΟΤΕΡΗ ΕΥΓΝΩΜΟΣΥΝΗ ΣΗΜΕΡΑ

Η ΠΡΟΘΕΣΗ ΜΟΥ ΓΙΑ ΑΥΡΙΟ

ΗΜΕΡΑ 279

ΗΜΕΡΑ   ΜΗΝΑΣ   ΕΤΟΣ

ΤΡΙΑ ΠΡΑΓΜΑΤΑ ΓΙΑ ΤΑ ΟΠΟΙΑ ΝΙΩΘΩ ΕΥΓΝΩΜΟΣΥΝΗ

ΚΑΤΙ ΠΟΥ ΘΕΛΩ ΝΑ ΘΥΜΑΜΑΙ ΓΙΑ ΣΗΜΕΡΑ

Η ΒΑΘΜΟΛΟΓΙΑ ΜΟΥ ΓΙΑ ΣΗΜΕΡΑ

Η ΠΡΟΘΕΣΗ ΜΟΥ ΓΙΑ ΑΥΡΙΟ

ΚΑΤΙ ΓΙΑ ΤΟ ΟΠΟΙΟ ΘΑ ΜΠΟΡΟΥΣΑ ΝΑ ΕΙΧΑ ΝΙΩΣΕΙ ΠΕΡΙΣΣΟΤΕΡΗ ΕΥΓΝΩΜΟΣΥΝΗ ΣΗΜΕΡΑ

ΗΜΕΡΑ   ΜΗΝΑΣ   ΕΤΟΣ

ΤΡΙΑ ΠΡΑΓΜΑΤΑ ΓΙΑ ΤΑ ΟΠΟΙΑ ΝΙΩΘΩ ΕΥΓΝΩΜΟΣΥΝΗ

Η ΒΑΘΜΟΛΟΓΙΑ ΜΟΥ ΓΙΑ ΣΗΜΕΡΑ

ΚΑΤΙ ΠΟΥ ΘΕΛΩ ΝΑ ΘΥΜΑΜΑΙ ΓΙΑ ΣΗΜΕΡΑ

ΚΑΤΙ ΓΙΑ ΤΟ ΟΠΟΙΟ ΘΑ ΜΠΟΡΟΥΣΑ ΝΑ ΕΙΧΑ ΝΙΩΣΕΙ ΠΕΡΙΣΣΟΤΕΡΗ ΕΥΓΝΩΜΟΣΥΝΗ ΣΗΜΕΡΑ

Η ΠΡΟΘΕΣΗ ΜΟΥ ΓΙΑ ΑΥΡΙΟ

ΟΣΟ ΠΕΡΙΣΣΟΤΕΡΟ ΔΟΞΑΖΕΙΣ ΚΑΙ ΓΙΟΡΤΑΖΕΙΣ ΤΗ ΖΩΗ ΣΟΥ,
ΤΟΣΟ ΠΕΡΙΣΣΟΤΕΡΑ ΠΡΑΓΜΑΤΑ ΥΠΑΡΧΟΥΝ ΣΤΗ ΖΩΗ ΓΙΑ ΝΑ ΓΙΟΡΤΑΣΕΙΣ.

OPRAH WINFREY

ΚΑΤΙ ΓΙΑ ΤΟ ΟΠΟΙΟ ΘΑ ΜΠΟΡΟΥΣΑ ΝΑ ΕΙΧΑ ΝΙΩΣΕΙ ΠΕΡΙΣΣΟΤΕΡΗ ΕΥΓΝΩΜΟΣΥΝΗ ΤΙΣ ΤΕΛΕΥΤΑΙΕΣ ΤΕΣΣΕΡΙΣ ΕΒΔΟΜΑΔΕΣ

Η ΒΑΘΜΟΛΟΓΙΑ ΜΟΥ ΓΙΑ ΤΙΣ ΠΕΡΑΣΜΕΝΕΣ ΤΕΣΣΕΡΙΣ ΕΒΔΟΜΑΔΕΣ

ΚΑΤΙ ΤΟ ΟΠΟΙΟ ΘΕΛΩ ΝΑ ΘΥΜΑΜΑΙ ΓΙΑ ΤΙΣ ΤΕΛΕΥΤΑΙΕΣ ΤΕΣΣΕΡΙΣ ΕΒΔΟΜΑΔΕΣ

Η ΠΡΟΘΕΣΗ ΜΟΥ ΓΙΑ ΤΙΣ ΕΠΟΜΕΝΕΣ ΤΕΣΣΕΡΙΣ ΕΒΔΟΜΑΔΕΣ

ΚΑΠΟΙΟΝ ΓΙΑ ΤΟΝ ΟΠΟΙΟ ΘΑ ΜΠΟΡΟΥΣΑ ΝΑ ΕΙΧΑ ΝΙΩΣΕΙ ΠΕΡΙΣΣΟΤΕΡΗ ΕΥΓΝΩΜΟΣΥΝΗ ΤΙΣ ΤΕΛΕΥΤΑΙΕΣ ΤΕΣΣΕΡΙΣ ΕΒΔΟΜΑΔΕΣ

ΗΜΕΡΑ 281

ΗΜΕΡΑ   ΜΗΝΑΣ   ΕΤΟΣ

ΤΡΙΑ ΠΡΑΓΜΑΤΑ ΓΙΑ ΤΑ ΟΠΟΙΑ ΝΙΩΘΩ ΕΥΓΝΩΜΟΣΥΝΗ

Η ΒΑΘΜΟΛΟΓΙΑ ΜΟΥ ΓΙΑ ΣΗΜΕΡΑ

ΚΑΤΙ ΠΟΥ ΘΕΛΩ ΝΑ ΘΥΜΑΜΑΙ ΓΙΑ ΣΗΜΕΡΑ

ΚΑΤΙ ΓΙΑ ΤΟ ΟΠΟΙΟ ΘΑ ΜΠΟΡΟΥΣΑ ΝΑ ΕΙΧΑ ΝΙΩΣΕΙ ΠΕΡΙΣΣΟΤΕΡΗ ΕΥΓΝΩΜΟΣΥΝΗ ΣΗΜΕΡΑ

Η ΠΡΟΘΕΣΗ ΜΟΥ ΓΙΑ ΑΥΡΙΟ

ΗΜΕΡΑ   ΜΗΝΑΣ   ΕΤΟΣ

ΤΡΙΑ ΠΡΑΓΜΑΤΑ ΓΙΑ ΤΑ ΟΠΟΙΑ ΝΙΩΘΩ ΕΥΓΝΩΜΟΣΥΝΗ

ΚΑΤΙ ΠΟΥ ΘΕΛΩ ΝΑ ΘΥΜΑΜΑΙ ΓΙΑ ΣΗΜΕΡΑ

Η ΒΑΘΜΟΛΟΓΙΑ ΜΟΥ ΓΙΑ ΣΗΜΕΡΑ

Η ΠΡΟΘΕΣΗ ΜΟΥ ΓΙΑ ΑΥΡΙΟ

ΚΑΤΙ ΓΙΑ ΤΟ ΟΠΟΙΟ ΘΑ ΜΠΟΡΟΥΣΑ ΝΑ ΕΙΧΑ ΝΙΩΣΕΙ ΠΕΡΙΣΣΟΤΕΡΗ ΕΥΓΝΩΜΟΣΥΝΗ ΣΗΜΕΡΑ

ΗΜΕΡΑ 283

ΗΜΕΡΑ   ΜΗΝΑΣ   ΕΤΟΣ

ΤΡΙΑ ΠΡΑΓΜΑΤΑ ΓΙΑ ΤΑ ΟΠΟΙΑ ΝΙΩΘΩ ΕΥΓΝΩΜΟΣΥΝΗ

Η ΒΑΘΜΟΛΟΓΙΑ ΜΟΥ ΓΙΑ ΣΗΜΕΡΑ

ΚΑΤΙ ΠΟΥ ΘΕΛΩ ΝΑ ΘΥΜΑΜΑΙ ΓΙΑ ΣΗΜΕΡΑ

ΚΑΤΙ ΓΙΑ ΤΟ ΟΠΟΙΟ ΘΑ ΜΠΟΡΟΥΣΑ ΝΑ ΕΙΧΑ ΝΙΩΣΕΙ ΠΕΡΙΣΣΟΤΕΡΗ ΕΥΓΝΩΜΟΣΥΝΗ ΣΗΜΕΡΑ

Η ΠΡΟΘΕΣΗ ΜΟΥ ΓΙΑ ΑΥΡΙΟ

ΗΜΕΡΑ 284

ΗΜΕΡΑ	ΜΗΝΑΣ	ΕΤΟΣ

ΤΡΙΑ ΠΡΑΓΜΑΤΑ ΓΙΑ ΤΑ ΟΠΟΙΑ ΝΙΩΘΩ ΕΥΓΝΩΜΟΣΥΝΗ

ΚΑΤΙ ΠΟΥ ΘΕΛΩ ΝΑ ΘΥΜΑΜΑΙ ΓΙΑ ΣΗΜΕΡΑ

Η ΒΑΘΜΟΛΟΓΙΑ ΜΟΥ ΓΙΑ ΣΗΜΕΡΑ

Η ΠΡΟΘΕΣΗ ΜΟΥ ΓΙΑ ΑΥΡΙΟ

ΚΑΤΙ ΓΙΑ ΤΟ ΟΠΟΙΟ ΘΑ ΜΠΟΡΟΥΣΑ ΝΑ ΕΙΧΑ ΝΙΩΣΕΙ ΠΕΡΙΣΣΟΤΕΡΗ ΕΥΓΝΩΜΟΣΥΝΗ ΣΗΜΕΡΑ

ΗΜΕΡΑ 285

ΗΜΕΡΑ   ΜΗΝΑΣ   ΕΤΟΣ

ΤΡΙΑ ΠΡΑΓΜΑΤΑ ΓΙΑ ΤΑ ΟΠΟΙΑ ΝΙΩΘΩ ΕΥΓΝΩΜΟΣΥΝΗ

Η ΒΑΘΜΟΛΟΓΙΑ ΜΟΥ ΓΙΑ
ΣΗΜΕΡΑ

ΚΑΤΙ ΠΟΥ ΘΕΛΩ ΝΑ ΘΥΜΑΜΑΙ ΓΙΑ ΣΗΜΕΡΑ

ΚΑΤΙ ΓΙΑ ΤΟ ΟΠΟΙΟ ΘΑ ΜΠΟΡΟΥΣΑ ΝΑ ΕΙΧΑ ΝΙΩΣΕΙ ΠΕΡΙΣΣΟΤΕΡΗ
ΕΥΓΝΩΜΟΣΥΝΗ ΣΗΜΕΡΑ

Η ΠΡΟΘΕΣΗ ΜΟΥ ΓΙΑ ΑΥΡΙΟ

ΗΜΕΡΑ 286

ΗΜΕΡΑ   ΜΗΝΑΣ   ΕΤΟΣ

ΤΡΙΑ ΠΡΑΓΜΑΤΑ ΓΙΑ ΤΑ ΟΠΟΙΑ ΝΙΩΘΩ ΕΥΓΝΩΜΟΣΥΝΗ

ΚΑΤΙ ΠΟΥ ΘΕΛΩ ΝΑ ΘΥΜΑΜΑΙ ΓΙΑ ΣΗΜΕΡΑ

Η ΒΑΘΜΟΛΟΓΙΑ ΜΟΥ ΓΙΑ ΣΗΜΕΡΑ

Η ΠΡΟΘΕΣΗ ΜΟΥ ΓΙΑ ΑΥΡΙΟ

ΚΑΤΙ ΓΙΑ ΤΟ ΟΠΟΙΟ ΘΑ ΜΠΟΡΟΥΣΑ ΝΑ ΕΙΧΑ ΝΙΩΣΕΙ ΠΕΡΙΣΣΟΤΕΡΗ ΕΥΓΝΩΜΟΣΥΝΗ ΣΗΜΕΡΑ

ΗΜΕΡΑ   ΜΗΝΑΣ   ΕΤΟΣ

ΤΡΙΑ ΠΡΑΓΜΑΤΑ ΓΙΑ ΤΑ ΟΠΟΙΑ ΝΙΩΘΩ ΕΥΓΝΩΜΟΣΥΝΗ

Η ΒΑΘΜΟΛΟΓΙΑ ΜΟΥ ΓΙΑ
ΣΗΜΕΡΑ

ΚΑΤΙ ΠΟΥ ΘΕΛΩ ΝΑ ΘΥΜΑΜΑΙ ΓΙΑ ΣΗΜΕΡΑ

ΚΑΤΙ ΓΙΑ ΤΟ ΟΠΟΙΟ ΘΑ ΜΠΟΡΟΥΣΑ ΝΑ ΕΙΧΑ ΝΙΩΣΕΙ ΠΕΡΙΣΣΟΤΕΡΗ
ΕΥΓΝΩΜΟΣΥΝΗ ΣΗΜΕΡΑ

Η ΠΡΟΘΕΣΗ ΜΟΥ ΓΙΑ ΑΥΡΙΟ

Η ΕΥΓΝΩΜΟΣΥΝΗ ΕΙΝΑΙ ΤΟ ΠΙΟ ΣΗΜΑΝΤΙΚΟ ΣΥΣΤΑΤΙΚΟ ΜΙΑΣ ΕΠΙΤΥΧΗΜΕΝΗΣ ΚΑΙ ΟΛΟΚΛΗΡΩΜΕΝΗΣ ΖΩΗΣ.

Jack Canfield

ΚΑΤΙ ΓΙΑ ΤΟ ΟΠΟΙΟ ΘΑ ΜΠΟΡΟΥΣΑ ΝΑ ΕΙΧΑ ΝΙΩΣΕΙ ΠΕΡΙΣΣΟΤΕΡΗ ΕΥΓΝΩΜΟΣΥΝΗ ΑΥΤΗ ΤΗ ΒΔΟΜΑΔΑ

Η ΒΑΘΜΟΛΟΓΙΑ ΜΟΥ ΓΙΑ ΑΥΤΗ ΤΗ ΒΔΟΜΑΔΑ

ΚΑΤΙ ΤΟ ΟΠΟΙΟ ΘΕΛΩ ΝΑ ΘΥΜΑΜΑΙ ΓΙΑ ΑΥΤΗ ΤΗΝ ΕΒΔΟΜΑΔΑ

Η ΠΡΟΘΕΣΗ ΜΟΥ ΓΙΑ ΤΗΝ ΕΠΟΜΕΝΗ ΕΒΔΟΜΑΔΑ

ΚΑΠΟΙΟΝ ΓΙΑ ΤΟΝ ΟΠΟΙΟ ΘΑ ΜΠΟΡΟΥΣΑ ΝΑ ΕΙΧΑ ΝΙΩΣΕΙ ΠΕΡΙΣΣΟΤΕΡΗ ΕΥΓΝΩΜΟΣΥΝΗ ΑΥΤΗΝ ΤΗΝ ΕΒΔΟΜΑΔΑ

ΗΜΕΡΑ 288

ΗΜΕΡΑ   ΜΗΝΑΣ   ΕΤΟΣ

ΤΡΙΑ ΠΡΑΓΜΑΤΑ ΓΙΑ ΤΑ ΟΠΟΙΑ ΝΙΩΘΩ ΕΥΓΝΩΜΟΣΥΝΗ

Η ΒΑΘΜΟΛΟΓΙΑ ΜΟΥ ΓΙΑ ΣΗΜΕΡΑ   ΚΑΤΙ ΠΟΥ ΘΕΛΩ ΝΑ ΘΥΜΑΜΑΙ ΓΙΑ ΣΗΜΕΡΑ

ΚΑΤΙ ΓΙΑ ΤΟ ΟΠΟΙΟ ΘΑ ΜΠΟΡΟΥΣΑ ΝΑ ΕΙΧΑ ΝΙΩΣΕΙ ΠΕΡΙΣΣΟΤΕΡΗ ΕΥΓΝΩΜΟΣΥΝΗ ΣΗΜΕΡΑ   Η ΠΡΟΘΕΣΗ ΜΟΥ ΓΙΑ ΑΥΡΙΟ

ΗΜΕΡΑ   ΜΗΝΑΣ   ΕΤΟΣ

ΤΡΙΑ ΠΡΑΓΜΑΤΑ ΓΙΑ ΤΑ ΟΠΟΙΑ ΝΙΩΘΩ ΕΥΓΝΩΜΟΣΥΝΗ

ΚΑΤΙ ΠΟΥ ΘΕΛΩ ΝΑ ΘΥΜΑΜΑΙ ΓΙΑ ΣΗΜΕΡΑ

Η ΒΑΘΜΟΛΟΓΙΑ ΜΟΥ ΓΙΑ ΣΗΜΕΡΑ

Η ΠΡΟΘΕΣΗ ΜΟΥ ΓΙΑ ΑΥΡΙΟ

ΚΑΤΙ ΓΙΑ ΤΟ ΟΠΟΙΟ ΘΑ ΜΠΟΡΟΥΣΑ ΝΑ ΕΙΧΑ ΝΙΩΣΕΙ ΠΕΡΙΣΣΟΤΕΡΗ ΕΥΓΝΩΜΟΣΥΝΗ ΣΗΜΕΡΑ

ΗΜΕΡΑ 290

<table>
<tr><td>ΗΜΕΡΑ</td><td>ΜΗΝΑΣ</td><td>ΕΤΟΣ</td></tr>
</table>

ΤΡΙΑ ΠΡΑΓΜΑΤΑ ΓΙΑ ΤΑ ΟΠΟΙΑ ΝΙΩΘΩ ΕΥΓΝΩΜΟΣΥΝΗ

Η ΒΑΘΜΟΛΟΓΙΑ ΜΟΥ ΓΙΑ ΣΗΜΕΡΑ

ΚΑΤΙ ΠΟΥ ΘΕΛΩ ΝΑ ΘΥΜΑΜΑΙ ΓΙΑ ΣΗΜΕΡΑ

ΚΑΤΙ ΓΙΑ ΤΟ ΟΠΟΙΟ ΘΑ ΜΠΟΡΟΥΣΑ ΝΑ ΕΙΧΑ ΝΙΩΣΕΙ ΠΕΡΙΣΣΟΤΕΡΗ ΕΥΓΝΩΜΟΣΥΝΗ ΣΗΜΕΡΑ

Η ΠΡΟΘΕΣΗ ΜΟΥ ΓΙΑ ΑΥΡΙΟ

ΗΜΕΡΑ   ΜΗΝΑΣ   ΕΤΟΣ

ΤΡΙΑ ΠΡΑΓΜΑΤΑ ΓΙΑ ΤΑ ΟΠΟΙΑ ΝΙΩΘΩ ΕΥΓΝΩΜΟΣΥΝΗ

ΚΑΤΙ ΠΟΥ ΘΕΛΩ ΝΑ ΘΥΜΑΜΑΙ ΓΙΑ ΣΗΜΕΡΑ

Η ΒΑΘΜΟΛΟΓΙΑ ΜΟΥ ΓΙΑ ΣΗΜΕΡΑ

Η ΠΡΟΘΕΣΗ ΜΟΥ ΓΙΑ ΑΥΡΙΟ

ΚΑΤΙ ΓΙΑ ΤΟ ΟΠΟΙΟ ΘΑ ΜΠΟΡΟΥΣΑ ΝΑ ΕΙΧΑ ΝΙΩΣΕΙ ΠΕΡΙΣΣΟΤΕΡΗ ΕΥΓΝΩΜΟΣΥΝΗ ΣΗΜΕΡΑ

ΗΜΕΡΑ 292

ΗΜΕΡΑ   ΜΗΝΑΣ   ΕΤΟΣ

ΤΡΙΑ ΠΡΑΓΜΑΤΑ ΓΙΑ ΤΑ ΟΠΟΙΑ ΝΙΩΘΩ ΕΥΓΝΩΜΟΣΥΝΗ

Η ΒΑΘΜΟΛΟΓΙΑ ΜΟΥ ΓΙΑ ΣΗΜΕΡΑ

ΚΑΤΙ ΠΟΥ ΘΕΛΩ ΝΑ ΘΥΜΑΜΑΙ ΓΙΑ ΣΗΜΕΡΑ

ΚΑΤΙ ΓΙΑ ΤΟ ΟΠΟΙΟ ΘΑ ΜΠΟΡΟΥΣΑ ΝΑ ΕΙΧΑ ΝΙΩΣΕΙ ΠΕΡΙΣΣΟΤΕΡΗ ΕΥΓΝΩΜΟΣΥΝΗ ΣΗΜΕΡΑ

Η ΠΡΟΘΕΣΗ ΜΟΥ ΓΙΑ ΑΥΡΙΟ

ΗΜΕΡΑ 293

ΗΜΕΡΑ　　　ΜΗΝΑΣ　　　ΕΤΟΣ

ΤΡΙΑ ΠΡΑΓΜΑΤΑ ΓΙΑ ΤΑ ΟΠΟΙΑ ΝΙΩΘΩ ΕΥΓΝΩΜΟΣΥΝΗ

ΚΑΤΙ ΠΟΥ ΘΕΛΩ ΝΑ ΘΥΜΑΜΑΙ ΓΙΑ ΣΗΜΕΡΑ

Η ΒΑΘΜΟΛΟΓΙΑ ΜΟΥ ΓΙΑ ΣΗΜΕΡΑ

Η ΠΡΟΘΕΣΗ ΜΟΥ ΓΙΑ ΑΥΡΙΟ

ΚΑΤΙ ΓΙΑ ΤΟ ΟΠΟΙΟ ΘΑ ΜΠΟΡΟΥΣΑ ΝΑ ΕΙΧΑ ΝΙΩΣΕΙ ΠΕΡΙΣΣΟΤΕΡΗ ΕΥΓΝΩΜΟΣΥΝΗ ΣΗΜΕΡΑ

ΗΜΕΡΑ   ΜΗΝΑΣ   ΕΤΟΣ

ΤΡΙΑ ΠΡΑΓΜΑΤΑ ΓΙΑ ΤΑ ΟΠΟΙΑ ΝΙΩΘΩ ΕΥΓΝΩΜΟΣΥΝΗ

Η ΒΑΘΜΟΛΟΓΙΑ ΜΟΥ ΓΙΑ
ΣΗΜΕΡΑ

ΚΑΤΙ ΠΟΥ ΘΕΛΩ ΝΑ ΘΥΜΑΜΑΙ ΓΙΑ ΣΗΜΕΡΑ

ΚΑΤΙ ΓΙΑ ΤΟ ΟΠΟΙΟ ΘΑ ΜΠΟΡΟΥΣΑ ΝΑ ΕΙΧΑ ΝΙΩΣΕΙ ΠΕΡΙΣΣΟΤΕΡΗ
ΕΥΓΝΩΜΟΣΥΝΗ ΣΗΜΕΡΑ

Η ΠΡΟΘΕΣΗ ΜΟΥ ΓΙΑ ΑΥΡΙΟ

ΣΗΜΕΡΑ ΕΙΝΑΙ ΜΙΑ ΥΠΕΡΟΧΗ ΜΕΡΑ. ΔΕΝ ΤΗΝ ΕΧΩ ΞΑΝΑΔΕΙ.

MAYA ANGELOU

KATI ΓΙΑ ΤΟ ΟΠΟΙΟ ΘΑ ΜΠΟΡΟΥΣΑ ΝΑ ΕΙΧΑ ΝΙΩΣΕΙ ΠΕΡΙΣΣΟΤΕΡΗ ΕΥΓΝΩΜΟΣΥΝΗ ΑΥΤΗ ΤΗ ΒΔΟΜΑΔΑ

Η ΒΑΘΜΟΛΟΓΙΑ ΜΟΥ ΓΙΑ ΑΥΤΗ ΤΗ ΒΔΟΜΑΔΑ

KATI ΤΟ ΟΠΟΙΟ ΘΕΛΩ ΝΑ ΘΥΜΑΜΑΙ ΓΙΑ ΑΥΤΗ ΤΗΝ ΕΒΔΟΜΑΔΑ

Η ΠΡΟΘΕΣΗ ΜΟΥ ΓΙΑ ΤΗΝ ΕΠΟΜΕΝΗ ΕΒΔΟΜΑΔΑ

ΚΑΠΟΙΟΝ ΓΙΑ ΤΟΝ ΟΠΟΙΟ ΘΑ ΜΠΟΡΟΥΣΑ ΝΑ ΕΙΧΑ ΝΙΩΣΕΙ ΠΕΡΙΣΣΟΤΕΡΗ ΕΥΓΝΩΜΟΣΥΝΗ ΑΥΤΗΝ ΤΗΝ ΕΒΔΟΜΑΔΑ

ΗΜΕΡΑ   ΜΗΝΑΣ   ΕΤΟΣ

ΤΡΙΑ ΠΡΑΓΜΑΤΑ ΓΙΑ ΤΑ ΟΠΟΙΑ ΝΙΩΘΩ ΕΥΓΝΩΜΟΣΥΝΗ

Η ΒΑΘΜΟΛΟΓΙΑ ΜΟΥ ΓΙΑ ΣΗΜΕΡΑ

ΚΑΤΙ ΠΟΥ ΘΕΛΩ ΝΑ ΘΥΜΑΜΑΙ ΓΙΑ ΣΗΜΕΡΑ

ΚΑΤΙ ΓΙΑ ΤΟ ΟΠΟΙΟ ΘΑ ΜΠΟΡΟΥΣΑ ΝΑ ΕΙΧΑ ΝΙΩΣΕΙ ΠΕΡΙΣΣΟΤΕΡΗ ΕΥΓΝΩΜΟΣΥΝΗ ΣΗΜΕΡΑ

Η ΠΡΟΘΕΣΗ ΜΟΥ ΓΙΑ ΑΥΡΙΟ

ΗΜΕΡΑ   ΜΗΝΑΣ   ΕΤΟΣ

ΤΡΙΑ ΠΡΑΓΜΑΤΑ ΓΙΑ ΤΑ ΟΠΟΙΑ ΝΙΩΘΩ ΕΥΓΝΩΜΟΣΥΝΗ

ΚΑΤΙ ΠΟΥ ΘΕΛΩ ΝΑ ΘΥΜΑΜΑΙ ΓΙΑ ΣΗΜΕΡΑ

Η ΒΑΘΜΟΛΟΓΙΑ ΜΟΥ ΓΙΑ ΣΗΜΕΡΑ

Η ΠΡΟΘΕΣΗ ΜΟΥ ΓΙΑ ΑΥΡΙΟ

ΚΑΤΙ ΓΙΑ ΤΟ ΟΠΟΙΟ ΘΑ ΜΠΟΡΟΥΣΑ ΝΑ ΕΙΧΑ ΝΙΩΣΕΙ ΠΕΡΙΣΣΟΤΕΡΗ ΕΥΓΝΩΜΟΣΥΝΗ ΣΗΜΕΡΑ

ΗΜΕΡΑ   ΜΗΝΑΣ   ΕΤΟΣ

ΤΡΙΑ ΠΡΑΓΜΑΤΑ ΓΙΑ ΤΑ ΟΠΟΙΑ ΝΙΩΘΩ ΕΥΓΝΩΜΟΣΥΝΗ

Η ΒΑΘΜΟΛΟΓΙΑ ΜΟΥ ΓΙΑ ΣΗΜΕΡΑ   ΚΑΤΙ ΠΟΥ ΘΕΛΩ ΝΑ ΘΥΜΑΜΑΙ ΓΙΑ ΣΗΜΕΡΑ

ΚΑΤΙ ΓΙΑ ΤΟ ΟΠΟΙΟ ΘΑ ΜΠΟΡΟΥΣΑ ΝΑ ΕΙΧΑ ΝΙΩΣΕΙ ΠΕΡΙΣΣΟΤΕΡΗ ΕΥΓΝΩΜΟΣΥΝΗ ΣΗΜΕΡΑ   Η ΠΡΟΘΕΣΗ ΜΟΥ ΓΙΑ ΑΥΡΙΟ

ΗΜΕΡΑ   ΜΗΝΑΣ   ΕΤΟΣ

ΤΡΙΑ ΠΡΑΓΜΑΤΑ ΓΙΑ ΤΑ ΟΠΟΙΑ ΝΙΩΘΩ ΕΥΓΝΩΜΟΣΥΝΗ

ΚΑΤΙ ΠΟΥ ΘΕΛΩ ΝΑ ΘΥΜΑΜΑΙ ΓΙΑ ΣΗΜΕΡΑ

Η ΒΑΘΜΟΛΟΓΙΑ ΜΟΥ ΓΙΑ ΣΗΜΕΡΑ

Η ΠΡΟΘΕΣΗ ΜΟΥ ΓΙΑ ΑΥΡΙΟ

ΚΑΤΙ ΓΙΑ ΤΟ ΟΠΟΙΟ ΘΑ ΜΠΟΡΟΥΣΑ ΝΑ ΕΙΧΑ ΝΙΩΣΕΙ ΠΕΡΙΣΣΟΤΕΡΗ ΕΥΓΝΩΜΟΣΥΝΗ ΣΗΜΕΡΑ

ΗΜΕΡΑ   ΜΗΝΑΣ   ΕΤΟΣ

ΤΡΙΑ ΠΡΑΓΜΑΤΑ ΓΙΑ ΤΑ ΟΠΟΙΑ ΝΙΩΘΩ ΕΥΓΝΩΜΟΣΥΝΗ

Η ΒΑΘΜΟΛΟΓΙΑ ΜΟΥ ΓΙΑ
ΣΗΜΕΡΑ

ΚΑΤΙ ΠΟΥ ΘΕΛΩ ΝΑ ΘΥΜΑΜΑΙ ΓΙΑ ΣΗΜΕΡΑ

ΚΑΤΙ ΓΙΑ ΤΟ ΟΠΟΙΟ ΘΑ ΜΠΟΡΟΥΣΑ ΝΑ ΕΙΧΑ ΝΙΩΣΕΙ ΠΕΡΙΣΣΟΤΕΡΗ
ΕΥΓΝΩΜΟΣΥΝΗ ΣΗΜΕΡΑ

Η ΠΡΟΘΕΣΗ ΜΟΥ ΓΙΑ ΑΥΡΙΟ

ΗΜΕΡΑ　　　ΜΗΝΑΣ　　　ΕΤΟΣ

ΤΡΙΑ ΠΡΑΓΜΑΤΑ ΓΙΑ ΤΑ ΟΠΟΙΑ ΝΙΩΘΩ ΕΥΓΝΩΜΟΣΥΝΗ

ΚΑΤΙ ΠΟΥ ΘΕΛΩ ΝΑ ΘΥΜΑΜΑΙ ΓΙΑ ΣΗΜΕΡΑ

Η ΒΑΘΜΟΛΟΓΙΑ ΜΟΥ ΓΙΑ ΣΗΜΕΡΑ

Η ΠΡΟΘΕΣΗ ΜΟΥ ΓΙΑ ΑΥΡΙΟ

ΚΑΤΙ ΓΙΑ ΤΟ ΟΠΟΙΟ ΘΑ ΜΠΟΡΟΥΣΑ ΝΑ ΕΙΧΑ ΝΙΩΣΕΙ ΠΕΡΙΣΣΟΤΕΡΗ ΕΥΓΝΩΜΟΣΥΝΗ ΣΗΜΕΡΑ

ΗΜΕΡΑ   ΜΗΝΑΣ   ΕΤΟΣ

ΤΡΙΑ ΠΡΑΓΜΑΤΑ ΓΙΑ ΤΑ ΟΠΟΙΑ ΝΙΩΘΩ ΕΥΓΝΩΜΟΣΥΝΗ

Η ΒΑΘΜΟΛΟΓΙΑ ΜΟΥ ΓΙΑ   ΚΑΤΙ ΠΟΥ ΘΕΛΩ ΝΑ ΘΥΜΑΜΑΙ ΓΙΑ ΣΗΜΕΡΑ
ΣΗΜΕΡΑ

ΚΑΤΙ ΓΙΑ ΤΟ ΟΠΟΙΟ ΘΑ ΜΠΟΡΟΥΣΑ ΝΑ ΕΙΧΑ ΝΙΩΣΕΙ ΠΕΡΙΣΣΟΤΕΡΗ   Η ΠΡΟΘΕΣΗ ΜΟΥ ΓΙΑ ΑΥΡΙΟ
ΕΥΓΝΩΜΟΣΥΝΗ ΣΗΜΕΡΑ

ΗΜΕΡΑ 301

ΞΕΧΝΑΜΕ ΟΤΙ ΤΟ ΝΑ ΞΥΠΝΑΜΕ ΚΑΘΕ ΜΕΡΑ ΤΟ ΠΡΩΙ ΕΙΝΑΙ ΤΟ ΠΡΩΤΟ ΠΡΑΓΜΑ ΓΙΑ ΤΟ ΟΠΟΙΟ ΠΡΕΠΕΙ ΝΑ ΕΙΜΑΣΤΕ ΕΥΓΝΩΜΟΝΕΣ.

ΑΝΩΝΥΜΟ

ΚΑΤΙ ΓΙΑ ΤΟ ΟΠΟΙΟ ΘΑ ΜΠΟΡΟΥΣΑ ΝΑ ΕΙΧΑ ΝΙΩΣΕΙ ΠΕΡΙΣΣΟΤΕΡΗ ΕΥΓΝΩΜΟΣΥΝΗ ΑΥΤΗ ΤΗ ΒΔΟΜΑΔΑ

Η ΒΑΘΜΟΛΟΓΙΑ ΜΟΥ ΓΙΑ ΑΥΤΗ ΤΗ ΒΔΟΜΑΔΑ

ΚΑΤΙ ΤΟ ΟΠΟΙΟ ΘΕΛΩ ΝΑ ΘΥΜΑΜΑΙ ΓΙΑ ΑΥΤΗ ΤΗΝ ΕΒΔΟΜΑΔΑ

Η ΠΡΟΘΕΣΗ ΜΟΥ ΓΙΑ ΤΗΝ ΕΠΟΜΕΝΗ ΕΒΔΟΜΑΔΑ

ΚΑΠΟΙΟΝ ΓΙΑ ΤΟΝ ΟΠΟΙΟ ΘΑ ΜΠΟΡΟΥΣΑ ΝΑ ΕΙΧΑ ΝΙΩΣΕΙ ΠΕΡΙΣΣΟΤΕΡΗ ΕΥΓΝΩΜΟΣΥΝΗ ΑΥΤΗΝ ΤΗΝ ΕΒΔΟΜΑΔΑ

ΗΜΕΡΑ 302

ΗΜΕΡΑ   ΜΗΝΑΣ   ΕΤΟΣ

ΤΡΙΑ ΠΡΑΓΜΑΤΑ ΓΙΑ ΤΑ ΟΠΟΙΑ ΝΙΩΘΩ ΕΥΓΝΩΜΟΣΥΝΗ

Η ΒΑΘΜΟΛΟΓΙΑ ΜΟΥ ΓΙΑ ΣΗΜΕΡΑ

ΚΑΤΙ ΠΟΥ ΘΕΛΩ ΝΑ ΘΥΜΑΜΑΙ ΓΙΑ ΣΗΜΕΡΑ

ΚΑΤΙ ΓΙΑ ΤΟ ΟΠΟΙΟ ΘΑ ΜΠΟΡΟΥΣΑ ΝΑ ΕΙΧΑ ΝΙΩΣΕΙ ΠΕΡΙΣΣΟΤΕΡΗ ΕΥΓΝΩΜΟΣΥΝΗ ΣΗΜΕΡΑ

Η ΠΡΟΘΕΣΗ ΜΟΥ ΓΙΑ ΑΥΡΙΟ

ΗΜΕΡΑ 303

<table>
<tr><td>ΗΜΕΡΑ</td><td>ΜΗΝΑΣ</td><td>ΕΤΟΣ</td></tr>
</table>

ΤΡΙΑ ΠΡΑΓΜΑΤΑ ΓΙΑ ΤΑ ΟΠΟΙΑ ΝΙΩΘΩ ΕΥΓΝΩΜΟΣΥΝΗ

ΚΑΤΙ ΠΟΥ ΘΕΛΩ ΝΑ ΘΥΜΑΜΑΙ ΓΙΑ ΣΗΜΕΡΑ

Η ΒΑΘΜΟΛΟΓΙΑ ΜΟΥ ΓΙΑ ΣΗΜΕΡΑ

Η ΠΡΟΘΕΣΗ ΜΟΥ ΓΙΑ ΑΥΡΙΟ

ΚΑΤΙ ΓΙΑ ΤΟ ΟΠΟΙΟ ΘΑ ΜΠΟΡΟΥΣΑ ΝΑ ΕΙΧΑ ΝΙΩΣΕΙ ΠΕΡΙΣΣΟΤΕΡΗ ΕΥΓΝΩΜΟΣΥΝΗ ΣΗΜΕΡΑ

HΜΕΡΑ 304

ΗΜΕΡΑ   ΜΗΝΑΣ   ΕΤΟΣ

ΤΡΙΑ ΠΡΑΓΜΑΤΑ ΓΙΑ ΤΑ ΟΠΟΙΑ ΝΙΩΘΩ ΕΥΓΝΩΜΟΣΥΝΗ

Η ΒΑΘΜΟΛΟΓΙΑ ΜΟΥ ΓΙΑ ΣΗΜΕΡΑ

ΚΑΤΙ ΠΟΥ ΘΕΛΩ ΝΑ ΘΥΜΑΜΑΙ ΓΙΑ ΣΗΜΕΡΑ

ΚΑΤΙ ΓΙΑ ΤΟ ΟΠΟΙΟ ΘΑ ΜΠΟΡΟΥΣΑ ΝΑ ΕΙΧΑ ΝΙΩΣΕΙ ΠΕΡΙΣΣΟΤΕΡΗ ΕΥΓΝΩΜΟΣΥΝΗ ΣΗΜΕΡΑ

Η ΠΡΟΘΕΣΗ ΜΟΥ ΓΙΑ ΑΥΡΙΟ

ΗΜΕΡΑ 305

ΤΡΙΑ ΠΡΑΓΜΑΤΑ ΓΙΑ ΤΑ ΟΠΟΙΑ ΝΙΩΘΩ ΕΥΓΝΩΜΟΣΥΝΗ

ΚΑΤΙ ΠΟΥ ΘΕΛΩ ΝΑ ΘΥΜΑΜΑΙ ΓΙΑ ΣΗΜΕΡΑ

Η ΒΑΘΜΟΛΟΓΙΑ ΜΟΥ ΓΙΑ ΣΗΜΕΡΑ

Η ΠΡΟΘΕΣΗ ΜΟΥ ΓΙΑ ΑΥΡΙΟ

ΚΑΤΙ ΓΙΑ ΤΟ ΟΠΟΙΟ ΘΑ ΜΠΟΡΟΥΣΑ ΝΑ ΕΙΧΑ ΝΙΩΣΕΙ ΠΕΡΙΣΣΟΤΕΡΗ ΕΥΓΝΩΜΟΣΥΝΗ ΣΗΜΕΡΑ

ΗΜΕΡΑ   ΜΗΝΑΣ   ΕΤΟΣ

ΤΡΙΑ ΠΡΑΓΜΑΤΑ ΓΙΑ ΤΑ ΟΠΟΙΑ ΝΙΩΘΩ ΕΥΓΝΩΜΟΣΥΝΗ

Η ΒΑΘΜΟΛΟΓΙΑ ΜΟΥ ΓΙΑ ΣΗΜΕΡΑ

ΚΑΤΙ ΠΟΥ ΘΕΛΩ ΝΑ ΘΥΜΑΜΑΙ ΓΙΑ ΣΗΜΕΡΑ

ΚΑΤΙ ΓΙΑ ΤΟ ΟΠΟΙΟ ΘΑ ΜΠΟΡΟΥΣΑ ΝΑ ΕΙΧΑ ΝΙΩΣΕΙ ΠΕΡΙΣΣΟΤΕΡΗ ΕΥΓΝΩΜΟΣΥΝΗ ΣΗΜΕΡΑ

Η ΠΡΟΘΕΣΗ ΜΟΥ ΓΙΑ ΑΥΡΙΟ

ΗΜΕΡΑ 307

ΗΜΕΡΑ   ΜΗΝΑΣ   ΕΤΟΣ

ΤΡΙΑ ΠΡΑΓΜΑΤΑ ΓΙΑ ΤΑ ΟΠΟΙΑ ΝΙΩΘΩ ΕΥΓΝΩΜΟΣΥΝΗ

ΚΑΤΙ ΠΟΥ ΘΕΛΩ ΝΑ ΘΥΜΑΜΑΙ ΓΙΑ ΣΗΜΕΡΑ

Η ΒΑΘΜΟΛΟΓΙΑ ΜΟΥ ΓΙΑ ΣΗΜΕΡΑ

Η ΠΡΟΘΕΣΗ ΜΟΥ ΓΙΑ ΑΥΡΙΟ

ΚΑΤΙ ΓΙΑ ΤΟ ΟΠΟΙΟ ΘΑ ΜΠΟΡΟΥΣΑ ΝΑ ΕΙΧΑ ΝΙΩΣΕΙ ΠΕΡΙΣΣΟΤΕΡΗ ΕΥΓΝΩΜΟΣΥΝΗ ΣΗΜΕΡΑ

ΗΜΕΡΑ 308

ΤΡΙΑ ΠΡΑΓΜΑΤΑ ΓΙΑ ΤΑ ΟΠΟΙΑ ΝΙΩΘΩ ΕΥΓΝΩΜΟΣΥΝΗ

Η ΒΑΘΜΟΛΟΓΙΑ ΜΟΥ ΓΙΑ
ΣΗΜΕΡΑ

ΚΑΤΙ ΠΟΥ ΘΕΛΩ ΝΑ ΘΥΜΑΜΑΙ ΓΙΑ ΣΗΜΕΡΑ

ΚΑΤΙ ΓΙΑ ΤΟ ΟΠΟΙΟ ΘΑ ΜΠΟΡΟΥΣΑ ΝΑ ΕΙΧΑ ΝΙΩΣΕΙ ΠΕΡΙΣΣΟΤΕΡΗ
ΕΥΓΝΩΜΟΣΥΝΗ ΣΗΜΕΡΑ

Η ΠΡΟΘΕΣΗ ΜΟΥ ΓΙΑ ΑΥΡΙΟ

ΟΤΑΝ Η ΕΥΓΝΩΜΟΣΥΝΗ ΓΙΝΕΙ ΠΡΟΕΠΙΛΕΓΜΕΝΗ ΡΥΘΜΙΣΗ, Η ΖΩΗ ΣΟΥ ΑΛΛΑΖΕΙ.

Nancy Leigh DeMoss

ΚΑΤΙ ΓΙΑ ΤΟ ΟΠΟΙΟ ΘΑ ΜΠΟΡΟΥΣΑ ΝΑ ΕΙΧΑ ΝΙΩΣΕΙ ΠΕΡΙΣΣΟΤΕΡΗ ΕΥΓΝΩΜΟΣΥΝΗ ΤΙΣ ΤΕΛΕΥΤΑΙΕΣ ΤΕΣΣΕΡΙΣ ΕΒΔΟΜΑΔΕΣ

Η ΒΑΘΜΟΛΟΓΙΑ ΜΟΥ ΓΙΑ ΤΙΣ ΠΕΡΑΣΜΕΝΕΣ ΤΕΣΣΕΡΙΣ ΕΒΔΟΜΑΔΕΣ

ΚΑΤΙ ΤΟ ΟΠΟΙΟ ΘΕΛΩ ΝΑ ΘΥΜΑΜΑΙ ΓΙΑ ΤΙΣ ΤΕΛΕΥΤΑΙΕΣ ΤΕΣΣΕΡΙΣ ΕΒΔΟΜΑΔΕΣ

Η ΠΡΟΘΕΣΗ ΜΟΥ ΓΙΑ ΤΙΣ ΕΠΟΜΕΝΕΣ ΤΕΣΣΕΡΙΣ ΕΒΔΟΜΑΔΕΣ

ΚΑΠΟΙΟΝ ΓΙΑ ΤΟΝ ΟΠΟΙΟ ΘΑ ΜΠΟΡΟΥΣΑ ΝΑ ΕΙΧΑ ΝΙΩΣΕΙ ΠΕΡΙΣΣΟΤΕΡΗ ΕΥΓΝΩΜΟΣΥΝΗ ΤΙΣ ΤΕΛΕΥΤΑΙΕΣ ΤΕΣΣΕΡΙΣ ΕΒΔΟΜΑΔΕΣ

ΗΜΕΡΑ 309

ΗΜΕΡΑ   ΜΗΝΑΣ   ΕΤΟΣ

ΤΡΙΑ ΠΡΑΓΜΑΤΑ ΓΙΑ ΤΑ ΟΠΟΙΑ ΝΙΩΘΩ ΕΥΓΝΩΜΟΣΥΝΗ

Η ΒΑΘΜΟΛΟΓΙΑ ΜΟΥ ΓΙΑ ΣΗΜΕΡΑ

ΚΑΤΙ ΠΟΥ ΘΕΛΩ ΝΑ ΘΥΜΑΜΑΙ ΓΙΑ ΣΗΜΕΡΑ

ΚΑΤΙ ΓΙΑ ΤΟ ΟΠΟΙΟ ΘΑ ΜΠΟΡΟΥΣΑ ΝΑ ΕΙΧΑ ΝΙΩΣΕΙ ΠΕΡΙΣΣΟΤΕΡΗ ΕΥΓΝΩΜΟΣΥΝΗ ΣΗΜΕΡΑ

Η ΠΡΟΘΕΣΗ ΜΟΥ ΓΙΑ ΑΥΡΙΟ

ΗΜΕΡΑ 310

ΗΜΕΡΑ   ΜΗΝΑΣ   ΕΤΟΣ

ΤΡΙΑ ΠΡΑΓΜΑΤΑ ΓΙΑ ΤΑ ΟΠΟΙΑ ΝΙΩΘΩ ΕΥΓΝΩΜΟΣΥΝΗ

ΚΑΤΙ ΠΟΥ ΘΕΛΩ ΝΑ ΘΥΜΑΜΑΙ ΓΙΑ ΣΗΜΕΡΑ

Η ΒΑΘΜΟΛΟΓΙΑ ΜΟΥ ΓΙΑ ΣΗΜΕΡΑ

Η ΠΡΟΘΕΣΗ ΜΟΥ ΓΙΑ ΑΥΡΙΟ

ΚΑΤΙ ΓΙΑ ΤΟ ΟΠΟΙΟ ΘΑ ΜΠΟΡΟΥΣΑ ΝΑ ΕΙΧΑ ΝΙΩΣΕΙ ΠΕΡΙΣΣΟΤΕΡΗ ΕΥΓΝΩΜΟΣΥΝΗ ΣΗΜΕΡΑ

ΗΜΕΡΑ   ΜΗΝΑΣ   ΕΤΟΣ

ΤΡΙΑ ΠΡΑΓΜΑΤΑ ΓΙΑ ΤΑ ΟΠΟΙΑ ΝΙΩΘΩ ΕΥΓΝΩΜΟΣΥΝΗ

Η ΒΑΘΜΟΛΟΓΙΑ ΜΟΥ ΓΙΑ ΣΗΜΕΡΑ

ΚΑΤΙ ΠΟΥ ΘΕΛΩ ΝΑ ΘΥΜΑΜΑΙ ΓΙΑ ΣΗΜΕΡΑ

ΚΑΤΙ ΓΙΑ ΤΟ ΟΠΟΙΟ ΘΑ ΜΠΟΡΟΥΣΑ ΝΑ ΕΙΧΑ ΝΙΩΣΕΙ ΠΕΡΙΣΣΟΤΕΡΗ ΕΥΓΝΩΜΟΣΥΝΗ ΣΗΜΕΡΑ

Η ΠΡΟΘΕΣΗ ΜΟΥ ΓΙΑ ΑΥΡΙΟ

HΜΕΡΑ 312

ΤΡΙΑ ΠΡΑΓΜΑΤΑ ΓΙΑ ΤΑ ΟΠΟΙΑ ΝΙΩΘΩ ΕΥΓΝΩΜΟΣΥΝΗ

KΑΤΙ ΠΟΥ ΘΕΛΩ ΝΑ ΘΥΜΑΜΑΙ ΓΙΑ ΣΗΜΕΡΑ

Η ΒΑΘΜΟΛΟΓΙΑ ΜΟΥ ΓΙΑ ΣΗΜΕΡΑ

Η ΠΡΟΘΕΣΗ ΜΟΥ ΓΙΑ ΑΥΡΙΟ

KΑΤΙ ΓΙΑ ΤΟ ΟΠΟΙΟ ΘΑ ΜΠΟΡΟΥΣΑ ΝΑ ΕΙΧΑ ΝΙΩΣΕΙ ΠΕΡΙΣΣΟΤΕΡΗ ΕΥΓΝΩΜΟΣΥΝΗ ΣΗΜΕΡΑ

ΗΜΕΡΑ 313

ΗΜΕΡΑ   ΜΗΝΑΣ   ΕΤΟΣ

ΤΡΙΑ ΠΡΑΓΜΑΤΑ ΓΙΑ ΤΑ ΟΠΟΙΑ ΝΙΩΘΩ ΕΥΓΝΩΜΟΣΥΝΗ

Η ΒΑΘΜΟΛΟΓΙΑ ΜΟΥ ΓΙΑ
ΣΗΜΕΡΑ

ΚΑΤΙ ΠΟΥ ΘΕΛΩ ΝΑ ΘΥΜΑΜΑΙ ΓΙΑ ΣΗΜΕΡΑ

ΚΑΤΙ ΓΙΑ ΤΟ ΟΠΟΙΟ ΘΑ ΜΠΟΡΟΥΣΑ ΝΑ ΕΙΧΑ ΝΙΩΣΕΙ ΠΕΡΙΣΣΟΤΕΡΗ
ΕΥΓΝΩΜΟΣΥΝΗ ΣΗΜΕΡΑ

Η ΠΡΟΘΕΣΗ ΜΟΥ ΓΙΑ ΑΥΡΙΟ

ΗΜΕΡΑ   ΜΗΝΑΣ   ΕΤΟΣ

ΤΡΙΑ ΠΡΑΓΜΑΤΑ ΓΙΑ ΤΑ ΟΠΟΙΑ ΝΙΩΘΩ ΕΥΓΝΩΜΟΣΥΝΗ

ΚΑΤΙ ΠΟΥ ΘΕΛΩ ΝΑ ΘΥΜΑΜΑΙ ΓΙΑ ΣΗΜΕΡΑ

Η ΒΑΘΜΟΛΟΓΙΑ ΜΟΥ ΓΙΑ ΣΗΜΕΡΑ

Η ΠΡΟΘΕΣΗ ΜΟΥ ΓΙΑ ΑΥΡΙΟ

ΚΑΤΙ ΓΙΑ ΤΟ ΟΠΟΙΟ ΘΑ ΜΠΟΡΟΥΣΑ ΝΑ ΕΙΧΑ ΝΙΩΣΕΙ ΠΕΡΙΣΣΟΤΕΡΗ ΕΥΓΝΩΜΟΣΥΝΗ ΣΗΜΕΡΑ

ΗΜΕΡΑ 315

ΗΜΕΡΑ   ΜΗΝΑΣ   ΕΤΟΣ

ΤΡΙΑ ΠΡΑΓΜΑΤΑ ΓΙΑ ΤΑ ΟΠΟΙΑ ΝΙΩΘΩ ΕΥΓΝΩΜΟΣΥΝΗ

Η ΒΑΘΜΟΛΟΓΙΑ ΜΟΥ ΓΙΑ   ΚΑΤΙ ΠΟΥ ΘΕΛΩ ΝΑ ΘΥΜΑΜΑΙ ΓΙΑ ΣΗΜΕΡΑ
ΣΗΜΕΡΑ

ΚΑΤΙ ΓΙΑ ΤΟ ΟΠΟΙΟ ΘΑ ΜΠΟΡΟΥΣΑ ΝΑ ΕΙΧΑ ΝΙΩΣΕΙ ΠΕΡΙΣΣΟΤΕΡΗ   Η ΠΡΟΘΕΣΗ ΜΟΥ ΓΙΑ ΑΥΡΙΟ
ΕΥΓΝΩΜΟΣΥΝΗ ΣΗΜΕΡΑ

ΕΒΔ. 45

ΑΝ ΘΕΣ ΝΑ ΒΡΕΙΣ ΤΗΝ ΕΥΤΥΧΙΑ, ΒΡΕΣ ΠΡΩΤΑ ΤΗΝ ΕΥΓΝΩΜΟΣΥΝΗ.

Steve Maraboli

ΚΑΤΙ ΓΙΑ ΤΟ ΟΠΟΙΟ ΘΑ ΜΠΟΡΟΥΣΑ ΝΑ ΕΙΧΑ ΝΙΩΣΕΙ ΠΕΡΙΣΣΟΤΕΡΗ ΕΥΓΝΩΜΟΣΥΝΗ ΑΥΤΗ ΤΗ ΒΔΟΜΑΔΑ

Η ΒΑΘΜΟΛΟΓΙΑ ΜΟΥ ΓΙΑ ΑΥΤΗ ΤΗ ΒΔΟΜΑΔΑ

ΚΑΤΙ ΤΟ ΟΠΟΙΟ ΘΕΛΩ ΝΑ ΘΥΜΑΜΑΙ ΓΙΑ ΑΥΤΗ ΤΗΝ ΕΒΔΟΜΑΔΑ

Η ΠΡΟΘΕΣΗ ΜΟΥ ΓΙΑ ΤΗΝ ΕΠΟΜΕΝΗ ΕΒΔΟΜΑΔΑ

ΚΑΠΟΙΟΝ ΓΙΑ ΤΟΝ ΟΠΟΙΟ ΘΑ ΜΠΟΡΟΥΣΑ ΝΑ ΕΙΧΑ ΝΙΩΣΕΙ ΠΕΡΙΣΣΟΤΕΡΗ ΕΥΓΝΩΜΟΣΥΝΗ ΑΥΤΗΝ ΤΗΝ ΕΒΔΟΜΑΔΑ

ΗΜΕΡΑ 316

ΗΜΕΡΑ   ΜΗΝΑΣ   ΕΤΟΣ

ΤΡΙΑ ΠΡΑΓΜΑΤΑ ΓΙΑ ΤΑ ΟΠΟΙΑ ΝΙΩΘΩ ΕΥΓΝΩΜΟΣΥΝΗ

Η ΒΑΘΜΟΛΟΓΙΑ ΜΟΥ ΓΙΑ ΣΗΜΕΡΑ

ΚΑΤΙ ΠΟΥ ΘΕΛΩ ΝΑ ΘΥΜΑΜΑΙ ΓΙΑ ΣΗΜΕΡΑ

ΚΑΤΙ ΓΙΑ ΤΟ ΟΠΟΙΟ ΘΑ ΜΠΟΡΟΥΣΑ ΝΑ ΕΙΧΑ ΝΙΩΣΕΙ ΠΕΡΙΣΣΟΤΕΡΗ ΕΥΓΝΩΜΟΣΥΝΗ ΣΗΜΕΡΑ

Η ΠΡΟΘΕΣΗ ΜΟΥ ΓΙΑ ΑΥΡΙΟ

ΗΜΕΡΑ 317

ΤΡΙΑ ΠΡΑΓΜΑΤΑ ΓΙΑ ΤΑ ΟΠΟΙΑ ΝΙΩΘΩ ΕΥΓΝΩΜΟΣΥΝΗ

ΚΑΤΙ ΠΟΥ ΘΕΛΩ ΝΑ ΘΥΜΑΜΑΙ ΓΙΑ ΣΗΜΕΡΑ

Η ΒΑΘΜΟΛΟΓΙΑ ΜΟΥ ΓΙΑ ΣΗΜΕΡΑ

Η ΠΡΟΘΕΣΗ ΜΟΥ ΓΙΑ ΑΥΡΙΟ

ΚΑΤΙ ΓΙΑ ΤΟ ΟΠΟΙΟ ΘΑ ΜΠΟΡΟΥΣΑ ΝΑ ΕΙΧΑ ΝΙΩΣΕΙ ΠΕΡΙΣΣΟΤΕΡΗ ΕΥΓΝΩΜΟΣΥΝΗ ΣΗΜΕΡΑ

ΗΜΕΡΑ 318

<table>
<tr><td>ΗΜΕΡΑ</td><td>ΜΗΝΑΣ</td><td>ΕΤΟΣ</td></tr>
</table>

ΤΡΙΑ ΠΡΑΓΜΑΤΑ ΓΙΑ ΤΑ ΟΠΟΙΑ ΝΙΩΘΩ ΕΥΓΝΩΜΟΣΥΝΗ

Η ΒΑΘΜΟΛΟΓΙΑ ΜΟΥ ΓΙΑ ΣΗΜΕΡΑ

ΚΑΤΙ ΠΟΥ ΘΕΛΩ ΝΑ ΘΥΜΑΜΑΙ ΓΙΑ ΣΗΜΕΡΑ

ΚΑΤΙ ΓΙΑ ΤΟ ΟΠΟΙΟ ΘΑ ΜΠΟΡΟΥΣΑ ΝΑ ΕΙΧΑ ΝΙΩΣΕΙ ΠΕΡΙΣΣΟΤΕΡΗ ΕΥΓΝΩΜΟΣΥΝΗ ΣΗΜΕΡΑ

Η ΠΡΟΘΕΣΗ ΜΟΥ ΓΙΑ ΑΥΡΙΟ

ΗΜΕΡΑ   ΜΗΝΑΣ   ΕΤΟΣ

ΤΡΙΑ ΠΡΑΓΜΑΤΑ ΓΙΑ ΤΑ ΟΠΟΙΑ ΝΙΩΘΩ ΕΥΓΝΩΜΟΣΥΝΗ

ΚΑΤΙ ΠΟΥ ΘΕΛΩ ΝΑ ΘΥΜΑΜΑΙ ΓΙΑ ΣΗΜΕΡΑ

Η ΒΑΘΜΟΛΟΓΙΑ ΜΟΥ ΓΙΑ ΣΗΜΕΡΑ

Η ΠΡΟΘΕΣΗ ΜΟΥ ΓΙΑ ΑΥΡΙΟ

ΚΑΤΙ ΓΙΑ ΤΟ ΟΠΟΙΟ ΘΑ ΜΠΟΡΟΥΣΑ ΝΑ ΕΙΧΑ ΝΙΩΣΕΙ ΠΕΡΙΣΣΟΤΕΡΗ ΕΥΓΝΩΜΟΣΥΝΗ ΣΗΜΕΡΑ

ΗΜΕΡΑ 320

ΗΜΕΡΑ   ΜΗΝΑΣ   ΕΤΟΣ

ΤΡΙΑ ΠΡΑΓΜΑΤΑ ΓΙΑ ΤΑ ΟΠΟΙΑ ΝΙΩΘΩ ΕΥΓΝΩΜΟΣΥΝΗ

Η ΒΑΘΜΟΛΟΓΙΑ ΜΟΥ ΓΙΑ ΣΗΜΕΡΑ

ΚΑΤΙ ΠΟΥ ΘΕΛΩ ΝΑ ΘΥΜΑΜΑΙ ΓΙΑ ΣΗΜΕΡΑ

ΚΑΤΙ ΓΙΑ ΤΟ ΟΠΟΙΟ ΘΑ ΜΠΟΡΟΥΣΑ ΝΑ ΕΙΧΑ ΝΙΩΣΕΙ ΠΕΡΙΣΣΟΤΕΡΗ ΕΥΓΝΩΜΟΣΥΝΗ ΣΗΜΕΡΑ

Η ΠΡΟΘΕΣΗ ΜΟΥ ΓΙΑ ΑΥΡΙΟ

ΗΜΕΡΑ 321

ΗΜΕΡΑ   ΜΗΝΑΣ   ΕΤΟΣ

ΤΡΙΑ ΠΡΑΓΜΑΤΑ ΓΙΑ ΤΑ ΟΠΟΙΑ ΝΙΩΘΩ ΕΥΓΝΩΜΟΣΥΝΗ

ΚΑΤΙ ΠΟΥ ΘΕΛΩ ΝΑ ΘΥΜΑΜΑΙ ΓΙΑ ΣΗΜΕΡΑ

Η ΒΑΘΜΟΛΟΓΙΑ ΜΟΥ ΓΙΑ ΣΗΜΕΡΑ

Η ΠΡΟΘΕΣΗ ΜΟΥ ΓΙΑ ΑΥΡΙΟ

ΚΑΤΙ ΓΙΑ ΤΟ ΟΠΟΙΟ ΘΑ ΜΠΟΡΟΥΣΑ ΝΑ ΕΙΧΑ ΝΙΩΣΕΙ ΠΕΡΙΣΣΟΤΕΡΗ ΕΥΓΝΩΜΟΣΥΝΗ ΣΗΜΕΡΑ

ΗΜΕΡΑ 322

ΗΜΕΡΑ   ΜΗΝΑΣ   ΕΤΟΣ

ΤΡΙΑ ΠΡΑΓΜΑΤΑ ΓΙΑ ΤΑ ΟΠΟΙΑ ΝΙΩΘΩ ΕΥΓΝΩΜΟΣΥΝΗ

Η ΒΑΘΜΟΛΟΓΙΑ ΜΟΥ ΓΙΑ ΣΗΜΕΡΑ

ΚΑΤΙ ΠΟΥ ΘΕΛΩ ΝΑ ΘΥΜΑΜΑΙ ΓΙΑ ΣΗΜΕΡΑ

ΚΑΤΙ ΓΙΑ ΤΟ ΟΠΟΙΟ ΘΑ ΜΠΟΡΟΥΣΑ ΝΑ ΕΙΧΑ ΝΙΩΣΕΙ ΠΕΡΙΣΣΟΤΕΡΗ ΕΥΓΝΩΜΟΣΥΝΗ ΣΗΜΕΡΑ

Η ΠΡΟΘΕΣΗ ΜΟΥ ΓΙΑ ΑΥΡΙΟ

ΕΒΔ.
46

Η ΕΥΤΥΧΙΑ ΔΕΝ ΜΠΟΡΕΙ ΝΑ ΤΑΞΙΔΕΨΕΙ, ΝΑ ΑΠΟΚΤΗΘΕΙ, ΝΑ ΚΕΡΔΗΘΕΙ, ΝΑ ΦΟΡΕΘΕΙ Η ΝΑ ΚΑΤΑΝΑΛΩΘΕΙ.
Η ΕΥΤΥΧΙΑ ΕΙΝΑΙ Η ΠΝΕΥΜΑΤΙΚΗ ΕΜΠΕΙΡΙΑ ΤΟΥ ΝΑ ΖΕΙΣ ΚΑΘΕ ΛΕΠΤΟ ΜΕ ΑΓΑΠΗ, ΧΑΡΗ ΚΑΙ ΕΥΓΝΩΜΟΣΥΝΗ.
Denis Waitley

ΚΑΤΙ ΓΙΑ ΤΟ ΟΠΟΙΟ ΘΑ ΜΠΟΡΟΥΣΑ ΝΑ ΕΙΧΑ ΝΙΩΣΕΙ ΠΕΡΙΣΣΟΤΕΡΗ ΕΥΓΝΩΜΟΣΥΝΗ ΑΥΤΗ ΤΗ ΒΔΟΜΑΔΑ

Η ΒΑΘΜΟΛΟΓΙΑ ΜΟΥ ΓΙΑ ΑΥΤΗ ΤΗ ΒΔΟΜΑΔΑ

ΚΑΤΙ ΤΟ ΟΠΟΙΟ ΘΕΛΩ ΝΑ ΘΥΜΑΜΑΙ ΓΙΑ ΑΥΤΗ ΤΗΝ ΕΒΔΟΜΑΔΑ

Η ΠΡΟΘΕΣΗ ΜΟΥ ΓΙΑ ΤΗΝ ΕΠΟΜΕΝΗ ΕΒΔΟΜΑΔΑ

ΚΑΠΟΙΟΝ ΓΙΑ ΤΟΝ ΟΠΟΙΟ ΘΑ ΜΠΟΡΟΥΣΑ ΝΑ ΕΙΧΑ ΝΙΩΣΕΙ ΠΕΡΙΣΣΟΤΕΡΗ ΕΥΓΝΩΜΟΣΥΝΗ ΑΥΤΗΝ ΤΗΝ ΕΒΔΟΜΑΔΑ

ΗΜΕΡΑ   ΜΗΝΑΣ   ΕΤΟΣ

ΤΡΙΑ ΠΡΑΓΜΑΤΑ ΓΙΑ ΤΑ ΟΠΟΙΑ ΝΙΩΘΩ ΕΥΓΝΩΜΟΣΥΝΗ

Η ΒΑΘΜΟΛΟΓΙΑ ΜΟΥ ΓΙΑ
ΣΗΜΕΡΑ

ΚΑΤΙ ΠΟΥ ΘΕΛΩ ΝΑ ΘΥΜΑΜΑΙ ΓΙΑ ΣΗΜΕΡΑ

ΚΑΤΙ ΓΙΑ ΤΟ ΟΠΟΙΟ ΘΑ ΜΠΟΡΟΥΣΑ ΝΑ ΕΙΧΑ ΝΙΩΣΕΙ ΠΕΡΙΣΣΟΤΕΡΗ
ΕΥΓΝΩΜΟΣΥΝΗ ΣΗΜΕΡΑ

Η ΠΡΟΘΕΣΗ ΜΟΥ ΓΙΑ ΑΥΡΙΟ

ΗΜΕΡΑ   ΜΗΝΑΣ   ΕΤΟΣ

ΤΡΙΑ ΠΡΑΓΜΑΤΑ ΓΙΑ ΤΑ ΟΠΟΙΑ ΝΙΩΘΩ ΕΥΓΝΩΜΟΣΥΝΗ

ΚΑΤΙ ΠΟΥ ΘΕΛΩ ΝΑ ΘΥΜΑΜΑΙ ΓΙΑ ΣΗΜΕΡΑ

Η ΒΑΘΜΟΛΟΓΙΑ ΜΟΥ ΓΙΑ ΣΗΜΕΡΑ

Η ΠΡΟΘΕΣΗ ΜΟΥ ΓΙΑ ΑΥΡΙΟ

ΚΑΤΙ ΓΙΑ ΤΟ ΟΠΟΙΟ ΘΑ ΜΠΟΡΟΥΣΑ ΝΑ ΕΙΧΑ ΝΙΩΣΕΙ ΠΕΡΙΣΣΟΤΕΡΗ ΕΥΓΝΩΜΟΣΥΝΗ ΣΗΜΕΡΑ

ΗΜΕΡΑ   ΜΗΝΑΣ   ΕΤΟΣ

ΤΡΙΑ ΠΡΑΓΜΑΤΑ ΓΙΑ ΤΑ ΟΠΟΙΑ ΝΙΩΘΩ ΕΥΓΝΩΜΟΣΥΝΗ

Η ΒΑΘΜΟΛΟΓΙΑ ΜΟΥ ΓΙΑ
ΣΗΜΕΡΑ

ΚΑΤΙ ΠΟΥ ΘΕΛΩ ΝΑ ΘΥΜΑΜΑΙ ΓΙΑ ΣΗΜΕΡΑ

ΚΑΤΙ ΓΙΑ ΤΟ ΟΠΟΙΟ ΘΑ ΜΠΟΡΟΥΣΑ ΝΑ ΕΙΧΑ ΝΙΩΣΕΙ ΠΕΡΙΣΣΟΤΕΡΗ
ΕΥΓΝΩΜΟΣΥΝΗ ΣΗΜΕΡΑ

Η ΠΡΟΘΕΣΗ ΜΟΥ ΓΙΑ ΑΥΡΙΟ

ΗΜΕΡΑ   ΜΗΝΑΣ   ΕΤΟΣ

ΤΡΙΑ ΠΡΑΓΜΑΤΑ ΓΙΑ ΤΑ ΟΠΟΙΑ ΝΙΩΘΩ ΕΥΓΝΩΜΟΣΥΝΗ

ΚΑΤΙ ΠΟΥ ΘΕΛΩ ΝΑ ΘΥΜΑΜΑΙ ΓΙΑ ΣΗΜΕΡΑ

Η ΒΑΘΜΟΛΟΓΙΑ ΜΟΥ ΓΙΑ ΣΗΜΕΡΑ

Η ΠΡΟΘΕΣΗ ΜΟΥ ΓΙΑ ΑΥΡΙΟ

ΚΑΤΙ ΓΙΑ ΤΟ ΟΠΟΙΟ ΘΑ ΜΠΟΡΟΥΣΑ ΝΑ ΕΙΧΑ ΝΙΩΣΕΙ ΠΕΡΙΣΣΟΤΕΡΗ ΕΥΓΝΩΜΟΣΥΝΗ ΣΗΜΕΡΑ

ΗΜΕΡΑ   ΜΗΝΑΣ   ΕΤΟΣ

ΤΡΙΑ ΠΡΑΓΜΑΤΑ ΓΙΑ ΤΑ ΟΠΟΙΑ ΝΙΩΘΩ ΕΥΓΝΩΜΟΣΥΝΗ

Η ΒΑΘΜΟΛΟΓΙΑ ΜΟΥ ΓΙΑ   ΚΑΤΙ ΠΟΥ ΘΕΛΩ ΝΑ ΘΥΜΑΜΑΙ ΓΙΑ ΣΗΜΕΡΑ
ΣΗΜΕΡΑ

ΚΑΤΙ ΓΙΑ ΤΟ ΟΠΟΙΟ ΘΑ ΜΠΟΡΟΥΣΑ ΝΑ ΕΙΧΑ ΝΙΩΣΕΙ ΠΕΡΙΣΣΟΤΕΡΗ   Η ΠΡΟΘΕΣΗ ΜΟΥ ΓΙΑ ΑΥΡΙΟ
ΕΥΓΝΩΜΟΣΥΝΗ ΣΗΜΕΡΑ

ΗΜΕΡΑ   ΜΗΝΑΣ   ΕΤΟΣ

ΤΡΙΑ ΠΡΑΓΜΑΤΑ ΓΙΑ ΤΑ ΟΠΟΙΑ ΝΙΩΘΩ ΕΥΓΝΩΜΟΣΥΝΗ

ΚΑΤΙ ΠΟΥ ΘΕΛΩ ΝΑ ΘΥΜΑΜΑΙ ΓΙΑ ΣΗΜΕΡΑ

Η ΒΑΘΜΟΛΟΓΙΑ ΜΟΥ ΓΙΑ ΣΗΜΕΡΑ

Η ΠΡΟΘΕΣΗ ΜΟΥ ΓΙΑ ΑΥΡΙΟ

ΚΑΤΙ ΓΙΑ ΤΟ ΟΠΟΙΟ ΘΑ ΜΠΟΡΟΥΣΑ ΝΑ ΕΙΧΑ ΝΙΩΣΕΙ ΠΕΡΙΣΣΟΤΕΡΗ ΕΥΓΝΩΜΟΣΥΝΗ ΣΗΜΕΡΑ

ΗΜΕΡΑ   ΜΗΝΑΣ   ΕΤΟΣ

ΤΡΙΑ ΠΡΑΓΜΑΤΑ ΓΙΑ ΤΑ ΟΠΟΙΑ ΝΙΩΘΩ ΕΥΓΝΩΜΟΣΥΝΗ

Η ΒΑΘΜΟΛΟΓΙΑ ΜΟΥ ΓΙΑ   ΚΑΤΙ ΠΟΥ ΘΕΛΩ ΝΑ ΘΥΜΑΜΑΙ ΓΙΑ ΣΗΜΕΡΑ
ΣΗΜΕΡΑ

ΚΑΤΙ ΓΙΑ ΤΟ ΟΠΟΙΟ ΘΑ ΜΠΟΡΟΥΣΑ ΝΑ ΕΙΧΑ ΝΙΩΣΕΙ ΠΕΡΙΣΣΟΤΕΡΗ   Η ΠΡΟΘΕΣΗ ΜΟΥ ΓΙΑ ΑΥΡΙΟ
ΕΥΓΝΩΜΟΣΥΝΗ ΣΗΜΕΡΑ

Το πιο ιΣχγρΟ Οπλο ενΑντιΑ Στιs καθΗμεριΝεs Σου μΑχεs είΝαι να βρειs το θΑρροs να είΣαι εγγνΩμΩν οΥτωs Η Αλλωs.

ΑνΩνγμο

SOMETHING I COULD HAVE BEEN MORE GRATEFUL FOR THIS WEEK

I GIVE THIS WEEK A

SOMETHING I WANT TO REMEMBER ABOUT THIS WEEK

MY INTENTION FOR NEXT WEEK

SOMEONE I COULD HAVE FELT MORE GRATEFUL FOR THIS WEEK

ΗΜΕΡΑ   ΜΗΝΑΣ   ΕΤΟΣ

ΤΡΙΑ ΠΡΑΓΜΑΤΑ ΓΙΑ ΤΑ ΟΠΟΙΑ ΝΙΩΘΩ ΕΥΓΝΩΜΟΣΥΝΗ

Η ΒΑΘΜΟΛΟΓΙΑ ΜΟΥ ΓΙΑ ΣΗΜΕΡΑ

ΚΑΤΙ ΠΟΥ ΘΕΛΩ ΝΑ ΘΥΜΑΜΑΙ ΓΙΑ ΣΗΜΕΡΑ

ΚΑΤΙ ΓΙΑ ΤΟ ΟΠΟΙΟ ΘΑ ΜΠΟΡΟΥΣΑ ΝΑ ΕΙΧΑ ΝΙΩΣΕΙ ΠΕΡΙΣΣΟΤΕΡΗ ΕΥΓΝΩΜΟΣΥΝΗ ΣΗΜΕΡΑ

Η ΠΡΟΘΕΣΗ ΜΟΥ ΓΙΑ ΑΥΡΙΟ

ΗΜΕΡΑ 331

ΗΜΕΡΑ   ΜΗΝΑΣ   ΕΤΟΣ

ΤΡΙΑ ΠΡΑΓΜΑΤΑ ΓΙΑ ΤΑ ΟΠΟΙΑ ΝΙΩΘΩ ΕΥΓΝΩΜΟΣΥΝΗ

ΚΑΤΙ ΠΟΥ ΘΕΛΩ ΝΑ ΘΥΜΑΜΑΙ ΓΙΑ ΣΗΜΕΡΑ

Η ΒΑΘΜΟΛΟΓΙΑ ΜΟΥ ΓΙΑ ΣΗΜΕΡΑ

Η ΠΡΟΘΕΣΗ ΜΟΥ ΓΙΑ ΑΥΡΙΟ

ΚΑΤΙ ΓΙΑ ΤΟ ΟΠΟΙΟ ΘΑ ΜΠΟΡΟΥΣΑ ΝΑ ΕΙΧΑ ΝΙΩΣΕΙ ΠΕΡΙΣΣΟΤΕΡΗ ΕΥΓΝΩΜΟΣΥΝΗ ΣΗΜΕΡΑ

ΗΜΕΡΑ 332

<table>
<tr><td>ΗΜΕΡΑ</td><td>ΜΗΝΑΣ</td><td>ΕΤΟΣ</td></tr>
</table>

ΤΡΙΑ ΠΡΑΓΜΑΤΑ ΓΙΑ ΤΑ ΟΠΟΙΑ ΝΙΩΘΩ ΕΥΓΝΩΜΟΣΥΝΗ

Η ΒΑΘΜΟΛΟΓΙΑ ΜΟΥ ΓΙΑ ΣΗΜΕΡΑ

ΚΑΤΙ ΠΟΥ ΘΕΛΩ ΝΑ ΘΥΜΑΜΑΙ ΓΙΑ ΣΗΜΕΡΑ

ΚΑΤΙ ΓΙΑ ΤΟ ΟΠΟΙΟ ΘΑ ΜΠΟΡΟΥΣΑ ΝΑ ΕΙΧΑ ΝΙΩΣΕΙ ΠΕΡΙΣΣΟΤΕΡΗ ΕΥΓΝΩΜΟΣΥΝΗ ΣΗΜΕΡΑ

Η ΠΡΟΘΕΣΗ ΜΟΥ ΓΙΑ ΑΥΡΙΟ

ΗΜΕΡΑ 333

<table>
<tr><td>ΗΜΕΡΑ</td><td>ΜΗΝΑΣ</td><td>ΕΤΟΣ</td></tr>
</table>

ΤΡΙΑ ΠΡΑΓΜΑΤΑ ΓΙΑ ΤΑ ΟΠΟΙΑ ΝΙΩΘΩ ΕΥΓΝΩΜΟΣΥΝΗ

ΚΑΤΙ ΠΟΥ ΘΕΛΩ ΝΑ ΘΥΜΑΜΑΙ ΓΙΑ ΣΗΜΕΡΑ

Η ΒΑΘΜΟΛΟΓΙΑ ΜΟΥ ΓΙΑ ΣΗΜΕΡΑ

Η ΠΡΟΘΕΣΗ ΜΟΥ ΓΙΑ ΑΥΡΙΟ

ΚΑΤΙ ΓΙΑ ΤΟ ΟΠΟΙΟ ΘΑ ΜΠΟΡΟΥΣΑ ΝΑ ΕΙΧΑ ΝΙΩΣΕΙ ΠΕΡΙΣΣΟΤΕΡΗ ΕΥΓΝΩΜΟΣΥΝΗ ΣΗΜΕΡΑ

ΗΜΕΡΑ   ΜΗΝΑΣ   ΕΤΟΣ

ΤΡΙΑ ΠΡΑΓΜΑΤΑ ΓΙΑ ΤΑ ΟΠΟΙΑ ΝΙΩΘΩ ΕΥΓΝΩΜΟΣΥΝΗ

Η ΒΑΘΜΟΛΟΓΙΑ ΜΟΥ ΓΙΑ ΣΗΜΕΡΑ

ΚΑΤΙ ΠΟΥ ΘΕΛΩ ΝΑ ΘΥΜΑΜΑΙ ΓΙΑ ΣΗΜΕΡΑ

ΚΑΤΙ ΓΙΑ ΤΟ ΟΠΟΙΟ ΘΑ ΜΠΟΡΟΥΣΑ ΝΑ ΕΙΧΑ ΝΙΩΣΕΙ ΠΕΡΙΣΣΟΤΕΡΗ ΕΥΓΝΩΜΟΣΥΝΗ ΣΗΜΕΡΑ

Η ΠΡΟΘΕΣΗ ΜΟΥ ΓΙΑ ΑΥΡΙΟ

ΗΜΕΡΑ 335

ΗΜΕΡΑ   ΜΗΝΑΣ   ΕΤΟΣ

ΤΡΙΑ ΠΡΑΓΜΑΤΑ ΓΙΑ ΤΑ ΟΠΟΙΑ ΝΙΩΘΩ ΕΥΓΝΩΜΟΣΥΝΗ

ΚΑΤΙ ΠΟΥ ΘΕΛΩ ΝΑ ΘΥΜΑΜΑΙ ΓΙΑ ΣΗΜΕΡΑ

Η ΒΑΘΜΟΛΟΓΙΑ ΜΟΥ ΓΙΑ ΣΗΜΕΡΑ

Η ΠΡΟΘΕΣΗ ΜΟΥ ΓΙΑ ΑΥΡΙΟ

ΚΑΤΙ ΓΙΑ ΤΟ ΟΠΟΙΟ ΘΑ ΜΠΟΡΟΥΣΑ ΝΑ ΕΙΧΑ ΝΙΩΣΕΙ ΠΕΡΙΣΣΟΤΕΡΗ ΕΥΓΝΩΜΟΣΥΝΗ ΣΗΜΕΡΑ

ΗΜΕΡΑ 336

ΤΡΙΑ ΠΡΑΓΜΑΤΑ ΓΙΑ ΤΑ ΟΠΟΙΑ ΝΙΩΘΩ ΕΥΓΝΩΜΟΣΥΝΗ

Η ΒΑΘΜΟΛΟΓΙΑ ΜΟΥ ΓΙΑ ΣΗΜΕΡΑ

ΚΑΤΙ ΠΟΥ ΘΕΛΩ ΝΑ ΘΥΜΑΜΑΙ ΓΙΑ ΣΗΜΕΡΑ

ΚΑΤΙ ΓΙΑ ΤΟ ΟΠΟΙΟ ΘΑ ΜΠΟΡΟΥΣΑ ΝΑ ΕΙΧΑ ΝΙΩΣΕΙ ΠΕΡΙΣΣΟΤΕΡΗ ΕΥΓΝΩΜΟΣΥΝΗ ΣΗΜΕΡΑ

Η ΠΡΟΘΕΣΗ ΜΟΥ ΓΙΑ ΑΥΡΙΟ

ΑΝ ΕΙΣΑΙ ΕΥΓΝΩΜΩΝ ΓΙΑ ΤΟ ΠΟΥ ΒΡΙΣΚΕΣΑΙ,
ΠΡΕΠΕΙ ΝΑ ΕΚΤΙΜΗΣΕΙS ΤΟ ΔΡΟΜΟ ΠΟΥ ΣΕ ΕΦΕΡΕ ΕΚΕΙ.

CLEO WADE

ΚΑΤΙ ΓΙΑ ΤΟ ΟΠΟΙΟ ΘΑ ΜΠΟΡΟΥΣΑ ΝΑ ΕΙΧΑ ΝΙΩΣΕΙ ΠΕΡΙΣΣΟΤΕΡΗ ΕΥΓΝΩΜΟΣΥΝΗ ΤΙΣ ΤΕΛΕΥΤΑΙΕΣ ΤΕΣΣΕΡΙΣ ΕΒΔΟΜΑΔΕΣ

Η ΒΑΘΜΟΛΟΓΙΑ ΜΟΥ ΓΙΑ ΤΙΣ ΠΕΡΑΣΜΕΝΕΣ ΤΕΣΣΕΡΙΣ ΕΒΔΟΜΑΔΕΣ

ΚΑΤΙ ΤΟ ΟΠΟΙΟ ΘΕΛΩ ΝΑ ΘΥΜΑΜΑΙ ΓΙΑ ΤΙΣ ΤΕΛΕΥΤΑΙΕΣ ΤΕΣΣΕΡΙΣ ΕΒΔΟΜΑΔΕΣ

Η ΠΡΟΘΕΣΗ ΜΟΥ ΓΙΑ ΤΙΣ ΕΠΟΜΕΝΕΣ ΤΕΣΣΕΡΙΣ ΕΒΔΟΜΑΔΕΣ

ΚΑΠΟΙΟΝ ΓΙΑ ΤΟΝ ΟΠΟΙΟ ΘΑ ΜΠΟΡΟΥΣΑ ΝΑ ΕΙΧΑ ΝΙΩΣΕΙ ΠΕΡΙΣΣΟΤΕΡΗ ΕΥΓΝΩΜΟΣΥΝΗ ΤΙΣ ΤΕΛΕΥΤΑΙΕΣ ΤΕΣΣΕΡΙΣ ΕΒΔΟΜΑΔΕΣ

ΗΜΕΡΑ 337

ΗΜΕΡΑ   ΜΗΝΑΣ   ΕΤΟΣ

ΤΡΙΑ ΠΡΑΓΜΑΤΑ ΓΙΑ ΤΑ ΟΠΟΙΑ ΝΙΩΘΩ ΕΥΓΝΩΜΟΣΥΝΗ

Η ΒΑΘΜΟΛΟΓΙΑ ΜΟΥ ΓΙΑ
ΣΗΜΕΡΑ

ΚΑΤΙ ΠΟΥ ΘΕΛΩ ΝΑ ΘΥΜΑΜΑΙ ΓΙΑ ΣΗΜΕΡΑ

ΚΑΤΙ ΓΙΑ ΤΟ ΟΠΟΙΟ ΘΑ ΜΠΟΡΟΥΣΑ ΝΑ ΕΙΧΑ ΝΙΩΣΕΙ ΠΕΡΙΣΣΟΤΕΡΗ
ΕΥΓΝΩΜΟΣΥΝΗ ΣΗΜΕΡΑ

Η ΠΡΟΘΕΣΗ ΜΟΥ ΓΙΑ ΑΥΡΙΟ

Ημερα   Μηνας   Ετος

Τρια πραγματα για τα οποια νιωθω ευγνωμοσυνη

Κατι που θελω να θυμαμαι για σημερα

Η βαθμολογια μου για σημερα

Η προθεση μου για αυριο

Κατι για το οποιο θα μπορουσα να ειχα νιωσει περισσοτερη ευγνωμοσυνη σημερα

ΗΜΕΡΑ 339

| ΗΜΕΡΑ | ΜΗΝΑΣ | ΕΤΟΣ |

ΤΡΙΑ ΠΡΑΓΜΑΤΑ ΓΙΑ ΤΑ ΟΠΟΙΑ ΝΙΩΘΩ ΕΥΓΝΩΜΟΣΥΝΗ

Η ΒΑΘΜΟΛΟΓΙΑ ΜΟΥ ΓΙΑ ΣΗΜΕΡΑ

ΚΑΤΙ ΠΟΥ ΘΕΛΩ ΝΑ ΘΥΜΑΜΑΙ ΓΙΑ ΣΗΜΕΡΑ

ΚΑΤΙ ΓΙΑ ΤΟ ΟΠΟΙΟ ΘΑ ΜΠΟΡΟΥΣΑ ΝΑ ΕΙΧΑ ΝΙΩΣΕΙ ΠΕΡΙΣΣΟΤΕΡΗ ΕΥΓΝΩΜΟΣΥΝΗ ΣΗΜΕΡΑ

Η ΠΡΟΘΕΣΗ ΜΟΥ ΓΙΑ ΑΥΡΙΟ

ΗΜΕΡΑ 340

<table>
<tr><td>ΗΜΕΡΑ</td><td>ΜΗΝΑΣ</td><td>ΕΤΟΣ</td></tr>
</table>

ΤΡΙΑ ΠΡΑΓΜΑΤΑ ΓΙΑ ΤΑ ΟΠΟΙΑ ΝΙΩΘΩ ΕΥΓΝΩΜΟΣΥΝΗ

ΚΑΤΙ ΠΟΥ ΘΕΛΩ ΝΑ ΘΥΜΑΜΑΙ ΓΙΑ ΣΗΜΕΡΑ

Η ΒΑΘΜΟΛΟΓΙΑ ΜΟΥ ΓΙΑ ΣΗΜΕΡΑ

Η ΠΡΟΘΕΣΗ ΜΟΥ ΓΙΑ ΑΥΡΙΟ

ΚΑΤΙ ΓΙΑ ΤΟ ΟΠΟΙΟ ΘΑ ΜΠΟΡΟΥΣΑ ΝΑ ΕΙΧΑ ΝΙΩΣΕΙ ΠΕΡΙΣΣΟΤΕΡΗ ΕΥΓΝΩΜΟΣΥΝΗ ΣΗΜΕΡΑ

ΗΜΕΡΑ   ΜΗΝΑΣ   ΕΤΟΣ

ΤΡΙΑ ΠΡΑΓΜΑΤΑ ΓΙΑ ΤΑ ΟΠΟΙΑ ΝΙΩΘΩ ΕΥΓΝΩΜΟΣΥΝΗ

Η ΒΑΘΜΟΛΟΓΙΑ ΜΟΥ ΓΙΑ ΣΗΜΕΡΑ

ΚΑΤΙ ΠΟΥ ΘΕΛΩ ΝΑ ΘΥΜΑΜΑΙ ΓΙΑ ΣΗΜΕΡΑ

ΚΑΤΙ ΓΙΑ ΤΟ ΟΠΟΙΟ ΘΑ ΜΠΟΡΟΥΣΑ ΝΑ ΕΙΧΑ ΝΙΩΣΕΙ ΠΕΡΙΣΣΟΤΕΡΗ ΕΥΓΝΩΜΟΣΥΝΗ ΣΗΜΕΡΑ

Η ΠΡΟΘΕΣΗ ΜΟΥ ΓΙΑ ΑΥΡΙΟ

HΜΕΡΑ 342

<table>
<tr><td>ΗΜΕΡΑ</td><td>ΜΗΝΑΣ</td><td>ΕΤΟΣ</td></tr>
</table>

ΤΡΙΑ ΠΡΑΓΜΑΤΑ ΓΙΑ ΤΑ ΟΠΟΙΑ ΝΙΩΘΩ ΕΥΓΝΩΜΟΣΥΝΗ

ΚΑΤΙ ΠΟΥ ΘΕΛΩ ΝΑ ΘΥΜΑΜΑΙ ΓΙΑ ΣΗΜΕΡΑ

Η ΒΑΘΜΟΛΟΓΙΑ ΜΟΥ ΓΙΑ ΣΗΜΕΡΑ

Η ΠΡΟΘΕΣΗ ΜΟΥ ΓΙΑ ΑΥΡΙΟ

ΚΑΤΙ ΓΙΑ ΤΟ ΟΠΟΙΟ ΘΑ ΜΠΟΡΟΥΣΑ ΝΑ ΕΙΧΑ ΝΙΩΣΕΙ ΠΕΡΙΣΣΟΤΕΡΗ ΕΥΓΝΩΜΟΣΥΝΗ ΣΗΜΕΡΑ

ΗΜΕΡΑ 343

<table>
<tr><td>ΗΜΕΡΑ</td><td>ΜΗΝΑΣ</td><td>ΕΤΟΣ</td></tr>
</table>

ΤΡΙΑ ΠΡΑΓΜΑΤΑ ΓΙΑ ΤΑ ΟΠΟΙΑ ΝΙΩΘΩ ΕΥΓΝΩΜΟΣΥΝΗ

Η ΒΑΘΜΟΛΟΓΙΑ ΜΟΥ ΓΙΑ ΣΗΜΕΡΑ

ΚΑΤΙ ΠΟΥ ΘΕΛΩ ΝΑ ΘΥΜΑΜΑΙ ΓΙΑ ΣΗΜΕΡΑ

ΚΑΤΙ ΓΙΑ ΤΟ ΟΠΟΙΟ ΘΑ ΜΠΟΡΟΥΣΑ ΝΑ ΕΙΧΑ ΝΙΩΣΕΙ ΠΕΡΙΣΣΟΤΕΡΗ ΕΥΓΝΩΜΟΣΥΝΗ ΣΗΜΕΡΑ

Η ΠΡΟΘΕΣΗ ΜΟΥ ΓΙΑ ΑΥΡΙΟ

ΑΥΤΌ ΠΟΥ ΔΙΑΧΩΡΊΖΕΙ ΤΟ ΠΡΟΝΌΜΙΟ ΑΠΌ ΤΟ ΔΙΚΑΊΩΜΑ ΕΊΝΑΙ Η ΕΥΓΝΩΜΟΣΎΝΗ.

Brené Brown

SOMETHING I COULD HAVE BEEN MORE GRATEFUL FOR THIS WEEK

I GIVE THIS WEEK A

SOMETHING I WANT TO REMEMBER ABOUT THIS WEEK

MY INTENTION FOR NEXT WEEK

SOMEONE I COULD HAVE FELT MORE GRATEFUL FOR THIS WEEK

ΗΜΕΡΑ   ΜΗΝΑΣ   ΕΤΟΣ

ΤΡΙΑ ΠΡΑΓΜΑΤΑ ΓΙΑ ΤΑ ΟΠΟΙΑ ΝΙΩΘΩ ΕΥΓΝΩΜΟΣΥΝΗ

Η ΒΑΘΜΟΛΟΓΙΑ ΜΟΥ ΓΙΑ   ΚΑΤΙ ΠΟΥ ΘΕΛΩ ΝΑ ΘΥΜΑΜΑΙ ΓΙΑ ΣΗΜΕΡΑ
ΣΗΜΕΡΑ

ΚΑΤΙ ΓΙΑ ΤΟ ΟΠΟΙΟ ΘΑ ΜΠΟΡΟΥΣΑ ΝΑ ΕΙΧΑ ΝΙΩΣΕΙ ΠΕΡΙΣΣΟΤΕΡΗ   Η ΠΡΟΘΕΣΗ ΜΟΥ ΓΙΑ ΑΥΡΙΟ
ΕΥΓΝΩΜΟΣΥΝΗ ΣΗΜΕΡΑ

ΗΜΕΡΑ 345

ΗΜΕΡΑ   ΜΗΝΑΣ   ΕΤΟΣ

ΤΡΙΑ ΠΡΑΓΜΑΤΑ ΓΙΑ ΤΑ ΟΠΟΙΑ ΝΙΩΘΩ ΕΥΓΝΩΜΟΣΥΝΗ

ΚΑΤΙ ΠΟΥ ΘΕΛΩ ΝΑ ΘΥΜΑΜΑΙ ΓΙΑ ΣΗΜΕΡΑ

Η ΒΑΘΜΟΛΟΓΙΑ ΜΟΥ ΓΙΑ ΣΗΜΕΡΑ

Η ΠΡΟΘΕΣΗ ΜΟΥ ΓΙΑ ΑΥΡΙΟ

ΚΑΤΙ ΓΙΑ ΤΟ ΟΠΟΙΟ ΘΑ ΜΠΟΡΟΥΣΑ ΝΑ ΕΙΧΑ ΝΙΩΣΕΙ ΠΕΡΙΣΣΟΤΕΡΗ ΕΥΓΝΩΜΟΣΥΝΗ ΣΗΜΕΡΑ

ΗΜΕΡΑ 346

ΗΜΕΡΑ   ΜΗΝΑΣ   ΕΤΟΣ

ΤΡΙΑ ΠΡΑΓΜΑΤΑ ΓΙΑ ΤΑ ΟΠΟΙΑ ΝΙΩΘΩ ΕΥΓΝΩΜΟΣΥΝΗ

Η ΒΑΘΜΟΛΟΓΙΑ ΜΟΥ ΓΙΑ ΣΗΜΕΡΑ

ΚΑΤΙ ΠΟΥ ΘΕΛΩ ΝΑ ΘΥΜΑΜΑΙ ΓΙΑ ΣΗΜΕΡΑ

ΚΑΤΙ ΓΙΑ ΤΟ ΟΠΟΙΟ ΘΑ ΜΠΟΡΟΥΣΑ ΝΑ ΕΙΧΑ ΝΙΩΣΕΙ ΠΕΡΙΣΣΟΤΕΡΗ ΕΥΓΝΩΜΟΣΥΝΗ ΣΗΜΕΡΑ

Η ΠΡΟΘΕΣΗ ΜΟΥ ΓΙΑ ΑΥΡΙΟ

ΗΜΕΡΑ   ΜΗΝΑΣ   ΕΤΟΣ

ΤΡΙΑ ΠΡΑΓΜΑΤΑ ΓΙΑ ΤΑ ΟΠΟΙΑ ΝΙΩΘΩ ΕΥΓΝΩΜΟΣΥΝΗ

ΚΑΤΙ ΠΟΥ ΘΕΛΩ ΝΑ ΘΥΜΑΜΑΙ ΓΙΑ ΣΗΜΕΡΑ

Η ΒΑΘΜΟΛΟΓΙΑ ΜΟΥ ΓΙΑ ΣΗΜΕΡΑ

Η ΠΡΟΘΕΣΗ ΜΟΥ ΓΙΑ ΑΥΡΙΟ

ΚΑΤΙ ΓΙΑ ΤΟ ΟΠΟΙΟ ΘΑ ΜΠΟΡΟΥΣΑ ΝΑ ΕΙΧΑ ΝΙΩΣΕΙ ΠΕΡΙΣΣΟΤΕΡΗ ΕΥΓΝΩΜΟΣΥΝΗ ΣΗΜΕΡΑ

ΗΜΕΡΑ   ΜΗΝΑΣ   ΕΤΟΣ

ΤΡΙΑ ΠΡΑΓΜΑΤΑ ΓΙΑ ΤΑ ΟΠΟΙΑ ΝΙΩΘΩ ΕΥΓΝΩΜΟΣΥΝΗ

Η ΒΑΘΜΟΛΟΓΙΑ ΜΟΥ ΓΙΑ ΣΗΜΕΡΑ

ΚΑΤΙ ΠΟΥ ΘΕΛΩ ΝΑ ΘΥΜΑΜΑΙ ΓΙΑ ΣΗΜΕΡΑ

ΚΑΤΙ ΓΙΑ ΤΟ ΟΠΟΙΟ ΘΑ ΜΠΟΡΟΥΣΑ ΝΑ ΕΙΧΑ ΝΙΩΣΕΙ ΠΕΡΙΣΣΟΤΕΡΗ ΕΥΓΝΩΜΟΣΥΝΗ ΣΗΜΕΡΑ

Η ΠΡΟΘΕΣΗ ΜΟΥ ΓΙΑ ΑΥΡΙΟ

ΗΜΕΡΑ   ΜΗΝΑΣ   ΕΤΟΣ

ΤΡΙΑ ΠΡΑΓΜΑΤΑ ΓΙΑ ΤΑ ΟΠΟΙΑ ΝΙΩΘΩ ΕΥΓΝΩΜΟΣΥΝΗ

ΚΑΤΙ ΠΟΥ ΘΕΛΩ ΝΑ ΘΥΜΑΜΑΙ ΓΙΑ ΣΗΜΕΡΑ

Η ΒΑΘΜΟΛΟΓΙΑ ΜΟΥ ΓΙΑ ΣΗΜΕΡΑ

Η ΠΡΟΘΕΣΗ ΜΟΥ ΓΙΑ ΑΥΡΙΟ

ΚΑΤΙ ΓΙΑ ΤΟ ΟΠΟΙΟ ΘΑ ΜΠΟΡΟΥΣΑ ΝΑ ΕΙΧΑ ΝΙΩΣΕΙ ΠΕΡΙΣΣΟΤΕΡΗ ΕΥΓΝΩΜΟΣΥΝΗ ΣΗΜΕΡΑ

ΗΜΕΡΑ 350

ΗΜΕΡΑ   ΜΗΝΑΣ   ΕΤΟΣ

ΤΡΙΑ ΠΡΑΓΜΑΤΑ ΓΙΑ ΤΑ ΟΠΟΙΑ ΝΙΩΘΩ ΕΥΓΝΩΜΟΣΥΝΗ

Η ΒΑΘΜΟΛΟΓΙΑ ΜΟΥ ΓΙΑ ΣΗΜΕΡΑ

ΚΑΤΙ ΠΟΥ ΘΕΛΩ ΝΑ ΘΥΜΑΜΑΙ ΓΙΑ ΣΗΜΕΡΑ

ΚΑΤΙ ΓΙΑ ΤΟ ΟΠΟΙΟ ΘΑ ΜΠΟΡΟΥΣΑ ΝΑ ΕΙΧΑ ΝΙΩΣΕΙ ΠΕΡΙΣΣΟΤΕΡΗ ΕΥΓΝΩΜΟΣΥΝΗ ΣΗΜΕΡΑ

Η ΠΡΟΘΕΣΗ ΜΟΥ ΓΙΑ ΑΥΡΙΟ

ΕΒΔ. 50

ΔΕ ΚΟΣΤΙΖΕΙ ΤΙΠΟΤΑ ΤΟ ΝΑ ΕΙΣΑΙ ΕΥΓΝΩΜΟΝ ΓΙΑ ΟΣΑ ΗΔΗ ΕΧΕΙΣ.

ΑΝΩΝΥΜΟ

SOMETHING I COULD HAVE BEEN MORE GRATEFUL FOR THIS WEEK

I GIVE THIS WEEK A

SOMETHING I WANT TO REMEMBER ABOUT THIS WEEK

MY INTENTION FOR NEXT
WEEK

SOMEONE I COULD HAVE FELT MORE GRATEFUL FOR THIS WEEK

$$\bullet\bullet\bullet\bullet\bullet\bullet\bullet\bullet\bullet\bullet$$ # ΗΜΕΡΑ 351 $$\bullet\bullet\bullet\bullet\bullet\bullet\bullet\bullet\bullet\bullet$$

ΗΜΕΡΑ   ΜΗΝΑΣ   ΕΤΟΣ

ΤΡΙΑ ΠΡΑΓΜΑΤΑ ΓΙΑ ΤΑ ΟΠΟΙΑ ΝΙΩΘΩ ΕΥΓΝΩΜΟΣΥΝΗ

Η ΒΑΘΜΟΛΟΓΙΑ ΜΟΥ ΓΙΑ
ΣΗΜΕΡΑ

ΚΑΤΙ ΠΟΥ ΘΕΛΩ ΝΑ ΘΥΜΑΜΑΙ ΓΙΑ ΣΗΜΕΡΑ

ΚΑΤΙ ΓΙΑ ΤΟ ΟΠΟΙΟ ΘΑ ΜΠΟΡΟΥΣΑ ΝΑ ΕΙΧΑ ΝΙΩΣΕΙ ΠΕΡΙΣΣΟΤΕΡΗ
ΕΥΓΝΩΜΟΣΥΝΗ ΣΗΜΕΡΑ

Η ΠΡΟΘΕΣΗ ΜΟΥ ΓΙΑ ΑΥΡΙΟ

ΗΜΕΡΑ   ΜΗΝΑΣ   ΕΤΟΣ

ΤΡΙΑ ΠΡΑΓΜΑΤΑ ΓΙΑ ΤΑ ΟΠΟΙΑ ΝΙΩΘΩ ΕΥΓΝΩΜΟΣΥΝΗ

ΚΑΤΙ ΠΟΥ ΘΕΛΩ ΝΑ ΘΥΜΑΜΑΙ ΓΙΑ ΣΗΜΕΡΑ

Η ΒΑΘΜΟΛΟΓΙΑ ΜΟΥ ΓΙΑ ΣΗΜΕΡΑ

Η ΠΡΟΘΕΣΗ ΜΟΥ ΓΙΑ ΑΥΡΙΟ

ΚΑΤΙ ΓΙΑ ΤΟ ΟΠΟΙΟ ΘΑ ΜΠΟΡΟΥΣΑ ΝΑ ΕΙΧΑ ΝΙΩΣΕΙ ΠΕΡΙΣΣΟΤΕΡΗ ΕΥΓΝΩΜΟΣΥΝΗ ΣΗΜΕΡΑ

HMEPA   MHNAΣ   ETOΣ

ΤΡΙΑ ΠΡΑΓΜΑΤΑ ΓΙΑ ΤΑ ΟΠΟΙΑ ΝΙΩΘΩ ΕΥΓΝΩΜΟΣΥΝΗ

Η ΒΑΘΜΟΛΟΓΙΑ ΜΟΥ ΓΙΑ
ΣΗΜΕΡΑ

ΚΑΤΙ ΠΟΥ ΘΕΛΩ ΝΑ ΘΥΜΑΜΑΙ ΓΙΑ ΣΗΜΕΡΑ

ΚΑΤΙ ΓΙΑ ΤΟ ΟΠΟΙΟ ΘΑ ΜΠΟΡΟΥΣΑ ΝΑ ΕΙΧΑ ΝΙΩΣΕΙ ΠΕΡΙΣΣΟΤΕΡΗ
ΕΥΓΝΩΜΟΣΥΝΗ ΣΗΜΕΡΑ

Η ΠΡΟΘΕΣΗ ΜΟΥ ΓΙΑ ΑΥΡΙΟ

ΗΜΕΡΑ   ΜΗΝΑΣ   ΕΤΟΣ

ΤΡΙΑ ΠΡΑΓΜΑΤΑ ΓΙΑ ΤΑ ΟΠΟΙΑ ΝΙΩΘΩ ΕΥΓΝΩΜΟΣΥΝΗ

ΚΑΤΙ ΠΟΥ ΘΕΛΩ ΝΑ ΘΥΜΑΜΑΙ ΓΙΑ ΣΗΜΕΡΑ

Η ΒΑΘΜΟΛΟΓΙΑ ΜΟΥ ΓΙΑ ΣΗΜΕΡΑ

Η ΠΡΟΘΕΣΗ ΜΟΥ ΓΙΑ ΑΥΡΙΟ

ΚΑΤΙ ΓΙΑ ΤΟ ΟΠΟΙΟ ΘΑ ΜΠΟΡΟΥΣΑ ΝΑ ΕΙΧΑ ΝΙΩΣΕΙ ΠΕΡΙΣΣΟΤΕΡΗ ΕΥΓΝΩΜΟΣΥΝΗ ΣΗΜΕΡΑ

ΗΜΕΡΑ   ΜΗΝΑΣ   ΕΤΟΣ

ΤΡΙΑ ΠΡΑΓΜΑΤΑ ΓΙΑ ΤΑ ΟΠΟΙΑ ΝΙΩΘΩ ΕΥΓΝΩΜΟΣΥΝΗ

Η ΒΑΘΜΟΛΟΓΙΑ ΜΟΥ ΓΙΑ ΣΗΜΕΡΑ

ΚΑΤΙ ΠΟΥ ΘΕΛΩ ΝΑ ΘΥΜΑΜΑΙ ΓΙΑ ΣΗΜΕΡΑ

ΚΑΤΙ ΓΙΑ ΤΟ ΟΠΟΙΟ ΘΑ ΜΠΟΡΟΥΣΑ ΝΑ ΕΙΧΑ ΝΙΩΣΕΙ ΠΕΡΙΣΣΟΤΕΡΗ ΕΥΓΝΩΜΟΣΥΝΗ ΣΗΜΕΡΑ

Η ΠΡΟΘΕΣΗ ΜΟΥ ΓΙΑ ΑΥΡΙΟ

ΗΜΕΡΑ   ΜΗΝΑΣ   ΕΤΟΣ

ΤΡΙΑ ΠΡΑΓΜΑΤΑ ΓΙΑ ΤΑ ΟΠΟΙΑ ΝΙΩΘΩ ΕΥΓΝΩΜΟΣΥΝΗ

ΚΑΤΙ ΠΟΥ ΘΕΛΩ ΝΑ ΘΥΜΑΜΑΙ ΓΙΑ ΣΗΜΕΡΑ

Η ΒΑΘΜΟΛΟΓΙΑ ΜΟΥ ΓΙΑ ΣΗΜΕΡΑ

Η ΠΡΟΘΕΣΗ ΜΟΥ ΓΙΑ ΑΥΡΙΟ

ΚΑΤΙ ΓΙΑ ΤΟ ΟΠΟΙΟ ΘΑ ΜΠΟΡΟΥΣΑ ΝΑ ΕΙΧΑ ΝΙΩΣΕΙ ΠΕΡΙΣΣΟΤΕΡΗ ΕΥΓΝΩΜΟΣΥΝΗ ΣΗΜΕΡΑ

ΗΜΕΡΑ	ΜΗΝΑΣ	ΕΤΟΣ

ΤΡΙΑ ΠΡΑΓΜΑΤΑ ΓΙΑ ΤΑ ΟΠΟΙΑ ΝΙΩΘΩ ΕΥΓΝΩΜΟΣΥΝΗ

Η ΒΑΘΜΟΛΟΓΙΑ ΜΟΥ ΓΙΑ
ΣΗΜΕΡΑ

ΚΑΤΙ ΠΟΥ ΘΕΛΩ ΝΑ ΘΥΜΑΜΑΙ ΓΙΑ ΣΗΜΕΡΑ

ΚΑΤΙ ΓΙΑ ΤΟ ΟΠΟΙΟ ΘΑ ΜΠΟΡΟΥΣΑ ΝΑ ΕΙΧΑ ΝΙΩΣΕΙ ΠΕΡΙΣΣΟΤΕΡΗ
ΕΥΓΝΩΜΟΣΥΝΗ ΣΗΜΕΡΑ

Η ΠΡΟΘΕΣΗ ΜΟΥ ΓΙΑ ΑΥΡΙΟ

Η ΕΥΓΝΩΜΟΣΥΝΗ, ΟΠΩΣ ΚΑΙ Η ΣΤΑΣΗ ΣΟΥ ΑΠΕΝΑΝΤΙ ΣΤΗ ΖΩΗ, ΕΙΝΑΙ ΕΠΙΛΟΓΗ.

ROBERT BRAATHE

SOMETHING I COULD HAVE BEEN MORE GRATEFUL FOR THIS WEEK

I GIVE THIS WEEK A

SOMETHING I WANT TO REMEMBER ABOUT THIS WEEK

MY INTENTION FOR NEXT WEEK

SOMEONE I COULD HAVE FELT MORE GRATEFUL FOR THIS WEEK

ΗΜΕΡΑ 358

ΗΜΕΡΑ   ΜΗΝΑΣ   ΕΤΟΣ

ΤΡΙΑ ΠΡΑΓΜΑΤΑ ΓΙΑ ΤΑ ΟΠΟΙΑ ΝΙΩΘΩ ΕΥΓΝΩΜΟΣΥΝΗ

Η ΒΑΘΜΟΛΟΓΙΑ ΜΟΥ ΓΙΑ ΣΗΜΕΡΑ

ΚΑΤΙ ΠΟΥ ΘΕΛΩ ΝΑ ΘΥΜΑΜΑΙ ΓΙΑ ΣΗΜΕΡΑ

ΚΑΤΙ ΓΙΑ ΤΟ ΟΠΟΙΟ ΘΑ ΜΠΟΡΟΥΣΑ ΝΑ ΕΙΧΑ ΝΙΩΣΕΙ ΠΕΡΙΣΣΟΤΕΡΗ ΕΥΓΝΩΜΟΣΥΝΗ ΣΗΜΕΡΑ

Η ΠΡΟΘΕΣΗ ΜΟΥ ΓΙΑ ΑΥΡΙΟ

<table>
<tr><td>ΗΜΕΡΑ</td><td>ΜΗΝΑΣ</td><td>ΕΤΟΣ</td></tr>
</table>

ΤΡΙΑ ΠΡΑΓΜΑΤΑ ΓΙΑ ΤΑ ΟΠΟΙΑ ΝΙΩΘΩ ΕΥΓΝΩΜΟΣΥΝΗ

ΚΑΤΙ ΠΟΥ ΘΕΛΩ ΝΑ ΘΥΜΑΜΑΙ ΓΙΑ ΣΗΜΕΡΑ

Η ΒΑΘΜΟΛΟΓΙΑ ΜΟΥ ΓΙΑ ΣΗΜΕΡΑ

Η ΠΡΟΘΕΣΗ ΜΟΥ ΓΙΑ ΑΥΡΙΟ

ΚΑΤΙ ΓΙΑ ΤΟ ΟΠΟΙΟ ΘΑ ΜΠΟΡΟΥΣΑ ΝΑ ΕΙΧΑ ΝΙΩΣΕΙ ΠΕΡΙΣΣΟΤΕΡΗ ΕΥΓΝΩΜΟΣΥΝΗ ΣΗΜΕΡΑ

ΗΜΕΡΑ 360

ΗΜΕΡΑ   ΜΗΝΑΣ   ΕΤΟΣ

ΤΡΙΑ ΠΡΑΓΜΑΤΑ ΓΙΑ ΤΑ ΟΠΟΙΑ ΝΙΩΘΩ ΕΥΓΝΩΜΟΣΥΝΗ

Η ΒΑΘΜΟΛΟΓΙΑ ΜΟΥ ΓΙΑ ΣΗΜΕΡΑ

ΚΑΤΙ ΠΟΥ ΘΕΛΩ ΝΑ ΘΥΜΑΜΑΙ ΓΙΑ ΣΗΜΕΡΑ

ΚΑΤΙ ΓΙΑ ΤΟ ΟΠΟΙΟ ΘΑ ΜΠΟΡΟΥΣΑ ΝΑ ΕΙΧΑ ΝΙΩΣΕΙ ΠΕΡΙΣΣΟΤΕΡΗ ΕΥΓΝΩΜΟΣΥΝΗ ΣΗΜΕΡΑ

Η ΠΡΟΘΕΣΗ ΜΟΥ ΓΙΑ ΑΥΡΙΟ

ΗΜΕΡΑ 361

ΤΡΙΑ ΠΡΑΓΜΑΤΑ ΓΙΑ ΤΑ ΟΠΟΙΑ ΝΙΩΘΩ ΕΥΓΝΩΜΟΣΥΝΗ

ΚΑΤΙ ΠΟΥ ΘΕΛΩ ΝΑ ΘΥΜΑΜΑΙ ΓΙΑ ΣΗΜΕΡΑ

Η ΒΑΘΜΟΛΟΓΙΑ ΜΟΥ ΓΙΑ ΣΗΜΕΡΑ

Η ΠΡΟΘΕΣΗ ΜΟΥ ΓΙΑ ΑΥΡΙΟ

ΚΑΤΙ ΓΙΑ ΤΟ ΟΠΟΙΟ ΘΑ ΜΠΟΡΟΥΣΑ ΝΑ ΕΙΧΑ ΝΙΩΣΕΙ ΠΕΡΙΣΣΟΤΕΡΗ ΕΥΓΝΩΜΟΣΥΝΗ ΣΗΜΕΡΑ

ΗΜΕΡΑ 362

ΗΜΕΡΑ   ΜΗΝΑΣ   ΕΤΟΣ

ΤΡΙΑ ΠΡΑΓΜΑΤΑ ΓΙΑ ΤΑ ΟΠΟΙΑ ΝΙΩΘΩ ΕΥΓΝΩΜΟΣΥΝΗ

Η ΒΑΘΜΟΛΟΓΙΑ ΜΟΥ ΓΙΑ ΣΗΜΕΡΑ

ΚΑΤΙ ΠΟΥ ΘΕΛΩ ΝΑ ΘΥΜΑΜΑΙ ΓΙΑ ΣΗΜΕΡΑ

ΚΑΤΙ ΓΙΑ ΤΟ ΟΠΟΙΟ ΘΑ ΜΠΟΡΟΥΣΑ ΝΑ ΕΙΧΑ ΝΙΩΣΕΙ ΠΕΡΙΣΣΟΤΕΡΗ ΕΥΓΝΩΜΟΣΥΝΗ ΣΗΜΕΡΑ

Η ΠΡΟΘΕΣΗ ΜΟΥ ΓΙΑ ΑΥΡΙΟ

ΗΜΕΡΑ 363

ΗΜΕΡΑ   ΜΗΝΑΣ   ΕΤΟΣ

ΤΡΙΑ ΠΡΑΓΜΑΤΑ ΓΙΑ ΤΑ ΟΠΟΙΑ ΝΙΩΘΩ ΕΥΓΝΩΜΟΣΥΝΗ

ΚΑΤΙ ΠΟΥ ΘΕΛΩ ΝΑ ΘΥΜΑΜΑΙ ΓΙΑ ΣΗΜΕΡΑ

Η ΒΑΘΜΟΛΟΓΙΑ ΜΟΥ ΓΙΑ ΣΗΜΕΡΑ

Η ΠΡΟΘΕΣΗ ΜΟΥ ΓΙΑ ΑΥΡΙΟ

ΚΑΤΙ ΓΙΑ ΤΟ ΟΠΟΙΟ ΘΑ ΜΠΟΡΟΥΣΑ ΝΑ ΕΙΧΑ ΝΙΩΣΕΙ ΠΕΡΙΣΣΟΤΕΡΗ ΕΥΓΝΩΜΟΣΥΝΗ ΣΗΜΕΡΑ

ΗΜΕΡΑ 364

<table>
<tr><td>ΗΜΕΡΑ</td><td>ΜΗΝΑΣ</td><td>ΕΤΟΣ</td></tr>
</table>

ΤΡΙΑ ΠΡΑΓΜΑΤΑ ΓΙΑ ΤΑ ΟΠΟΙΑ ΝΙΩΘΩ ΕΥΓΝΩΜΟΣΥΝΗ

Η ΒΑΘΜΟΛΟΓΙΑ ΜΟΥ ΓΙΑ
ΣΗΜΕΡΑ

ΚΑΤΙ ΠΟΥ ΘΕΛΩ ΝΑ ΘΥΜΑΜΑΙ ΓΙΑ ΣΗΜΕΡΑ

ΚΑΤΙ ΓΙΑ ΤΟ ΟΠΟΙΟ ΘΑ ΜΠΟΡΟΥΣΑ ΝΑ ΕΙΧΑ ΝΙΩΣΕΙ ΠΕΡΙΣΣΟΤΕΡΗ
ΕΥΓΝΩΜΟΣΥΝΗ ΣΗΜΕΡΑ

Η ΠΡΟΘΕΣΗ ΜΟΥ ΓΙΑ ΑΥΡΙΟ

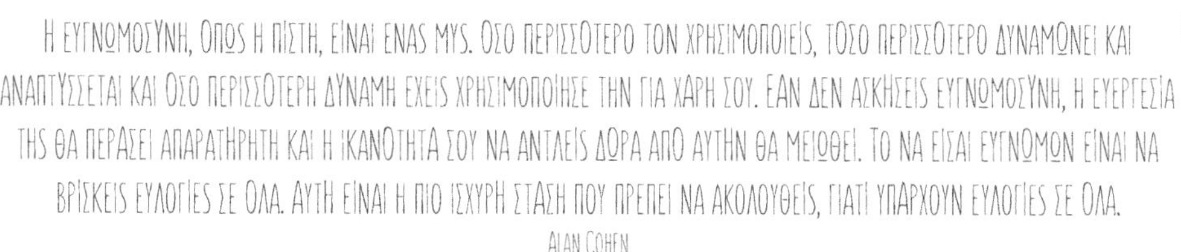

Η ΕΥΓΝΩΜΟΣΥΝΗ, ΟΠΩΣ Η ΠΙΣΤΗ, ΕΙΝΑΙ ΕΝΑΣ ΜΥΣ. ΟΣΟ ΠΕΡΙΣΣΟΤΕΡΟ ΤΟΝ ΧΡΗΣΙΜΟΠΟΙΕΙΣ, ΤΟΣΟ ΠΕΡΙΣΣΟΤΕΡΟ ΔΥΝΑΜΩΝΕΙ ΚΑΙ ΑΝΑΠΤΥΣΣΕΤΑΙ ΚΑΙ ΟΣΟ ΠΕΡΙΣΣΟΤΕΡΗ ΔΥΝΑΜΗ ΕΧΕΙΣ ΧΡΗΣΙΜΟΠΟΙΗΣΕ ΤΗΝ ΓΙΑ ΧΑΡΗ ΣΟΥ. ΕΑΝ ΔΕΝ ΑΣΚΗΣΕΙΣ ΕΥΓΝΩΜΟΣΥΝΗ, Η ΕΥΕΡΓΕΣΙΑ ΤΗΣ ΘΑ ΠΕΡΑΣΕΙ ΑΠΑΡΑΤΗΡΗΤΗ ΚΑΙ Η ΙΚΑΝΟΤΗΤΑ ΣΟΥ ΝΑ ΑΝΤΛΕΙΣ ΔΩΡΑ ΑΠΟ ΑΥΤΗΝ ΘΑ ΜΕΙΩΘΕΙ. ΤΟ ΝΑ ΕΙΣΑΙ ΕΥΓΝΩΜΩΝ ΕΙΝΑΙ ΝΑ ΒΡΙΣΚΕΙΣ ΕΥΛΟΓΙΕΣ ΣΕ ΟΛΑ. ΑΥΤΗ ΕΙΝΑΙ Η ΠΙΟ ΙΣΧΥΡΗ ΣΤΑΣΗ ΠΟΥ ΠΡΕΠΕΙ ΝΑ ΑΚΟΛΟΥΘΕΙΣ, ΓΙΑΤΙ ΥΠΑΡΧΟΥΝ ΕΥΛΟΓΙΕΣ ΣΕ ΟΛΑ.

Alan Cohen

ΚΑΤΙ ΓΙΑ ΤΟ ΟΠΟΙΟ ΘΑ ΜΠΟΡΟΥΣΑ ΝΑ ΕΙΧΑ ΝΙΩΣΕΙ ΠΕΡΙΣΣΟΤΕΡΗ ΕΥΓΝΩΜΟΣΥΝΗ ΤΙΣ ΤΕΛΕΥΤΑΙΕΣ ΤΕΣΣΕΡΙΣ ΕΒΔΟΜΑΔΕΣ

Η ΒΑΘΜΟΛΟΓΙΑ ΜΟΥ ΓΙΑ ΤΙΣ ΠΕΡΑΣΜΕΝΕΣ ΤΕΣΣΕΡΙΣ ΕΒΔΟΜΑΔΕΣ

ΚΑΤΙ ΤΟ ΟΠΟΙΟ ΘΕΛΩ ΝΑ ΘΥΜΑΜΑΙ ΓΙΑ ΤΙΣ ΤΕΛΕΥΤΑΙΕΣ ΤΕΣΣΕΡΙΣ ΕΒΔΟΜΑΔΕΣ

Η ΠΡΟΘΕΣΗ ΜΟΥ ΓΙΑ ΤΙΣ ΕΠΟΜΕΝΕΣ ΤΕΣΣΕΡΙΣ ΕΒΔΟΜΑΔΕΣ

ΚΑΠΟΙΟΝ ΓΙΑ ΤΟΝ ΟΠΟΙΟ ΘΑ ΜΠΟΡΟΥΣΑ ΝΑ ΕΙΧΑ ΝΙΩΣΕΙ ΠΕΡΙΣΣΟΤΕΡΗ ΕΥΓΝΩΜΟΣΥΝΗ ΤΙΣ ΤΕΛΕΥΤΑΙΕΣ ΤΕΣΣΕΡΙΣ ΕΒΔΟΜΑΔΕΣ

ΗΜΕΡΑ 365

ΗΜΕΡΑ   ΜΗΝΑΣ   ΕΤΟΣ

ΤΡΙΑ ΠΡΑΓΜΑΤΑ ΓΙΑ ΤΑ ΟΠΟΙΑ ΝΙΩΘΩ ΕΥΓΝΩΜΟΣΥΝΗ

Η ΒΑΘΜΟΛΟΓΙΑ ΜΟΥ ΓΙΑ ΣΗΜΕΡΑ

ΚΑΤΙ ΠΟΥ ΘΕΛΩ ΝΑ ΘΥΜΑΜΑΙ ΓΙΑ ΣΗΜΕΡΑ

ΚΑΤΙ ΓΙΑ ΤΟ ΟΠΟΙΟ ΘΑ ΜΠΟΡΟΥΣΑ ΝΑ ΕΙΧΑ ΝΙΩΣΕΙ ΠΕΡΙΣΣΟΤΕΡΗ ΕΥΓΝΩΜΟΣΥΝΗ ΣΗΜΕΡΑ

Η ΠΡΟΘΕΣΗ ΜΟΥ ΓΙΑ ΑΥΡΙΟ

ΗΜΕΡΑ   ΜΗΝΑΣ   ΕΤΟΣ

ΤΡΙΑ ΠΡΑΓΜΑΤΑ ΓΙΑ ΤΑ ΟΠΟΙΑ ΝΙΩΘΩ ΕΥΓΝΩΜΟΣΥΝΗ

ΚΑΤΙ ΠΟΥ ΘΕΛΩ ΝΑ ΘΥΜΑΜΑΙ ΓΙΑ ΣΗΜΕΡΑ

Η ΒΑΘΜΟΛΟΓΙΑ ΜΟΥ ΓΙΑ
ΣΗΜΕΡΑ

Η ΠΡΟΘΕΣΗ ΜΟΥ ΓΙΑ ΑΥΡΙΟ

ΚΑΤΙ ΓΙΑ ΤΟ ΟΠΟΙΟ ΘΑ ΜΠΟΡΟΥΣΑ ΝΑ ΕΙΧΑ ΝΙΩΣΕΙ ΠΕΡΙΣΣΟΤΕΡΗ
ΕΥΓΝΩΜΟΣΥΝΗ ΣΗΜΕΡΑ

12 ΜΗΝΕΣ

ΟΛΟΚΛΗΡΩΣΑΤΕ ΕΝΑ ΧΡΟΝΟ ΕΥΓΝΩΜΟΣΥΝΗΣ. ΑΣ ΚΑΝΟΥΜΕ ΕΝΑΝ ΤΕΛΙΚΟ ΑΠΟΛΟΓΙΣΜΟ ΓΙΑ ΝΑ ΔΟΥΜΕ ΤΙ ΣΑΣ ΕΔΕΙΞΑΝ ΟΙ ΤΕΛΕΥΤΑΙΟΙ ΤΡΕΙΣ ΜΗΝΕΣ.

ΚΑΤΙ ΤΟ ΟΠΟΙΟ ΘΕΛΩ ΝΑ ΘΥΜΑΜΑΙ ΠΟΥ ΣΥΝΕΒΗ ΤΟΥΣ ΤΕΛΕΥΤΑΙΟΥΣ ΤΡΕΙΣ ΜΗΝΕΣ

ΑΝΑΤΡΕΧΟΝΤΑΣ ΠΙΣΩ ΣΤΟΥΣ ΤΕΛΕΥΤΑΙΟΥΣ ΤΡΕΙΣ ΜΗΝΕΣ, ΑΥΤΟ ΓΙΑ ΤΟ ΟΠΟΙΟ ΕΙΜΑΙ ΠΕΡΙΣΣΟΤΕΡΟ ΕΥΓΝΩΜΩΝ

ΤΟ ΜΕΓΑΛΥΤΕΡΟ ΜΑΘΗΜΑ ΤΩΝ ΤΡΙΩΝ ΠΕΡΑΣΜΕΝΩΝ ΜΗΝΩΝ

ΚΑΠΟΙΟΣ Η ΚΑΤΙ ΓΙΑ ΤΟ ΟΠΟΙΟ ΘΑ ΜΠΟΡΟΥΣΑ ΝΑ ΕΙΧΑ ΝΙΩΣΕΙ ΠΕΡΙΣΣΟΤΕΡΗ ΕΥΓΝΩΜΟΣΥΝΗ ΤΟΥΣ ΤΕΛΕΥΤΑΙΟΥΣ ΤΡΕΙΣ ΜΗΝΕΣ

Η ΒΑΘΜΟΛΟΓΙΑ ΜΟΥ ΓΙΑ ΤΟΥΣ ΠΕΡΑΣΜΕΝΟΥΣ ΤΡΕΙΣ ΜΗΝΕΣ

ΓΙΑ ΠΟΙΟΝ ΔΕΝ ΚΑΤΑΦΕΡΑ ΝΑ ΝΙΩΣΩ ΕΥΓΝΩΜΟΣΥΝΗ ΤΟΥΣ ΠΕΡΑΣΜΕΝΟΥΣ ΤΡΕΙΣ ΜΗΝΕΣ; ΜΠΟΡΩ ΝΑ ΒΡΩ ΚΑΠΟΙΟ ΑΛΛΟ ΤΡΟΠΟ ΝΑ ΑΝΑΔΙΑΤΥΠΩΣΩ ΤΗ ΣΚΕΨΗ ΑΥΤΗ;

ΕΙΜΑΙ ΕΥΓΝΩΜΩΝ...

ΑΝΑΤΡΕΧΟΝΤΑΣ ΠΙΣΩ ΣΤΙΣ ΒΑΘΜΟΛΟΓΙΕΣ ΠΡΟΗΓΟΥΜΕΝΩΝ ΕΒΔΟΜΑΔΩΝ, ΟΙ ΑΡΙΘΜΟΙ ΜΟΥ ΦΑΝΕΡΩΝΟΥΝ ΟΤΙ

Η ΠΡΟΘΕΣΗ ΜΟΥ ΓΙΑ ΤΟΥΣ ΕΠΟΜΕΝΟΥΣ ΤΡΕΙΣ ΜΗΝΕΣ

ΓΙΑ ΠΟΙΟ ΠΡΑΓΜΑ ΔΕΝ ΚΑΤΑΦΕΡΑ ΝΑ ΝΙΩΣΩ ΕΥΓΝΩΜΟΣΥΝΗ ΤΟΥΣ ΠΕΡΑΣΜΕΝΟΥΣ ΤΡΕΙΣ ΜΗΝΕΣ; ΜΠΟΡΩ ΝΑ ΒΡΩ ΚΑΠΟΙΟ ΑΛΛΟ ΤΡΟΠΟ ΝΑ ΑΝΑΔΙΑΤΥΠΩΣΩ ΤΗ ΣΚΕΨΗ ΑΥΤΗ; ΕΙΜΑΙ ΕΥΓΝΩΜΩΝ...

Εννοειται οτι θα ηταν μεγαλη μου

χαρά να ακούσω τη δική σας ιστορία και πως σας φάνηκε το ημερολόγιο.

Εάν δεν έχουμε έρθει ακόμη σε επαφή, μπορείτε να με βρείτε εδώ:

MARIELLE@MSWORDSMITH.NL
MSWORDSMITH.NL
FACEBOOK.COM/MSWORDSMITH
INSTAGRAM.COM/MARIELLESSMITH

Θα το εκτιμούσα αν αφήνατε την κριτική σας στο Goodreads
ή στο βιβλιοπωλείο από όπου από όπου αγοράσατε το ημερολόγιο αυτό.

Εἰμαι απιστευτα ευγνωμων που

Η ΑΝΤΡΗ πιστεύει σε όλα όσα κάνω

Ο SHANE με έφερε ξανά σε επαφή με την πρακτική

Ο MARTINE έχει απίστευτο ταλέντο στο Photoshop

και που είχα την αμέριστη συμπαράσταση και εποικοδομητική κριτική
από την ομάδα του ARC